Gäste verwöhnen

Gäste verwöhnen

Vom Frühstück bis zur Cocktailparty

Alison Price

monte von DUMONT

Die Deutsche Bibliothek - CIP Einheitsaufnahme
Gäste verwöhnen : vom Frühstück bis zur Cocktailparty / Alison Price. [Fotogr.: Jeremy Hopley. Aus dem Engl. von Caroline Klima]. - Köln : DuMont, 2000
(Monte von DuMont)
Einheitssacht.: Perfect parties <dt.>
ISBN 3-7701-8558-7

Titel der englischen Originalausgabe:
Perfect parties. The ultimate step-by-step guide
Erstausgabe 1999 durch:
Kyle Cathie Limited
20 Vauxhall Bridge Road
London SW1V 2SA

Aus dem Englischen von Caroline Klima
Produktionsbetreuung:
Print Company Verlagsgesellschaft m.b.H., Wien

ISBN 3-7701-8558-7

Printed and bound in Singapore by Tien Wah Press Pte. Ltd.

Inhalt

Vorwort von Sir Elton John

Wenn man auf so vielen Partys war wie ich, liegt der Gedanke nahe, daß einem nichts Überraschendes mehr geboten werden kann. Im Lauf der Jahre fand ich heraus, daß perfekte Einladungen, an die man sich erinnert, behagliche Tradition mit erfrischend neuen Ideen kombinieren. Bekanntes und Unerwartetes treffen aufeinander. Auf einer tollen Party fühlt sich der Gast rundum wohl und langweilt sich nicht.

Alison Price war für die Organisation einiger meiner besten Partys verantwortlich. Sie bringt mich zum Staunen und versteht es exakt, meine persönlichen Vorstellungen umzusetzen. Ein einfaches Dinner für acht Personen oder eine große Geburtstagsfeier mit 400 Gästen – ihre Partys sind immer perfekt.

Dieses Buch hilft Ihnen dabei, daß auch Ihre Partys gelingen. Vielleicht sollte ich besorgt sein, weil Alison ihre Geheimnisse verrät. Doch ich bin es keinesfalls, denn ich weiß, daß es ihr an Ideen für exzellente Party-Gestaltung nie mangeln wird.

Einleitung

Seit frühester Kindheit, ermutigt durch meine Mutter und meinen Vater, entwickelte ich große Begeisterung für Speisen, Tischarrangements, Dekorationen und Blumenschmuck. Bis heute kann ich mich an das köstliche Aroma der Früchte erinnern, die mein Großvater kultivierte, besonders an seine Loganbeeren. Ich sehe mich beim Nachmittagstee in seinem Sommerhaus, mit einem Garten voll duftender Blumen, umgeben von süß riechendem Jasmin. Ich erinnere mich auch an die Feste, die meine Mutter veranstaltete. An Weihnachten gab es hausgemachten Schinken mit gebratenen Kapaunen und frischem Gemüse und herrlichen Plumpuddings. Es faszinierte mich, wenn mein Vater sie mit Weinbrand flambierte. Ich entsinne mich der Fleischpasteten, die meine Mutter mit meiner eifrigen Hilfe aus Hackfleisch zubereitete. Bei Familienausflügen veranstalteten wir Picknicks mit hausgemachter Limonade und Ingwerbier. In meinem Elternhaus lernte ich viel über Gastfreundschaft und gepflegte Unterhaltung.

1981 gründeten Terry Shaw und ich das Unternehmen Alison Price & Company. Wir wollten aufregend neue Speisen kreieren. Es folgten Jahre des Experimentierens und harter Arbeit. Terry und ich kochten, spülten Geschirr, lieferten aus, führten die Bücher, gestalteten die Speisekarten und planten alles bis ins kleinste Detail – ausgehend von einer kleinen Wohnung in Bayswater, London. Bald florierte unser Geschäft und Gary Withers von Imagination bot uns in seinen neuen Büros unsere erste professionelle Küche an. Wir sind seitdem mehrmals umgezogen – wir benötigen immer wieder größere Räumlichkeiten!

Wir lieben unsere Aufgabe und haben viele bezaubernde Menschen kennengelernt, die uns die Möglichkeit gaben, kreativ zu sein. Schließlich führten uns die Partys sogar ins Ausland. Aus einem Zwei-Personen-Unternehmen entwickelte sich ein Team von über 20 Mitarbeitern, die alle ihre Ideen, Menüs und Pläne beisteuern. Wir sind Perfektionisten, was Essen, Wein und Service anlangt, und wir halten nichts von überspannten Ideen. Einfache und elegante Unterhaltung, das ist unsere Firmenphilosophie. Am wichtigsten ist es, auf die Details zu achten. Unsere Devise lautet: Versagen kommt nicht in Frage.

Natürlich hatten wir anfänglich auch einige Desaster. Bei einer Hochzeit auf dem Land versiegte im Lauf des Abends die wasserspendende Quelle, so daß weder Kaffee zubereitet noch die Toilette gespült werden konnte. Bei anderer Gelegenheit versagte die Stromversorgung, als gerade 350 Gäste zum Abendessen Platz genommen hatten. Wir lösten auch schon die Alarmsignale von Feuermeldern aus, als wir Gänseleberpastete flambierten. (Heute haben wir für solche Zwischenfälle vorgesorgt!) Wir haben wunderbare Jahre damit zugebracht, denkwürdige Partys zu gestalten. Tagtäglich werden neue kreative Ideen vom Team umgesetzt. Dieses Buch enthält eine Fülle von praktischen Hinweisen aus eigener Erfahrung.

Die Gestaltung einer perfekten Party erfordert sorgfältige Planung, ob Sie nun ein kleines Essen für zehn Personen oder ein großes Fest für 100 und mehr Gäste geben. Es bereitet auch Spaß, interessante Gästelisten zusammenzustellen, verschiedene Designs für Einladungen zu kreieren und Tischarrangements zu entwerfen. Die Menüzusammenstellung ist eine besonders reizvolle Aufgabe. Wenn Sie eine Themenparty veranstalten, finden Sie dafür auf den Seiten 16–23 viele Ideen. Solch ein Anlaß bietet Raum für individuelle Gestaltung.

Ich hoffe, daß dieses Buch Ihnen viele Inspirationen geben wird. Ob Sie ein improvisiertes Essen in der Küche geben, mit einfachen Nudelgerichten, hausgemachten Saucen und frischen Salaten, oder ein großes Tanzfest veranstalten – Sie werden erleben, wie großartig sich Ihre Gäste unterhalten – und mehr noch, Sie werden Spaß daran haben.

Planung und Dekos

Wenn Sie sich jemals gefragt haben, was eine gelungene Party ausmacht, so lautet die Antwort: detaillierte Planung. Eine gute Vorbereitung verhindert herbe Enttäuschungen. Denken Sie rechtzeitig daran, was alles vonnöten ist. Damit die Party ein Erfolg wird, müssen die richtigen Entscheidungen getroffen werden.

Vorbereitung

Wenn Sie Familienmitglieder oder Freunde um Hilfe bitten, übertragen Sie klare Verantwortungsbereiche. Dann können die Helfer ebensoviel Enthusiasmus entwickeln wie Sie selbst. Hören Sie sich deren Vorschläge an. Investieren Sie Zeit und Energie in die Organisation, damit die Party reibungslos verläuft.

Achten Sie auf Ihr Budget

Die Kosten für verschiedene Anlässe variieren sehr stark. Es ist wichtig, daß Sie Ihre Party realistisch budgetieren. Veranschlagen Sie den größten Anteil des Budgets für jenen Aspekt der Party, der Ihnen am wichtigsten ist. Für manche sind dies Weinauswahl und Speisen, für andere Dekoration und Unterhaltung. Wenn Sie ein großes Dinner planen, kann die Miete für Tische und Stühle sehr teuer sein. Eine Stehparty ist wahrscheinlich die kostengünstigste Variante. Wenn Sie die Getränke selbst stellen, veranschlagen Sie dafür etwa halb soviel wie für das Essen, obwohl sich das ändert, wenn Sie teure Weine und Sekt servieren. Manchmal wird es notwendig sein, einen Veranstaltungsraum anzumieten. Räumlichkeiten gibt es in diversen Größen und Ausstattungen, verbunden mit unterschiedlich hohen Kosten. Sie müssen einen Ort finden, der für Ihren Anlaß geeignet erscheint, und ihn entsprechend budgetieren. Sehen Sie stets auch einen Posten für unvorhergesehene Kosten vor. Wenn Sie Ihr Budget erstellt haben, halten Sie sich strikt daran, und lassen Sie sich nicht dazu verleiten, es zu überschreiten.

Perfekte Organisation

Wenn Sie ein relativ großes Fest planen, wie etwa ein Jubiläumsessen mit Tanz, legen Sie zunächst eine detaillierte Liste der Erfordernisse an. Sie kann einige oder alle der nachstehenden Punkte enthalten: Einladungen; Essen; Getränke; Geschirr; Besteck; Gläser; Möbel (auch solche, die aus Ihrer Wohnung entfernt werden müssen); Veranstaltungsort (vielleicht sogar ein Festzelt); Blumen; Dekoration; Unterhaltung; Personal. Erstellen Sie einen Zeitplan, der die vorgesehenen Anlieferungen an diesem Tag enthält.

Listen Sie den zeitlichen Ablauf auf, wie z. B. wieviel Zeit für Aperitifs vorgesehen ist, wann das Essen angekündigt wird – wobei die Gäste Zeit benötigen, sich zu setzen, bevor serviert wird. Das Essen wird etwa eineinhalb Stunden in Anspruch nehmen. Wenn Reden vorgesehen sind, legen Sie fest, wie viele es geben soll und wie lange sie dauern werden. Wenn nach dem Essen eine Band spielt, müssen Sie das Ende des Auftritts festlegen. Entscheiden Sie, ob Ihre Party dann zu Ende ist oder ob sie mit Disko fortgesetzt wird. Kalkulieren Sie nach dem festgesetzten Schlußpunkt noch eine halbe bis dreiviertel Stunde ein, bis alle Gäste gegangen sind. Detaillierte Planung ist wichtig.

Ein Mittagessen, eine Cocktailparty, ein Teekränzchen oder ein Abendessen mag anders ablaufen, doch es sind immer dieselben Punkte zu beachten.

Das Datum festlegen

Legen Sie den Tag der Party so weit wie möglich im voraus fest. Die Daten wichtiger Ereignisse, wie 50. Hochzeitstag oder 21. Geburtstag sind Tatsachen. Ansonsten sollten Sie nachstehende Punkte beim Bestimmen des Datums berücksichtigen.

Beachten Sie, ob der Tag in Schulferien fällt, denn viele Familien nutzen die Gelegenheit zu einem gemeinsamen Urlaub. Denken Sie nur daran, wie leer die Straßen großer Städte im August, Anfang Januar und zu Ostern sind. Für Partys zur Weihnachtszeit müssen Sie berücksichtigen, daß dies eine gesellschaftlich stark frequentierte Zeit ist, die in den Terminkalendern früh ausgebucht ist. Ebenso sollten Sie Tage meiden, an denen sportliche Großereignisse stattfinden, außer Sie wollen dieses Ereignis feiern. Auch wenn es Ihnen nicht wichtig ist, könnten manche Ihrer Gäste ein Finalspiel sehen wollen. Einer unserer Kunden mietete große TV-Bildschirme für ein Festzelt, damit seine Gäste ein Weltcupfinale mitverfolgen konnten.

Februar und März eignen sich gut für Partys, da nach den länger zurückliegenden Weihnachts- und Neujahrsfeierlichkeiten das soziale Parkett ausgeruht und freudig betreten wird. In diesen Monaten gelingen Partys besonders gut, und es gibt nur wenige Absagen.

DER RICHTIGE ZEITPUNKT

Unterschiedliche Anlässe werden am besten an verschiedenen Wochentagen gefeiert. Während für Familienfeste oder Hochzeiten Samstage sehr beliebt sind, ist der Donnerstag abend für Feiern mit Freunden oder Geschäftspartnern sehr beliebt.

Ein geeigneter Veranstaltungsort
Wenn Ihr Heim für die Anzahl der Gäste, die Sie einladen möchten, nicht ausreicht, werden Sie eine andere Örtlichkeit wählen. Möglicherweise sind Räumlichkeiten in örtlichen Museen, Kunstgalerien oder großen Gebäuden, Scheunen, Schiffen oder leeren Warenhäusern zu mieten. Wir übernahmen sogar das Catering für diverse Events in einer aufgelassenen U-Bahnstation in London! Interessante, ungewöhnliche Veranstaltungsorte finden sich überall – man muß nur danach suchen. Erstellen Sie ein Liste der Orte, die in Frage kommen. Vereinbaren Sie einen Besichtigungstermin. Für viele Veranstaltungsorte gibt es Agenturen, die behilflich sind. Wenn Sie Ihre Wahl getroffen haben, buchen Sie möglichst lange im voraus, da beliebte Örtlichkeiten früh ausgebucht sind.

Zeitgerechte Einladungen
Wenn Zeitpunkt und Ort Ihres Festes feststehen, müssen Sie sich um die Einladungen kümmern. Für Hochzeiten und Tanzpartys sollten die Einladungen bereits zwei Monate vorher verschickt werden, für kleinere Partys oder förmliche Abendessen reichen vier Wochen im voraus. Wenn es sich um eher informelle Anlässe handelt, bevorzugen die meisten Gastgeber die telefonische Einladung.

HINWEISKARTE VOR DER EINLADUNG

WENN SIE EINE GROSSE PARTY, WIE ETWA EIN GEBURTSTAGSFEST, GEBEN, IST ES EINE NETTE IDEE, VOR DER EINLADUNG BEREITS EINE »DIESEN TAG RESERVIEREN!«-HINWEISKARTE AUSZUSENDEN.

Musikalische Begleitung
Musik spielt bei jedem Fest eine wichtige Rolle. Für eine Dinnerparty wird ein CD-Player mit entsprechender Musik ausreichen. Wenn Sie ein Piano besitzen, könnten Sie einen Pianisten engagieren. Es lohnt sich, über örtliche Musikschulen Studenten zu kontaktieren, da viele nach Vereinbarung auf Partys und zu anderen Anlässen spielen. Für eine größere Tanzparty wollen Sie möglicherweise eine Musikgruppe engagieren. Wählen Sie die gewünschte Musik sorgfältig aus und besprechen Sie Ihre Erwartungen mit dem Bandleader. Buchen Sie, sobald Sie sich entschieden haben. Dies gilt auch für Diskomusik und jede andere Form der Unterhaltung.

Menü-Überlegungen
Wenn Sie Zeit und Ort für Ihre Party festgesetzt haben, beginnen Sie mit der Planung des Menüs und der Auswahl des passenden Weines im Rahmen Ihres Budgets. Besprechen Sie die Speisenfolge mit Ihrem Weinhändler, damit er Empfehlungen geben kann. Für Dinnerpartys sollten Sie beim Zusammenstellen des Menüs Obst und Gemüse der Saison berücksichtigen. Denken Sie auch an Gerichte, die Sie selbst mögen. Bewährte Menüs werden Ihre Gäste zu schätzen wissen. Die Speisen müssen vorher zubereitet werden können. Planen Sie ein Alternativ-Menü ein, falls benötigte Zutaten nicht erhältlich sind.

Küchen-Grundausstattung
Wenn Sie Ihren Speisenplan erstellt haben, kontrollieren Sie Porzellan, Besteck, Gläser und Tischtücher. Wählen Sie die Teller, Platten usw. aus, die Sie verwenden wollen. Wenn Sie Silberbesteck besitzen, polieren Sie es und bewahren Sie es in Antibeschlagbeuteln auf, um Verfärbungen zu vermeiden. Prüfen Sie, ob Sie über ausreichend Gläser verfügen. Kontrollieren Sie, ob Ihre Tischtücher sauber und gebügelt sind, schlagen Sie sie in säurefreies Papier ein und lagern Sie sie flach in einem Regal oder wickeln Sie sie zur Aufbewahrung um eine Kartonrolle.

Leihausstattung
Vielleicht wollen Sie nicht Ihr eigenes Porzellan, Gläser usw. verwenden oder benötigen mehr. Diverse Unternehmen bieten eine große Auswahl an Porzellan, Gläsern, Besteck, Tischtüchern, Stühlen an und vermieten sogar Öfen und Mikrowellenherde. Geben Sie die Bestellung auf, sobald der Anlaß Ihrer Party und die Gästezahl feststehen.

Tischarrangements

Selbstgefertigte Tischtücher und Servietten können Ihrer Party eine wahrhaft spezielle Note verleihen. Basteln Sie jedoch nur, wenn Sie über ausreichend Zeit verfügen. Wenn Sie Blumenschmuck selbst herstellen, kaufen Sie Blumen, die schon beim Kauf perfekt aussehen. Die Blüten benötigen einige Tage Wärme, damit sich die Knospen öffnen. Wählen Sie Blumen der Saison, und halten Sie eine Alternative bereit. Verwenden Sie Vasen, die mit Tisch und Blumen harmonieren.

Am Morgen danach

Wenn jedes Detail Ihrer Party geplant ist, die Einladungen verschickt, Speisen, Getränke, Blumen und Personal arrangiert, das Haus vorbereitet, Silber und Gläser poliert, der Garten gepflegt und die Wege gekehrt sind – haben Sie an den Tag danach gedacht? Wollen Sie vor Unmengen schmutziger Gläser und Teller stehen? Manche stört das nicht – ich kenne ein Pärchen, das es genießt, während der Aufräumarbeiten die Ereignisse des Abends zu besprechen. Andere erschreckt der Gedanke, mit Katzenjammer vor einem Chaos zu stehen. Ich empfehle, für die Reinigung am nächsten Tag eine Firma zu engagieren. Vereinbaren Sie eine realistische Uhrzeit. Sie werden sich sicherlich nicht über einen fröhlichen Reinigungstrupp um halb sechs Uhr früh freuen.

PARTY-HILFE

ENGAGIEREN SIE IHRE HELFER ZEITGERECHT, UM ÄRGER ZU VERMEIDEN – BESONDERS IM SOMMER UND ZUR WEIHNACHTSZEIT.

Checkliste und Zeitplan

Drei bis sechs Monate vorher

- Wenn nötig, Veranstaltungsort buchen.

Zehn bis zwölf Wochen vorher

- Wenn Einladungen gedruckt werden, leiten Sie das jetzt in die Wege.

Vier Wochen vorher

- Gäste einladen.
- Entscheiden Sie, welche Speisen Sie servieren wollen. Soll es nur ein Imbiß oder ein komplettes Dinner sein?
- Buchen Sie erforderliches Personal.
- Legen Sie eine detaillierte Liste der benötigten Dinge an.
- Planen Sie die Dekoration. Auch Ausstattung sollte jetzt gemietet werden.

Drei Wochen vorher

- Planen Sie die Speisenfolge, denken Sie auch an Appetithäppchen.
- Erkunden Sie, ob einer Ihrer Gäste spezielle Ernährungsgewohnheiten hat.
- Bestellen Sie Weine, wählen Sie Cocktails und Antialkoholika aus.
- Erstellen Sie einen Zeitplan für den Tag der Party und den Tag zuvor.

Zwei Wochen vorher

- Schlagen Sie die sauberen und gebügelten Tischtücher in Papier ein.
- Rufen Sie jene Gäste an, die nicht auf Ihre Einladung reagiert haben.
- Kontrollieren Sie Ihr Geschirr; fragen Sie Freunde oder mieten sie welches.
- Legen Sie detaillierte Einkaufslisten an; kaufen Sie unverderbliche Waren.
- Speisen, bei denen dies möglich ist, jetzt zubereiten und einfrieren.
- Beginnen Sie mit ersten Dekorationen.

Eine Woche vorher

- Rufen Sie jene Gäste an, die sich noch immer nicht gemeldet haben.

Fünf Tage vorher

- Silber polieren und in Antibeschlagbeuteln aufbewahren.
- Überprüfen, ob Sie alles bestellt haben.
- Blumen kaufen, Stengel kürzen, wässern und kühl aufbewahren.
- Einkaufsliste für die Speisen anlegen.
- Versuchen Sie weiterhin, säumige Gäste zu erreichen.

Zwei Tage vorher

- Speisen, wenn möglich, jetzt zubereiten und im Kühlschrank lagern.
- Schreiben Sie eine Liste, was eventuell engagiertes Personal zu tun hat.
- Wein, Sekt und Antialkoholika in den Kühlschrank stellen.
- Dekorationen fertigstellen.
- Eis bestellen.

Am Tag davor

- Möbel entfernen und lagern.
- Menüplan schreiben. Auswendig lernen oder Speisekarte schreiben.
- Namenskärtchen anfertigen und den Tisch decken.
- Bar arrangieren.
- Cocktails oder frisch gepreßte Säfte jetzt zubereiten und im Kühlschrank aufbewahren.
- Appetithäppchen zubereiten.
- Handtücher für die Toiletten zurechtlegen, Kleiderablage vorbereiten.
- Blumen arrangieren.

Am Tag der Party

- Appetithäppchen aus dem Kühlschrank nehmen.
- Garnierungen fertigstellen.

Zwei Stunden vorher

- Weißweinflaschen entkorken und die Folie von Sektkorken entfernen.
- Getränke kühlen.
- Kontrollieren, ob auf den Toiletten Seife und Handtücher bereitliegen.
- Personal und Helfer anweisen.
- Baden und entspannen.

Vor der Verwirklichung gezielter praktischer Anregungen, müssen Sie bereits in einem frühen Planungsstadium entscheiden, ob Ihre Party unter einem bestimmten Motto stehen sollte. Einige Gedanken in dieser Richtung lohnen sich. Ein Thema kann einem Fest eine lustige oder zauberhafte Note verleihen.

Themenpartys

Erwägen Sie eingehend, ob das gewählte Thema zu Ihnen paßt, und ob es Ihr zeitliches und finanzielles Budget nicht zu sehr belastet.

Sehen Sie Bücher und Zeitschriften durch. Zeichnen oder fotokopieren Sie Entwürfe für Raumdekorationen, Tischarrangements oder Kostüme. Wenn Sie einen besonderen Anlaß feiern, etwa einen Geburtstag oder Hochzeitstag, überlegen Sie, welche Interessen oder Vorlieben jede Person hat. Anläßlich einer Geburtstagsfeier, deren Gastgeber eine Leidenschaft für Musicals hatte, dekorierten wir jeden Tisch im Stil einer aktuellen Show. Das lieferte Gesprächsstoff, und am Ende des Abends waren fast alle Tischarrangements verschwunden. Gäste hatten sie als Andenken an die tolle Party mit nach Hause genommen! Auf den folgenden Seiten können Sie anhand von drei sehr verschiedenen Anlässen sehen, was Sie aus Ihrem Heim machen können. Ich hoffe, Ihre Fantasie wird zu unvergeßlichen Festen angeregt.

Viel Stil mit wenig Aufwand

Sie müssen kein Vermögen für eine spektakuläre Themenparty ausgeben. Mit Unterstützung von Klebstoff und Heftklammern lassen sich tolle Dekorationen kreieren. Auch mit Zweigen, Blättern und Tannenzapfen läßt sich viel arrangieren. Hilfreich sind Kärtchen, Bänder und Seidenpapier. Aus Stoffresten können Sie Tischtücher und Servietten anfertigen – auch wenn Sie keine Nähmaschine besitzen, eine Freundin hat sicher eine. Man braucht nur gute Ideen und Planungsgeschick.

Zirkuszeit

Beleben Sie eine Geburtstagsparty für Kinder, aber auch für Erwachsene mit Zirkusimpressionen: bunte Ballons, Clownperücken und Masken zum Anprobieren für die Gäste. Stellen Sie eine Auswahl an Spielen wie Schachtelmännchen, Jonglierbälle und Reifen zur Verfügung. Verteilen Sie Sahnebonbons und bunte Süßigkeiten an Kinder und Erwachsene – die meisten Erwachsenen lieben Kindheitserinnerungen.

Spezielle Tischdekoration

Tischschmuck kann Ihr Partymotto wirkungsvoll unterstreichen, indem Sie verschiedene Tücher verwenden oder Servietten auf unterschiedliche Art binden oder falten. Nehmen Sie Teppiche, bunte Leintücher oder Stoffe statt Tischtüchern. Für ein indisches Fest verwendeten wir juwelenfarbene Seide und Saristoffe als Läufer.

Französisches Flair

Für eine Gesellschaft, die ein Faible für Südfrankreich hatte, erweckten wir ihr Lieblingsrestaurant zum Leben, indem wir die Tische mit rot-weiß-karierten Tischtüchern und großen weißen Servietten deckten. In der Mitte jedes Tisches standen Körbe mit Crudités neben Tassen mit Olivenöl sowie in karierte Tücher eingeschlagene Baguettes. Kerzen in ausgehöhlten Artischocken beleuchteten den Raum; typisch französische Musikuntermalung durfte nicht fehlen. Die Gäste delektierten sich an Bouillabaisse und Tarte Tatin mit Crème fraîche. Ein gelungenes Fest, obwohl Essen und Dekorationen nur geringen Aufwand bedeuteten.

Farbeffekte

Sie können ein Fest auch rund um eine Farbe planen, zum Beispiel weiß. Mit weißen Tischtüchern, weißem Porzellan, weißen Blumen in weißen Vasen – man kann sogar die Gäste bitten, in Weiß zu erscheinen. Schlichtheit erzielt den elegantesten Effekt. Beziehen Sie die Speisen nicht mit ein – sie sollten appetitlich und einladend aussehen.

Sommerzauber

Lassen Sie sich von sommerlichen Gärten inspirieren. Kreieren Sie wunderschöne Tischarrangements, mit Körben voller Blüten, Kräutern und Früchten. Seien Sie erfinderisch, vielleicht verwenden Sie sogar kleine Gartenrechen und Schaufelchen (sie müssen neu und strahlend sauber sein) zum Vorlegen. Man kann Brot auch in Blumentöpfen backen. Weben Sie Girlanden kleiner weißer Lichter in Büsche und Bäume.

Poolparty

Decken Sie die Tische mit aquamarinfarbenen Tischtüchern und stellen Sie Goldfischgläser in die Mitte – sie können sogar Goldfische enthalten, wenn Sie bereits welche halten oder sie nach der Party gut versorgt wissen. Basteln Sie Tischschmuck aus Muscheln, Kieselsteinen und Sand.

FESTLICHER KAMIN

Legen Sie Tannenzapfen in unbenützte Kamine. Sie sehen dekorativ aus, geben Ihrem Heim eine warme Atmosphäre und verströmen angenehme Düfte.

Frohe Weihnacht

Großer Beliebtheit erfreut sich der Brauch, das Heim an Weihnachten festlich zu dekorieren, Kränze an Türen und Girlanden über Kamine zu drapieren. Ebenso beliebt ist die Tradition, den Weihnachtsbaum zu schmücken. Hausgemachte Kekse in Form von Sternen oder Halbmonden als Baumschmuck sehen besonders festlich aus, Glaskugeln und funkelnde Lichterketten bilden einen Blickfang. Fertigen Sie Girlanden aus Stoffresten oder binden Sie sie in Schleifen an die Zweige. Meine Freundin Clare Signy sucht bei Altwarenhändlern nach Tropfen und Kristallen von Kronleuchtern, um wundervolle Dekorationen herzustellen.

Zu Weihnachten lädt man Familie und Freunde zum Essen ein. Ich besprühe gerne Nüsse und Früchte mit Goldspray und verteile sie in Schüsselchen auf den Tisch. Ich binde die Servietten mit dunkelgrünen Samtbändern und backe Brot in Form von Girlanden. Spicken Sie Orangen und Zitronen mit Nelken und bauen Sie daraus Türmchen auf Beistelltischen; lange Zimtstangen sehen in Vasen ebenfalls sehr festlich aus. Einen bezaubernden Anblick bilden gezuckerte Birnen auf gläsernen Kuchentellern. Mit Hilfe von Klebstoff können Sie Nüsse zu Pyramiden und Bällchen zusammenfügen und überall im Haus verteilen.

Street Style

Diese Idee entstand vor ein paar Jahren für eine Party von Teenagern. Das Ziel bestand darin, ein widerstandsfähiges Design zu entwerfen, gleichzeitig sollte das Interieur aber auch für Jugendliche interessant und außergewöhnlich sein. Also wurden die Wände mit violetter Farbe bespritzt. Wie die Fotos zeigen, können Sie mit etwas künstlerischer Inspiration Farbe auf Segeltuch verteilen, das auf Tischen und Wänden drapiert wird. Animieren Sie Ihre Gäste zu eigenen Kreationen.

Wenn Sie ultraviolette Lichteffekte erzielen wollen, ersetzen Sie einfach die herkömmlichen Glühbirnen durch ultraviolette – der Raum erstrahlt stimmungsvoll. Das Essen kann auf bunten Tellern serviert werden oder mit Servietten, die mit der Raumfarbe harmonieren. Wenn Sie die Kreativität Ihrer Gäste fördern wollen, lassen Sie sie mit den zur Zeit sehr beliebten Keramikfarben ihr eigenes Design auf die Teller malen.

Das Gelingen einer Party hängt davon ab, wie sehr das Motto bis ins kleinste Detail umgesetzt wird. Für den ultramodernen Street Style war es wichtig, dem Serviergeschirr ein industrielles, nüchternes Design zu geben. Deshalb befanden sich Bier und Antialkoholika auf galvanisierten Stahltabletts, Salz und Pfeffer sowie Senf wurden in funktionellen Plastikbehältern angeboten.

Seide und Gewürze

Inspiriert von den farbenprächtigen Seidenstoffen, den aromatischen Düften und Gewürzen des Orients, hatte dieses Arrangement ein romantisch-orientalisches Flair. Hölzerne Schalen in der Mitte der Tische enthielten eine Auswahl an Gewürzen oder Früchten, die nicht nur exotisch aussahen, sondern auch feine Düfte verströmten, die den Raum erfüllten (es ist wichtig, den Entwurf einer Kreation auf alle Sinne abzustimmen). Als weitere Originaldekoration füllten wir Seidenbeutel mit bemalten Kieselsteinen, deren Farben die Farbkombination des Raumes ergänzten. Die Herzen neben den schimmernden Tassen können als originelle Namenskärtchen verwendet werden. Zur Vervollständigung des Arrangements nahmen wir die Vorhänge ab und drapierten großzügig pinkfarbene Seidenstoffe, die sich im Wind oder Luftzug bewegten. Mit preisgünstigeren Stoffen wie Mousselin erzielen Sie denselben Effekt.

Wo soll Ihr Fest stattfinden? Im eigenen Heim oder an einem Veranstaltungsort? Wenn Sie sich für zu Hause entscheiden, nehmen Sie sich Zeit, um zu überlegen, wie Sie den zur Verfügung stehenden Raum optimal nutzen können. Das bedeutet, Sie sollten sich sehr sorgfältig in all Ihren Räumen umsehen.

Örtlichkeiten

Begutachten Sie brauchbare Räume kritisch, um zu erkennen, wie sie anders arrangiert werden könnten und wie viele Gäste bequem Platz finden würden. Räumlichkeiten zu verändern macht dem Gastgeber Spaß und gibt den Gästen ein interessantes Gesprächsthema. Seien Sie erfinderisch, verwenden Sie einen großen Schrank als Bar, stellen Sie Tische in Schlafräume oder ein Buffet bzw. einen langen Eßtisch in eine große Halle. Klären Sie praktische Details: Wo können Mäntel abgelegt werden? Können Sie getrennte Toiletten für Damen und Herren einrichten? Für größere Partys sollten Sie Wegweiser anbringen, damit Sie nicht dauernd gefragt werden, wo diese sich befinden. Bedenken Sie auch, ob Ihre Küche genügend Platz bietet, um das von Ihnen geplante Essen zuzubereiten, und ob die Kapazität Ihres Herdes und Ihres Kühlschrankes ausreicht, die geladenen Gäste zu bewirten. Richten Sie einen Abstellplatz für gebrauchtes Geschirr ein.

Platzbedarf

Bei eher beengten Wohnverhältnissen empfehle ich, sämtliche Möbel zu entfernen und in einem unbenutzten Raum zu lagern; auch Keller, Garage oder Gartenhütte bieten sich an. Wenn Sie nicht über diese Lagermöglichkeiten verfügen, können Umzugsunternehmen Ihre Möbel über Nacht lagern und am nächsten Tag zurückbringen.

Bewegungsspielraum

Bei Cocktailpartys sollten Sie einige Sitzgelegenheiten sowie Abstellflächen für Getränke und Aschenbecher bereithalten. Bars und Buffets nicht an Orten plazieren, die leicht überfüllt werden könnten. Wenn Sie im Sommer eine Gartenparty veranstalten, richten Sie Sitzgelegenheiten auf dem Rasen ein.

Manchmal ist es am besten, Räume umzufunktionieren, indem Sie z. B. eine Garage oder sogar eine Küche einen Tag lang in eine Diskothek verwandeln. Für Diskos ultraviolettes Licht verwenden und vorhandene Lichter mit farbigen Folien abdecken. In einer Garage können Sie die Wände mit farbig bekleksten Tüchern behängen (siehe Seite 22–23). Als Alternative mieten Sie einen Tanzsaal und spielen Sie dort Ihre eigene Musik, vielleicht mit Hilfe begeisterter Familienmitglieder.

AN ALLE DENKEN

BEI COCKTAILPARTYS ODER BUFFETS SOLLTEN SITZGELEGENHEITEN FÜR ÄLTERE ODER GEBRECHLICHE PERSONEN EINGEPLANT WERDEN.

Cocktailpartys und Buffets

Für Cocktailpartys und Buffets sollten Sie pro Person 1,5 qm Raum vorsehen. In dieser Rechnung ist eine Bar enthalten und das Entfernen einiger Möbel enthalten. Bei kleineren Partys finden Sie mit weniger Raum pro Person das Auslangen.

Bequeme Sitzgelegenheiten

Wenn Sie ein Abendessen für eine große Anzahl von Gästen in Ihrem Heim planen, empfiehlt es sich, eine Skizze des Raumes oder der Räume, die Sie benutzen wollen, anzufertigen. Zeichnen Sie die Form des Raumes auf ein Blatt Papier – die meisten sind rechteckig – und notieren Sie Längen- und Beitenmaße. Positionieren Sie Hindernisse wie Kamine, Erker, Nischen, unbewegliche Möbelstücke, Lichtauslässe und Türen, die sich in den Raum öffnen (fast alle). Die Fenster sollten zugänglich bleiben, damit sie geöffnet werden können.

Ein durchschnittliches Empfangszimmer mißt 5,5 x 4,25 m. In einem Raum dieser Größe können Sie bis zu 20 Gäste an zwei runden Tischen mit je 1,5 m Durchmesser unterbringen, an jedem Tisch zehn Personen. Dies wäre eng, aber nicht ungemütlich. Wenn Sie einen langen Tisch bevorzugen, so ist der Abstand zwischen der Längskante und der geöffneten Tür entscheidend. Bei manchen Gelegenheiten haben wir die Tür für einen Abend entfernt. Idealerweise sollte der Tisch 1,2 m breit sein, damit auf jeder Seite 50 cm für das Gedeck vorhanden sind und in der Mitte 30 cm Platz für Dekoration und Servierplatten bleibt. Rechnen Sie 60 cm Breite für jeden Gast und weitere 60 cm hinter den Stühlen als Platz zum Servieren. Die Maximalmaße eines Tisches in einem durchschnitt-

Übersicht, wie viele Gäste an unterschiedliche Tische passen (bei rechteckigen Tischen gilt eine Breite von 1,2 m, an jedem Ende sitzen je zwei Personen).

Tischgröße	Maximale Gästezahl
Runde Tische (Durchmesser)	
1 m	6
1,2 m	8
1,5 m	10
1,7 m	11
1,85 m	12
Rechteckige Tische (Länge)	
1,2 m	8
1,85 m	10
2,4 m	12
3 m	14
4 m	16

Schema für die Anordnung der Sitzplätze bei Verwendung von rechteckigen oder runden Tischen.

lichen Empfangsraum betragen 4,0 x 1,2 m; wenn an den kurzen Seiten je zwei Gäste sitzen, ergibt sich eine Gesamtzahl von 16 Gästen. Beachten Sie, daß rechteckige Tische mehr Platz benötigen als runde. Wenn Sie also möglichst viele Personen unterbringen wollen, verwenden Sie unterschiedlich große, runde Tische, um auch Ecken ausnutzen zu können.

Gelungene Gartenpartys

Bei Gartenpartys können Sie einen Gartentisch als Schanktisch für Getränke verwenden. Ihr Garten kann auch andere Möglichkeiten bieten, je nach Jahreszeit, ein Gartenhäuschen oder ein Wintergarten etwa sind ideale Orte für nachmittägliche Kaffeekränzchen. Ein von Kerzenschein erleuchtetes Sommerhaus könnte ein idyllisches Plätzchen bilden. Bei Veranstaltungen im Freien spielt das Wetter eine wichtige Rolle. Hören Sie also die Wetterprognosen, und erstellen Sie einen Plan für den Notfall und unvorhersehbare Überraschungen. Eine Gartenterrasse kann mit einer Zeltplane abgedeckt werden, oder Sie müssen alles ins Haus bringen – seien Sie diesbezüglich flexibel.

Partys außer Haus

Wenn Sie die vorgesehene Gästezahl nicht im Haus bewirten können, ist bei ausreichend Platz ein Festzelt im Garten eine gute Alternative, oder Sie mieten einen passenden Veranstaltungsraum.

Prächtige Festzelte

Festzelte können eine Vergrößerung Ihres Hauses darstellen, wenn Aperitifs und Knabbergebäck vor dem Essen im Haus serviert werden und die Gäste durch Türen, die sonst in den Garten führen, direkt ins Festzelt gelangen. Manchmal bemerken Gäste gar nicht, daß sie unter einer Zeltplane sitzen.

Wenn Sie sich für ein Festzelt entscheiden, erkundigen Sie sich zunächst im Freundeskreis nach Referenzen. Sämtliche einschlägige Unternehmen werden zunächst eine Besichtigung vor Ort vereinbaren, ausgestattet mit Fotos und Stoffmuster – manche stellen auch Einrichtung zur Verfügung. Informieren Sie sich, ob die Firma in näherer Zukunft ein vergleichbares Festzelt errichtet, und ob Sie es besichtigen können. Überlegen Sie, auf welchem Boden das Zelt errichtet werden soll. Manchmal wird ein Gerüst benötigt, um ebenen Boden zu schaffen. Die Zelte von heute bieten viel Komfort, mit Thermostaten, Klimaanlagen, Fenstern und Türen. Farbe und Form hängen ganz von Ihrem Geschmack ab.

Bedenken Sie, wieviel Platz Sie im Hinblick auf die geplante Gästezahl für Tische, Bar, Buffet und Tanzfläche benötigen. Das Zeltunternehmen wird Ihnen eine schematische Übersicht der einzelnen Elemente anfertigen können. Wenn Sie einen Catering Service engagieren, so braucht diese Firma ein Extra-Zelt für die Zubereitung der Speisen und die Entsorgung des gebrauchten Geschirrs. Planen Sie auch einen Personalraum ein und ausreichend Platz für Garderobe.

Fantastische Beleuchtung

Die Beleuchtung eines Festzeltes kann einen Sternenhimmel imitieren, Spots für die Tische sowie ein Lichtermeer für Bar und Buffet beinhalten. Dekorative Elemente können durch eigene Spots hervorgehoben werden. Informieren Sie sich beim Zeltunternehmen nach einer geeigneten Beleuchtungsfirma. Möglicherweise benötigen Sie Generatoren, zum Glück sind diese heutzutage relativ geräuscharm. Die eigene Beruhigung rechtfertigt die Investition.

Praktische Details

Das Festzelt sollte über Fenster verfügen, die den Blick auf attraktive Gartenelemente wie Blumenbeete, einen Teich oder einen Springbrunnen freigeben. Diese können von der Außenbeleuchtung angestrahlt werden. Vielleicht müssen Sie mit dem Zeltunternehmen die Aufstellung zusätzlicher Toiletten vereinbaren. Solche können luxuriös ausgestattet sein, mit Designertapeten, Duftlampen und Leinenhandtüchern – Ihre Wahl wird von dem vorhandenen Budget abhängen.

Seien Sie gewiß, daß Ihr Alltag während der Errichtung des Zeltes beeinträchtigt wird. Das Aufstellen mancher Konstruktionen benötigt eine Woche, und zwei Tage dauert der Abbau. Vereinbaren Sie, wann das Zelt abgebaut werden soll – Sie werden am Morgen nach der Party ruhebedürftig sein. Ich empfehle, um die Mittagszeit mit dem Abbau zu beginnen. Kontrollieren Sie, ob alle Dinge aus dem Zelt entfernt wurden, bevor der Abbau beginnt. Zusätzlich könnten Sie eine Unfallversicherung abschließen, die meisten Zeltfirmen bieten diese Möglichkeit an.

Freundlicher Empfang

Der Zeitaufwand, den ein Zeltauf- und abbau beansprucht, mag Sie bewegen, einen Veranstaltungsort zu wählen. Die Wahl wird von Ihrem finanziellen Einsatz abhängen: vom Veranstaltungsraum in einem 5-Sterne-Hotel bis zum örtlichen Gemeindesaal ist alles möglich. Die schönsten Räumlichkeiten sind meist Monate im voraus ausgebucht. Erfahrene Veranstaltungsagenturen beraten Sie gerne. Erstellen Sie für die Besprechung eine Liste der Fragen, die Sie beantwortet haben möchten (siehe rechts). Manche Veranstaltungsorte arbeiten mit bestimmten Cateringfirmen und Floristen zusammen, die darin erfahren sind, Speisen und Blumendekorationen innerhalb kürzester Zeit zu arrangieren. Dies kann von großer Bedeutung sein, wenn Sie etwa eine Galerie mieten, die um sechs Uhr abends schließt, und Ihre Gäste für halb sieben eingeladen sind.

Wenn Sie Ihre Wahl getroffen haben, bestätigen Sie Ihre Buchung so bald wie möglich. In der Regel werden Sie einen detaillierten Vertrag erhalten. Überprüfen Sie diesen sorgfältig, wenn Sie an Ihrem großen Tag keine bösen Überraschungen erleben wollen.

Wichtige Fragen

Die nachstehenden Fragen helfen Ihnen, die geeignete Örtlichkeit zu finden. Klären Sie die Punkte mit dem Vermieter ab:

- Faßt der Ort die geplante Anzahl von Gästen?
- Gibt es Einschränkungen, wie Rauchen, Trinken von Rotwein in bestimmten Bereichen oder Tanzverbot?
- Sind Parkmöglichkeiten vorhanden bzw. können welche geschaffen werden?
- Gibt es Telefon?
- Steht eine Garderobe zur Verfügung?
- Kann man Aperitifs vor einem Dinner in einem anderen Raum nehmen?
- Können Sie Caterer und Florist selbst wählen?
- Gibt es Kochgelegenheiten, und wie sind sie beschaffen?
- Wo können Speisen vorbereitet werden?
- Dürfen Sie Kochstellen und Warmhalteplatten mitbringen? Reicht die Stromversorgung dafür aus?
- Welche Arten von Unterhaltung, einschließlich Diskomusik, sind erlaubt?
- Um welche Uhrzeit können Sie mit der Vorbereitung beginnen?
- Wann muß die Party beendet werden, und wird Extrazeit berechnet?
- Eignet sich das Licht (manche Örtlichkeiten haben aufwendigere Beleuchtungssysteme) oder würde Kerzenlicht die Atmosphäre betonen?
- Kontrollieren Sie den Zustand der Toiletten. Wenn nötig, arrangieren Sie Blumenschmuck, und legen Sie Duftseifen und Handtücher bereit.

BEZAUBERNDE ABENDE

WENN IHRE PARTY ABENDS STATTFINDET, BESICHTIGEN SIE DEN VERANSTALTUNGSORT AM ABEND, UM DIE RAUMATMOSPHÄRE BEURTEILEN ZU KÖNNEN.

Einladungen

Achten Sie auf die Details, wenn Ihre Party von Erfolg gekrönt sein soll. Ein schönes Design Ihrer Einladungskarten, die zum Stil Ihrer Party passen und zeitgerecht versandt werden, erwecken Vorfreude bei Ihren Gästen. Exakte Gästelisten und eine effiziente Sitzordnung garantieren einen reibungslosen Ablauf.

Gästeliste

Wenn Sie Ihre Gästeliste erstellen, müssen Sie sicher sein, daß die Anzahl der eingeladenen Personen Platz findet. Als Gastgeber sollte es für Sie eine besondere Herausforderung sein, Gäste in Ihrer Privatsphäre willkommen zu heißen. Auch sollte es Ihnen ein Anliegen sein, eine anregende Party zu veranstalten, mit einer interessanten Gästemischung, beispielsweise aus Familienmitgliedern, Freunden und Arbeitskollegen. Wählen Sie unterhaltsame Gäste, aber auch welche mit kontroversen Ansichten, um Diskussionen anzuregen. Heutzutage ist es nicht so wichtig, gleich viele Frauen wie Männer einzuladen; Altersgruppen können ebenfalls gemischt werden. Für Absagen in letzter Minute sollten Sie eine Liste an Freunden bereithalten, die nicht beleidigt sind, wenn Sie eingeladen werden, um die Gästezahl zu komplettieren.

Originelle Einladungen

In der heutigen Zeit dominieren Faxe und E-Mails unsere Kommunikation. Trotzdem bleiben handgeschriebene Einladungen ein wichtiger Teil der gesellschaftlichen Etikette. Die freudige Überraschung beim Öffnen der Einladung und die Vorfreude auf eine Party gehören einfach dazu. Das Design Ihrer Einladung kündigt die Art Ihrer Party an. Es kann traditionell gehalten sein, doch wenn Sie eine Party mit ungewöhnlichem Stil oder Motto geben, versuchen Sie, auch bei den Einladungen originell zu sein. Interessante Ideen stellen etwa eine Blechbüchse mit angehängter Einladungskarte, eine CD oder Kassette mit einer gesprochenen Einladung, eine Zigarrenhülle, die ein Kärtchen enthält, oder ein kleines Glas mit eingraviertem Text, dar. Die Karte kann auch an fluoreszierenden Leuchtstäbchen befestigt werden, an einem Stück Transparentfolie oder an einem schönen Archivbild. Als einfache, lustige Note füllt man den Briefumschlag mit Konfetti, das beim Öffnen herausfällt. Die auf originelle Weise Eingeladenen werden sich auf eine außergewöhnliche Party freuen.

Die Einladung muß alle Informationen enthalten, die Ihre Gäste benötigen: Datum, Uhrzeit, Kleidung, Art der Bewirtung und wohin eine Antwort gerichtet werden soll. Legen Sie als Aufforderung eine Antwortkarte bei. Manche Menschen lassen sich trotzdem Zeit. Schrecken Sie nicht davor zurück, sie anzurufen, damit Sie sich über Ihre Gästezahl im klaren sind. Sie sollten über den Stil Ihrer Party Bescheid geben, da nichts schlimmer ist, als in Anzug und Krawatte bei einem Fest zu erscheinen, bei dem alle Freizeitkleidung tragen. Auch über Parkmöglichkeiten sollten Sie informieren.

Klare Richtlinien

Bei förmlichen Einladungen wird der Name des Gastes mit einem Füllhalter von Hand geschrieben, ebenso der Briefumschlag beschriftet. Vollständiger Titel, Rang und Orden werden auf dem Kuvert angegeben, nicht jedoch auf der Einladung selbst.

Timing

Einladungen werden wie folgt verschickt:
zwei Monate vor Hochzeiten oder großen Tanzveranstaltungen
sechs Wochen vor speziellen Anlässen
vier Wochen vor formellen Dinners, Stehpartys oder Buffets

Wenn Sie Freunde zum Abendessen einladen, genügt ein Anruf etwa drei Wochen vorher; für die genauen Angaben können Sie eine Karte nachsenden. Bei Geschäftsessen sollten Sie bei formellen Einladungen bleiben

Gedruckte Einladungen

Entwerfen Sie Ihre Einladungen, sobald Sie den Termin für die Feier fixiert haben. Druckereien benötigen zumindest vier bis sechs Wochen zum Ausliefern gedruckter Einladungen. Während dieser Zeit, nach etwa zwei bis drei Wochen, werden Sie das Design, den Schriftsatz und Ihre Kopie kontrollieren. Fragen Sie, ob Sie die Briefumschläge bereits vorab erhalten, damit sie schon vorher beschriftet werden können. Wenn die Einladungen nicht in Standardkuverts passen, klären Sie, wie lange es dauert, sie entsprechend zu beschneiden. Kontrollieren Sie sorgfältig, ob im Andruck alle Informationen korrekt sind. Kritisieren Sie den Entwurf nicht zu lange, weil jede Änderung eine Verzögerung beim Aussenden bedeutet und Sie möglicherweise feststellen müßten, daß Ihre Gäste dann bereits andere Verpflichtungen haben.

Die »Ja«- oder »Nein«-Liste

Ich empfehle Ihnen, eine »Ja«- oder »Nein«-Liste für die Rückmeldungen anzulegen, die auch die Telefonnummern der Gäste enthält, um sie, wenn nötig, kontaktieren zu können. Die Namen sollten bei Zusage abgehakt werden. Wenn Sie etwas über spezielle Ernährungsvorlieben oder -gewohnheiten wissen oder in Erfahrung bringen, sollten Sie dies notieren.

Absagen

Vor 30 Jahren, als noch mehr Partys veranstaltet wurden, rechnete man mit 33 Prozent Absagen. Heute finden weniger Partys statt, also können Sie mehr Zusagen erwarten: Kalkulieren Sie bei Cocktailpartys 15 Prozent Ausfall, bei Abendessen fünf Prozent Absagen, bei geschäftlichen Cocktailpartys bis zu 30 Prozent, zehn Prozent bei Abendessen. Absagen hängen von Jahreszeit, Wochentag und von frühzeitiger Einladung ab.

WEGBESCHREIBUNG

Liegt Ihr Haus auf dem Lande, oder ist es schwer zu finden, lassen Sie einen Plan auf die Rückseite der Einladung oder auf eine eigene Karte drucken.

Die Zusammenstellung eines Menüs, wie einfach oder aufwendig auch immer, erfordert gründliche Überlegung. Ich bevorzuge frische Produkte der Saison, die problemlos erhältlich und preisgünstig sind sowie bestes Aroma aufweisen. Saisonale Produkte sind eine gute Ausgangsbasis für die Planung Ihres Menüs.

Menüplanung

Wenn Sie Zutaten auswählen, stellen Sie eine Bandbreite an Farben und Geschmacksnuancen zusammen. Stellen Sie sich vor, wie die einzelnen Elemente schmecken und erwägen Sie, ob sie gut zueinander passen. Klassische Kombinationen sind zum Beispiel Frühkartoffeln mit frischer Minze oder Erdbeeren mit Schlagsahne. Überlegen Sie, welches Element ein anderes ergänzen könnte, wenn Sie Ihr Menü planen. Die Gerichte sollten einfach, geschmackvoll und leicht zuzubereiten sein.

Augenweide und Gaumenfreude

Bedenken Sie das optische Erscheinungsbild der Kombinationen, die Sie auswählen. Ich würde zum Beispiel nicht empfehlen, Muscheln, gefolgt von Hühnchen mit Sahnekartoffeln und einem Dessert wie Crème Brûlée zu servieren. Obwohl jedes Gericht für sich allein eine Köstlichkeit darstellt, haben sie alle dieselbe Farbe. Überlegen Sie, wie Farbe und Beschaffenheit jedes Ganges einander ergänzen.

Perfekte Präsentation

Geben Sie herkömmlichen Speisen beim Zubereiten und Servieren das gewisse Etwas. Bei klassischen Gerichten wie grünem Salat können Sie die gewöhnlichen Croûtons durch längliche, würzige ersetzen. Ein Eintopf wird herzhaft, wenn er aus Gemüse im ganzen zubereitet wird, und delikat, wenn man das Gemüse kleinwürfelig schneidet.

Qualität der Zutaten

Wenn Sie einkaufen, nehmen Sie sich Zeit und wählen Sie die Zutaten sorgfältig aus. Kontrollieren Sie die Frische und kaufen Sie nichts, mit dem Sie nicht vollauf zufrieden sind. In großen Städten erweist es sich häufig als schwierig, einen Fleischer, Fischhändler oder Gemüseladen zu finden. Ich habe in meiner Wohngegend, dem Zentrum von London, kleine Läden und Märkte aufgespürt, doch dazu braucht man Zeit. Die meisten von uns sind gezwungen, in Supermärkten einzukaufen. Viele haben eigene Fisch- und Fleischabteilungen. Nutzen Sie die Fachkenntnis des Personals bei Ihrem Einkauf.

Seien Sie einfallsreich

Heutzutage vermitteln uns Kochkurse und Bücher, wir müßten um drei Sterne im Michelin kochen. Dies ist unrealistisch. Fühlen Sie sich nicht verpflichtet, Speisen aufzutischen, von denen Sie wissen, daß Ihre Zeit für die Zubereitung nicht ausreicht, sonst stehen Sie die ganze Nacht in der Küche. Wählen Sie Gerichte für Ihr Menü, die vorher zubereitet werden können und die nur ein Minimum an Aufwand unmittelbar vor dem Servieren benötigen. Wenn Sie nicht alle Gänge selbst zubereiten können, wählen Sie in einem Delikatessenladen eine Vor- oder Nachspeise aus. Solange Ihre Gerichte frisch sind, gibt es keinen Grund für Gewissensbisse.

KNAPPES BUDGET?

WENN IHR BUDGET NUR EIN EINFACHES ABENDESSEN ERLAUBT, TRAGEN SIE EINE HERZHAFTE SUPPE MIT WARMEM BROT AUF. SERVIEREN SIE DANN KÄSE UND HAUSGEMACHTE KEKSE ODER FRÜCHTETORTE. GÄSTE SCHÄTZEN HAUSMANNSKOST.

Abwechslung ist die Würze

Die besten Menüs variieren Aromen, Zutaten, Farben und Beschaffenheit. Wiederholen Sie keine Variante während eines Dinners. Bei Buffets können Sie einige Aromen und Geschmacksnuancen mehrmals verwenden. Wenn Sie vorher Knabbereien auftragen, sollten darin keine Zutaten des Dinners vorkommen. Denken Sie bei einem Buffet auch an Vegetarier unter Ihren Gästen und bieten Sie einige Gerichte ohne Milchprodukte, Fisch oder Fleisch an. Sie können ruhig kühn sein und Ihre Gäste mit aufwendigen Garnierungen überraschen. Vergessen Sie jedoch nicht, daß klassische Schlichtheit ebenfalls sehr eindrucksvoll wirken kann. Bleiben Sie einfach innerhalb Ihrer Möglichkeiten und wählen Sie einen Stil, der Ihnen entspricht.

MIT TRADITIONEN BRECHEN

HALTEN SIE SICH NICHT IMMER AN DIE TRADITIONEN. ERSINNEN SIE ALTERNATIVEN ZU KARTOFFELN, WIE RISOTTO, BOHNEN ODER GNOCCHI.

Canapés

Wenn Sie pikant belegte Brotscheiben servieren, sollten sie mundgerecht zubereitet sein, nicht zu Boden bröseln oder auf die Kleidung der Gäste tropfen. Sie sollten problemlos zuzubereiten und zu servieren sein und nicht so kunstvoll, daß sie erst in letzter Minute hergestellt werden dürfen. Berücksichtigen Sie auch die Größe Ihrer Küche und das Fassungsvermögen Ihres Kühlschranks. Wenn Sie nur wenige Canapés servieren, reichen Sie umso erlesenere! (Etwa gekochte Wachteleier mit Kräutersalz!)

Auf Vegetarier Rücksicht nehmen

Viele Partys werden heutzutage selbstverständlich auch von Vegetariern besucht, und Sie sollten dies berücksichtigen. Vor der Menüplanung vergewissern Sie sich, ob Vegetarier unter Ihren Gästen sind; passen Sie Ihr Gericht an vegetarische Erfordernisse an oder kochen Sie einen speziellen Gang.

WEIN

Vergessen Sie alle »Regeln« über die Farbe des Weins. Sowohl weisser als auch roter harmonieren gut mit Fisch.

Zusammenfassung

Speisen zusammenzustellen macht Spaß, und Ihre Party wird sicherlich ein Erfolg, wenn Sie sich an Ihren Zeitplan, Ihre Möglichkeiten und Ihr Budget halten. Nehmen Sie sich Zeit, jeden Gang mit Liebe und Raffinesse zu servieren. Wählen Sie für jeden Gang jenes Tafelgeschirr aus, das Ihre Gerichte am besten zur Geltung bringt. Berücksichtigen Sie auch praktische Gegebenheiten. Kunstvolle Arrangements, die über drei Stockwerke nach oben transportiert werden müssen, könnten womöglich leiden!

Wenn Sie ähnliche Vorlieben wie ich haben, dann besitzen Sie auch eine große Auswahl an Tafelgeschirr, Vorlegeplatten, Schüsseln, Tassen, Besteck und Gläsern – all das nenne ich Grundausstattung. Ich liebe es, zu kombinieren und mit unterschiedlichen Vor- und Hauptspeisentellern ein einladendes Tischarrangement zu kreieren.

Die Grundausstattung

Mehrzweckstil

Ich sammle gerne nützliche Stücke, die man mehrfach verwenden kann. Vor vielen Jahren fand ich in Boston Marmeladengläser, die sich hervorragend zum Servieren von Bier und Antialkoholika eignen. In großen weißen Schüsseln können Teigwaren, Salate oder herzhafte Suppen serviert werden. Gemüse- oder Salatschüsseln lassen sich auch für Desserts verwenden. Schönes, bemaltes italienisches Geschirr eignet sich hervorragend für Mittagessen im Garten, sieht aber auch wundervoll aus, wenn darin Frühstück im Haus serviert wird. Von unschätzbarem Wert ist weißes Porzellan, das sich für jedes Gericht eignet und Tischtücher sowie Servietten in vielen Farben erlaubt.

Stil-Mix

Es müssen nicht all Ihre Geschirrsets zueinander passen, da unterschiedliche Formen und Farben einander auch ergänzen können. Denken Sie daran, wenn Sie ein großes Abendessen geben und Geschirr von Freunden oder Familie ausleihen. Sammeln Sie zeitlose Stücke im Hinblick auf Ihr bevorzugtes Tischarrangement und Ihre Lieblingsgerichte. Ich bin ständig auf der Suche nach Neuem; Flohmärkte stellen exzellente Jagdgründe dar. Man sollte eine große Auswahl an Glastellern für Desserts besitzen. Ich kaufe nie etwas, das nicht geschirrspülerfest ist. Das gilt sogar für mein sehr altes blaues und weißes Porzellan, das ich sehr häufig und mit Vorliebe verwende.

WUNDERSCHÖNE BUFFETS

Belegen Sie Vorlegeplatten stilvoll mit Servietten, oder binden Sie mehrere Tellerstösse mit grossen Stoffservietten zusammen.

Besteck und Gläser

Besteck und Gläser sollten zu Ihrem Lebensstil passen. Auch wenn Sie Silber lieben, sollten Sie beachten, wieviel Zeit Sie für das Polieren aufwenden würden. Im Laufe der Jahre habe ich eine wunderbare Kollektion an herrlichem Silberbesteck von meinen Besuchen bei Altwarenhändlern und auf Flohmärkten erworben. Solche Stücke lassen schöne Erinnerungen wach werden. Ich besitze hübsche Obstmesser aus Silber und Perlmutt, die mich an meinen Aufenthalt in Neuengland erinnern. Wenn Sie Freunde nach einem Geburtstagswunsch fragen, wünschen Sie sich doch einmal eine silberne Dessertgabel oder einen Löffel für Ihre Kollektion! Solch ein Geschenk erfreut Sie ein Leben lang.

Glücklicherweise gibt es heute keine fixen Regeln mehr, welche Art von Besteck für bestimmte Gerichte zu verwenden sind; sogar Fischmesser und -gabeln sind aus der Mode gekommen und wurden durch Dessertbesteck ersetzt. Seien Sie kreativ! Zum Beispiel eignen sich Löffel aus Horn ideal für gekochte Eier. Vorlegebesteck, das es in vielen Variationen gibt, belebt Ihr Tischarrangement. Ebenso gibt es altes und neues Besteck mit Griffen aus Holz oder Bein, oder ausgefallene Formen aus Plastik.

Ob Stielgläser oder Becher, es gibt ein reichhaltiges Angebot an Gläsern in allen Formen und Größen, aus dem Sie wählen können – glatt oder verziert, je nach Ihrem Geschmack.

Service

Sammeln Sie Tafelgeschirr in interessanten Formen und Dekors. Sehen Sie sich im Haus nach großen Schüsseln, Vasen, Blumentöpfen, Körben oder anderen Dingen um. Große Fischplatten eignen sich etwa, um Gemüse oder Salate wunderschön zu arrangieren. Gitterkörbe können gestapelt und mit einer Schüssel voll Nudeln oder Reis befüllt werden. Salate bieten in gestielten Schüsseln einen herrlichen Anblick, und ausgehöhlte Parmesanlaibe liefern originelle Behältnisse, um Risottos oder Nudelgerichte anzurichten. Ein Eintopfgericht wird am besten in der Kasserolle aufgetragen, in der es gekocht wurde – reinigen Sie zuvor die Ränder und kontrollieren Sie, ob die Tischoberfläche hitzebeständig ist.

TRÄUME AUS EIS

EISCREMES ODER SORBETS SEHEN IN EISSCHALEN GROSSARTIG AUS. TÜRMEN SIE SIE AUFEINANDER, UND BEWUNDERN SIE DIE REFLEXION DES LICHTS.

Leihgeschirr

Wenn Sie nicht allzuviel Geschirr besitzen oder Ihr eigenes nicht für eine Party benützen wollen, leihen Sie welches. Es gibt viele Firmen, die sich darauf spezialisiert haben, und es lohnt sich, sich ein Angebot erstellen zu lassen. Fragen Sie, ob der Preis Lieferung und Abholung beinhaltet, ob Sie das ungereinigte Geschirr retournieren dürfen und welchen Preisunterschied das ausmacht. Wichtig ist die Liefer- und Abholvereinbarung. Mein Vorschlag wäre, die Zustellung für den Morgen des Tages Ihrer Party zu fixieren und die Abholung für den nächsten Tag zu vereinbaren (wenn Sie sich erholt haben). Bedenken Sie, daß für beschädigte oder verloren gegangene Ausstattung eine Entschädigung zu leisten ist, und informieren Sie darüber eventuell engagiertes Personal und freiwillige Hilfskräfte.

Häufig werden Sie die eingeladenen Personen, nicht ohne Hilfe bewirten können. Wahrscheinlich denken Sie dann daran, Leihpersonal zu engagieren oder Freunde und Familienmitglieder um Hilfe zu bitten. Scheuen Sie sich nicht, die meisten Menschen freuen sich darüber oder fühlen sich geehrt.

Küchenhilfen

Partys sind naturgemäß ein gesellschaftliches Ereignis, und auch der hartgesottenste Koch freut sich über eine Unterstützung. Vielleicht beherrscht ein Freund oder ein Familienmitglied ein Gericht besonders gut und möchte es für Ihre Party zubereiten. Legen Sie vorab fest, welche Art von Hilfe Sie benötigen. Zeigen Sie, wie Sie ein Gedeck arrangiert haben möchten. Als Profi biete ich Freunden gerne meine Hilfe an, wenn sie eine große Party geben. Manchmal ist allein schon die Idee zu einer Party willkommen, bei anderer Gelegenheit ziehen Sie es vor, alles selbst zu organisieren. Scheuen Sie sich nie, Hilfe heranzuziehen.

Professionelle Unterstützung

Wenn Sie Servierpersonal engagieren, sollten Sie ein angesehenes Unternehmen beauftragen oder Freunde befragen. Mundpropaganda ist die beste Empfehlung. Wenn Sie eine Firma kontaktieren, sollten Sie genau wissen, welche Art von Einladung Sie geben und welche Aufgaben das Personal zu übernehmen hat. Planen Sie genau, damit Ihre Helfer genügend Zeit haben, den Tisch zu decken und die Bar vorzubereiten. Bei Dinnerpartys und Buffets sollte das Personal zwei Stunden vor den Gästen eintreffen und noch etwa eine halbe Stunde bleiben, nachdem der letzte Gast gegangen ist. Wenn nur Getränke gereicht werden, reichen eineinhalb Stunden als Vorlaufzeit aus.

Was Sie erwarten dürfen

Geben Sie klare Anweisungen – das Silber wird nicht automatisch poliert und das Tischtuch gebügelt. Sagen Sie, ob abgewaschen oder die Spülmaschine benutzt werden soll. Zeigen Sie vor Dinnerpartys, wo sich Porzellan, Gläser, Besteck und Tischtücher befinden. Klären Sie ab, welche Aperitifs und Snacks Sie servieren möchten. Erfahrenes Personal kümmert sich um den gesamten Ablauf, nicht nur um das Öffnen der Türen, Abnehmen der Mäntel und das Servieren der Getränke, sondern auch um das Arrangieren von Häppchen, vielleicht sogar um das Garen von Gemüse, Marinieren von Salaten, Garnieren von Käsetellern und die Zubereitung von Kaffee. Das Personal dient Ihrer Unterstützung.

PERSONALBETREUUNG

BESCHÄFTIGEN SIE PERSONAL LÄNGER ALS VIER STUNDEN, SO HALTEN SIE EINEN IMBISS BEREIT. LASSEN SIE NIEMANDEN OHNE ESSEN ARBEITEN. FAHREN NACH PARTY-ENDE KEINE ÖFFENTLICHEN VERKEHRSMITTEL, IST ES ÜBLICH, DASS DER GASTGEBER FÜR TAXIS SORGT.

Zahlungsmodalitäten

Das Personal erhält eine Entlohnung nach Stunden. Agenturen stellen eine Rechnung, oder Sie bezahlen das Personal direkt und überweisen die Provision. Wenn Sie ohne Agentur engagieren, vereinbaren Sie den Lohn vorher.

DER BARKEEPER

WENN SIE EINE PARTY FÜR MEHR ALS 25 PERSONEN GEBEN, SOLLTEN SIE EINEN ERFAHRENEN BARKEEPER ENGAGIEREN. SEINE PROFESSIONALITÄT IST GOLD WERT. INFORMIEREN SIE AUCH IHN STETS SO AUSFÜHRLICH WIE MÖGLICH.

Küchenchefs und Köche

Für das Engagieren von Küchenchefs oder Köchen gelten dieselben Regeln wie für das Servierpersonal. Hören Sie sich an, welche Gerichte sie gerne zubereiten würden, und besprechen Sie Ihre eigenen Vorschläge für das Menü. Man wird Sie informieren, was Sie beistellen müssen. Zeigen Sie ihnen das Geschirr, das Sie verwenden möchten. Sie müssen im vorhinein über Gästezahl, Zeitplan, Art der Einladung und eventuelles Personal für Service und Abwasch informiert werden. Ihre Ausgaben belaufen sich entweder auf Lohn zuzüglich der Kosten für das Essen, oder es wird eine Pauschale pro Kopf verrechnet. Die meisten Köche und Küchenchefs kennen gutes Servierpersonal, mit dem sie regelmäßig zusammenarbeiten; es lohnt sich also, sie nach einer Empfehlung zu fragen.

Unerfüllbare Aufträge

Sie dürfen nicht erwarten, daß Köche ohne entsprechenden Herd, Ofen etc. ein Abendessen zaubern können. Auch Sie selbst würden bestimmte Geräte benötigen. Wenn erforderlich, können Sie Herde mieten. Bleiben Sie realistisch, was Ihr Menü betrifft. Drei warme Gänge zuzubereiten kann in einer kleinen Küche sehr schwierig werden.

Am Morgen danach

Wir alle sind am Morgen nach einer Party schon mal mit der Aussicht aufgewacht, aufräumen zu müssen. Wenn Sie kein Personal für die Party engagiert haben, gönnen Sie sich einen Putztrupp. Bestellen Sie ihn nicht zu früh, Sie könnten eine lange Nacht gehabt haben. Teilen Sie der Reinigungsfirma etwa zwei Wochen vorher genau mit, was Sie benötigen. Generell wird ein Stundensatz verrechnet.

Personal in Uniform

Bei förmlichen Abendessen und Empfängen tragen Diener Nadelstreifhosen, schwarzes Sakko und Weste, weißes Hemd sowie silberne oder schwarze Krawatte. Für weniger formelle Anlässe haben sich die Kleidervorschriften für Damen und Herren geändert. Sie besagen schwarze Hosen, Sakko, Weste und Fliege mit einer langen weißen Schürze. Wenn Sie eine Themenparty geben, kann sich das Personal entsprechend kleiden, doch es muß sich wohlfühlen. Kostümverleihe bieten eine große Bandbreite an Outfits.

Empfohlene Personalquote

Abendessen: ein Kellner für je zehn Gäste
Stehpartys: ein Barkeeper und drei Kellner für je 50 Gäste
Informelles Stehbuffet: ein Barkeeper und zwei Kellner für je 30 Gäste
Formelles Buffet mit Tischen: ein Kellner für je zehn Gäste
Nachmittagstee: zwei Kellner für je 30 Gäste

Informationen für Servierpersonal

- Zeitplan, einschließlich Ankunft der Gäste und vorraussichtliches Party-Ende
- Anzahl der Gäste
- Speiseplan
- Getränke und Weine (Müssen sie dekantiert werden?) und wie sie serviert werden sollen
- Gäste mit speziellen Ernährungsgewohnheiten
- Wo sich Tischtücher, Porzellan, Besteck und Gläser befinden
- Wie Tische und Bar angeordnet werden sollen
- Wo Garderobe abgelegt wird
- Anweisung, die Aschenbecher regelmäßig zu entleeren und zu erneuern
- Wo sich die Gästetoiletten befinden, und daß sie sauber zu halten sind
- Anweisung, das Empfangszimmer während des Essens sauber zu halten, alles abzuräumen und abzuwaschen
- Wo der Kaffee serviert werden soll

Durch die Dekoration der Räumlichkeiten zu Hause, eines Festzelts oder eines anderen Ortes – können Ihre Träume Gestalt annehmen. Vieles hängt vom Stil oder Motto Ihrer Party ab, die durch Ihre Dekoration zum Leben erweckt wird.

Neue Raumgestaltung

Im frühen Planungsstadium haben Sie begonnen, sich mögliche Themen für Ihre Party zu überlegen. Wenn Sie sich diesbezüglich nicht sicher sind, diskutieren Sie mit Familie und Freunden darüber – sie werden begeistert mitmachen. Vielleicht möchten Sie zum Beispiel eine vergangene Epoche kopieren. Bitten Sie Freunde um praktische Hilfe, indem sie einen Teil der Dekoration übernehmen. Die meisten Menschen freuen sich über eine Gelegenheit, kreativ sein zu können, und wenn Sie klare Informationen darüber geben, was Sie sich vorstellen, wird Sie das Ergebnis begeistern. Suchen Sie in Magazinen und Büchern nach Ideen. Behalten Sie die Übersicht über Ihr Budget.

Gestaltung des Party-Raumes

Ein häufiger Fehler ist, sich in vielerlei Ideen zu verlieren und den Bereich übermäßig zu dekorieren. Der fertige Raum soll nicht übertrieben und auf Ihre Gäste bedrohlich wirken. Es gibt viele Möglichkeiten, einen Raum sanft mit nur wenig Aufwand zu verändern. Eine orientalisch inspirierte Party kann etwa gestaltet werden, indem man die Stühle durch große, bunt bezogene Sitzkissen ersetzt. Widmen Sie Ihre Aufmerksamkeit bei jedem Thema interessanten Bereichen wie Fenstern oder hübschen Erkern, indem Sie Kerzen und kleine Blumentöpfe oder Pflanzen auf Fenstersimsen oder anderen Abstellflächen plazieren. Decken Sie bei Kinderpartys den Tisch mit dickem weißen Papier, und füllen Sie Pappbecher mit Stiften, so daß die Kinder animiert werden, sich künstlerisch zu betätigen. Sie könnten die Namen auch auf bunte Luftballons schreiben, die an der Rückenlehne ihrer Stühle befestigt werden.

Zauberhafte Verwandlung in Festzelten

Die meisten Festzelte erhalten Blumenschmuck. Wenn Sie eine Themenparty gestalten, wenden Sie sich am besten an ein Unternehmen, das Ausstattung vermietet. Sehen Sie sich in deren Lager um, und lassen Sie sich inspirieren. Die Effekte sind beeindruckend!

abgeschnittene Äste, die einen Wald oder eine Hecke repräsentieren, sehen an den Wänden eines Festzeltes sehr attraktiv aus. Ebenso Kletterpflanzen, die sich um ein Gitter ranken – sie können nach der Party in den Garten gepflanzt werden.

Tanzflächen müssen klar abgegrenzt sein, mit kleinen, runden Tischen rundherum. Das Terrain sollte mit einem niedrigen Holzzaun oder mit großen Statuen an jeder Ecke und Blumenbögen dazwischen abgetrennt werden. Wenn Sie Lavendelblüten oder getrocknete Kräuter auf den Boden des Festzeltes streuen, werden die Gäste beim Darübergehen deren Aromen verteilen.

TRAUMFENSTER

Die Fenster eines Raumes oder eines Festzeltes können durch Drapieren kostengünstiger farbiger Stoffe verändert werden. Sie können daran auch Strass kleben oder die Stoffe mit interessanten Mustern versehen.

Speisen und Blumen sind meine große Passion. Blumen bringen Gemütlichkeit ins Haus. Es müssen nicht unbedingt große, teure Arrangements sein – eine Vase mit einer einzelnen, makellosen Blüte kann genauso hübsch aussehen. Blütenzweige und Kräutersträußchen verströmen lieblichen Duft.

Flowerpower

Überlegen Sie gut, welcher Blumenschmuck geeignet ist und zu Ihrem Budget paßt. Es gibt viele günstige Arten, Grünpflanzen, Blumen und Blätter dekorativ einzusetzen. Besuchen Sie einmal Blumenmärkte am frühen Morgen (das tue ich besonders gern), um zu sehen, was angeboten wird. Wenn Sie im Blumenladen kaufen, bestellen Sie im voraus, damit Sie sicher sein können, daß die Blumen Ihrer Wahl am Tag der Party geliefert werden. Kaufen Sie am Tag Ihrer Party keine Blumen, deren Knospen noch nicht geöffnet sind. Sie werden erst fünf Tage später voll erblühen. Schneiden Sie die Stiele ab, und stellen Sie die Blumen in kaltes Wasser, bis sie arrangiert werden.

BLUMEN DER SAISON

Am besten investieren Sie Ihr Geld, wenn Sie Blumen kaufen, die zur Jahreszeit passen, ausgenommen, Sie besorgen für jemanden aus einem bestimmten Anlass Lieblingsblumen.

Wunderschöne Blütenpracht

Zwanglos in Schalen und Bechern arrangierte Rosen verleihen jedem Tisch ein romantisches Flair. Schneiden Sie die Rosen am selben Tag, und verteilen Sie abgefallene Blütenblätter auf dem Tisch. Dekorieren Sie im Frühling mit Narzissen, Hyazinthen oder Krokussen – sie werden Ihr Haus noch lange nach der Party verschönern. Die verläßliche und auffallende Gerbera sieht in einer

schmalen Vase beeindruckend aus. Einen strahlenden Effekt erzielen Sie, indem Sie enge Vasen mit verschiedenfarbigen Gerbera gruppieren. Eine wunderbare und preisgünstige Idee stammt von Simon Lycett: Wickeln Sie bunte Pfeifenreiniger um die Stengel, und gruppieren Sie die Gerbera in der Mitte des Tisches – sie sehen aus, als wären Sie »am Sprung«! Für Blumen mit glatten, unattraktiven Stengeln eignen sich würfelförmige Glasvasen. Füllen Sie sie mit Kies oder kleinen Steinen zum Verbergen der Stiele, gießen Sie Wasser hinzu und setzen Sie dann die gewählten Blumen oder Pflanzen hinein. Ihre Gäste werden auch das Badezimmer aufsuchen. Schmücken Sie dieses mit kleinen Töpfen oder Sträußen süß duftender Blumen. Sie können auch Muscheln und Kieselsteine verwenden, die noch lange dekorativ wirken.

Gartenfreuden

Besitzen Sie selbst einen Garten, so sehen Sie sich nicht nur nach Blumen um, sondern auch nach hübschem Blattwerk, das Sie für Tischgestecke oder als Dekoration verwenden können. Beeren, Früchte, Nüsse und Maiskolben mit bunten Blättern ergeben in ausgehöhlten Kürbissen bezaubernde Arrangements, die von kleinen Kürbissen, in die Sie Teelichter setzen, umgeben werden können. Überlegen Sie, ob Freunde oder Familienmitglieder einen Garten ihr eigen nennen, den Sie »plündern« könnten.

Stilvolle Töpfe

Kleine Töpfe aus Terrakotta mit preisgünstigen Pflanzen oder Kräutern sehen bezaubernd aus, wenn Sie in der Mitte des Tisches plaziert werden. Arrangements von mehreren Töpfen auf Untertassen oder in Körben sind ebenfalls sehr attraktiv. Im Sommer können Sie Geranien oder Lavendel verwenden, die Sie nach der Party in den Garten oder in Blumenkästen pflanzen.

Professionelle Hilfe

Wenn Sie eine große Party oder Hochzeit planen, für die Sie die Dienste eines Floristen benötigen, besprechen Sie detailliert die Blumenwahl und die gewünschten Arrangements. Ein guter Blumendekorateur wird kreativ sein und im Rahmen Ihres Budgets bleiben, was auch immer Sie ausgeben wollen. Veranstalten Sie die Party in einem Festzelt, so teilen Sie die verwendete Farbkombination mit und halten Sie Stoffmuster bereit. Denken Sie daran, die Blumen sollen Stil und Farben von Tischen und Einrichtung ergänzen.

AUS DER PRAXIS

Obwohl hohe, luxuriöse Blumenvasen auf einem Tisch sehr elegant wirken, werden es Ihre Gäste schöner finden, wenn Sie Ihr Gegenüber sehen können.

In den letzten zehn Jahren kamen Kerzen wieder in Mode. Wer erinnert sich nicht an das wohltuende Kerzenlicht bei einem Stromausfall, wenn ihr Leuchten eine heimelige Atmosphäre schafft.

Kerzenlicht

In den 80er Jahren arbeitete ich mit dem Floristen Ken Turner zusammen und erhielt eine Lektion über die Verwendung von Kerzen und die Romantik von Partys. Heute gibt es Kerzen in jeder Ausführung, mit einer großen Auswahl an Kerzenhaltern. Es können unzählige Effekte erzielt werden – doch Ken brachte mir die Erleuchtung.

SICHERHEITSHINWEIS

Lassen Sie Kerzen niemals unbeaufsichtigt, insbesondere im Haus.

Abendessen bei Kerzenlicht

Ziehen Sie bei der Planung Ihrer Party auch Kerzen in Betracht. Ihr flackerndes Licht tanzt über die Tischdekoration und verleiht dem Raum eine warme, sinnliche und magische Atmosphäre. Bei formellen Anlässen sehen lange Kerzen in hohen Kerzenständern sehr elegant aus. Sie bilden eine angenehme Beleuchtung, ihr Licht wird von Silber und Gläsern reflektiert, und eine wunderbare Atmosphäre entsteht.

KERZEN ALS TISCHDEKORATION

Ein bezaubernder Blickfang sind Kerzen in verschiedenen Formen, Grössen und Farben in der Mitte des Tisches.

Duftkerzen

Bei einem Abendessen sollten Sie nicht zu starke Duftkerzen bei Tisch verwenden, da sie das Aroma köstlicher Gerichte beeinflussen könnten. Andererseits können Duftkerzen Zigarettenrauch neutralisieren, wenn Raucher unter Ihren Gästen sind. Duftkerzen lassen in Festzelten völlig neue Duftkombinationen entstehen, da sie den Duft von Blumen ergänzen können und den muffigen Geruch zerstreuen, der Zelten manchmal anhaftet.

Originelle Kerzenhalter

Ideale Kerzenhalter können durch Ausschneiden von Mustern aus ausgehöhlten Früchten entstehen. Versuchen Sie es mit Orangen, Zitronen, Äpfeln, Arti-

schocken oder Kürbissen. Solche Kerzenhalter sind originell und geben einem Tisch oder einer Terrasse einen interessanten Anstrich. Sie können auch dicke Säulenkerzen mit Seegrasblättern umwickeln und mit Bast oder Nadeln befestigen, aber auch kleine Kerzen in schöne Muscheln oder ausgehöhlte Kokosnüsse stellen. Zu Weihnachten können Sie Kerzen mit Zimtstangen umgeben und mit Goldband befestigen. Einen weniger strengen Effekt erzielen Sie, indem Sie Kerzen mit Papierstückchen und Bändern umwickeln. Tropisches Flair erhalten Sie, indem Sie lange Grashalme mit dickem Blumenbast um Kerzen binden. Zur Steigerung des Effektes eignen sich dicke Bambusstäbe in unterschiedlichen Längen als eine Art Halterung für hohe Kerzen.

THEATRALISCHE EFFEKTE

Die erzielen Sie, indem Sie schmiedeeiserne Kandelaber in die Ecken des Raumes oder auf die Tische stellen (nur tropffreie Kerzen verwenden und vor Zugluft schützen).

Außenbeleuchtung

Kerzen entlang von Wegen und Zufahrten heißen Gäste auf wunderbare Weise willkommen. Wir stellen dicke Säulenkerzen in braune Papiertüten, die mit feinem Sand gefüllt sind. An Sommerabenden können Sie Laternen an Baumästen anbringen. Sie können sie einfach basteln, indem Sie Muster in Blechdosen bohren. Stellen Sie ein Teelicht hinein, befestigen Sie einen Bogen aus Draht an der Oberseite und bringen Sie sie an Bäumen und Büschen an, um hellerleuchtete Bereiche im Garten zu schaffen.

Spezielle Nachtlichter

Wenn Sie Petroleumlampen verwenden, umwickeln Sie diese mit hübschen Blättern, Blüten, Gräsern oder Kräutern. Oder besprühen Sie die Halter mit Klebstoff, um sie mit Nüssen, Gewürzen und getrockneten Orangen- und Zitronenscheiben zu dekorieren. Farbtupfen erzeugen Sie mit cellophanumwickelten Haltern. Hübsch wirken an Nachtlichtern befestigte Tischkarten.

Blumen und Kerzen verleihen jeder Tafel ein bezauberndes Flair. Decken Sie wenig attraktive Tische mit hübschen Tüchern. Durchstöbern Sie Schränke und Schubladen nach interessanten Stoffen wie Laken, Decken oder Teppichen, das bringt Sie auf Ideen, denn diese Materialien können erstaunlich gut aussehen!

Tischdekoration

Arrangieren Sie Ihr Lieblingsporzellan samt Gläsern auf dem Tisch, um die Wirkung zu beurteilen. Legen Sie eine Stoffbahn als Läufer in die Mitte langer Tische oder entlang der Seiten als Ersatz für herkömmliche Platzdeckchen. Sie können, auf Ihr Partymotto bezugnehmend, die Servietten mit Bändern binden, die farblich zu Tischdecke oder Läufer passen. Sie können Servietten in jeder Form oder Größe aus harmonierenden oder kontrastierenden Stoffen zuschneiden. Oder Sie nehmen grobe Leinentücher, Jacquardgewebe oder Schals – lassen Sie Ihren Ideen freien Lauf (siehe Seite 57). Große tropische Blätter wie die von Bananen können Platzdeckchen ersetzen.

TISCHKÄRTCHEN

Gestalten Sie den Tisch mit Namenskärtchen persönlicher, so dass jeder Gast weiss, wo er sitzt. Solange sie lesbar sind, können Sie so originell sein, wie Sie wollen – nehmen Sie Gepäckaufkleber, glänzende Blätter, Masken, Ballons oder stecken Sie Papierkärtchen in gefaltete Servietten.

Kreative Arrangements

Bei informellen Anlässen lasse ich mich gerne zu ungewöhnlichen Tischarrangements inspirieren. Manche Ideen benötigen nur wenig Aufwand (und können überraschend praktisch sein). Warum nicht für jeden Gang anderes Porzellan, Gläser und Besteck benutzen? Wenn Sie zusätzliche Tücher oder Geschirr brauchen, leihen Sie sich passende Stücke von Freunden. Statt Blumenschmuck sehen auch Häufchen von Kieselsteinen mit Teelichtern mittendrin entzückend aus. Bauen Sie im Winter aus Gewürzen wie Sternanis, Zimt oder Nelken Häufchen und setzen Sie Teelichter in ausgehöhlte Orangen. Zu einer herbstlichen Atmosphäre passen Schüsseln mit polierten Roßkastanien, einige davon in ihrer stachliggrünen Schale mit Blätterarrangement.

Eßbare Dekorationen

Körbe mit Gemüse, Kräutern oder Feigen und ganzen oder halbierten Granatäpfeln sehen einladend aus; häufen Sie im Sommer tiefrote Kirschen in Schüsseln. Schalen voller Süßigkeiten in allen Farben, Formen und Größen wirken attraktiv. Salz und Pfeffer können in verschiedensten Gefäßen präsentiert werden, von Muscheln und Blumentöpfchen bis hin zu großen Holzschalen und ausgehöhltem Gemüse. Butter kann zu Bällchen gerollt werden, mit Kräutern vermischt und auf eßbare Blätter oder kleine Untersetzer gelegt werden, aber auch in farbige Glasbehälter gefüllt werden. Verwenden Sie bei Buffets Früchte- und Gemüsedekorationen zur Betonung der Speisen. Hohe Glasvasen, gefüllt mit Zitronen und Limetten beleben Ihre Bar. Ausgehöhlte Kürbisse geben bezaubernde Gefäße für diverse Speisen ab (für warme Gerichte im Ofen vorwärmen). Bananenblätter können zu Servierschüsseln geformt werden, eignen sich aber nicht für Flüssiges, da sie durchlässig werden. Mit Vorliebe plaziere ich das Serviergeschirr in Körben.

ORIENTALISCHES FLAIR

Passen Sie das Gedeck den Gerichten an – ersetzen Sie Besteck und Teller bei einem orientalischen Essen durch Stäbchen und Reisschalen, und reichen Sie Chili- und Sojasauce dazu.

ANNA

Formelle Anlässe

Zu großen, förmlichen Abendessen sollten Sie Tischnummern, Namen oder Buchstaben auf Ständern anschreiben, so daß die Gäste ihren Tisch finden können. Wenn Ihre Einladung unter einem Motto steht, können Sie die Tische benennen und Namenskärtchen entwerfen. Für eine Party zum 4. Juli benannten wir jeden Tisch nach einem amerikanischen Bundesstaat; die Namenskärtchen auf den Tischen hatten die Form des jeweiligen Staates.

Vielleicht haben Sie einen Freund mit schöner Handschrift, oder Sie möchten einen Kalligraphen beauftragen, der die Karten schreibt. Berücksichtigen Sie den Arbeitsaufwand in Ihrem Zeitplan. Geben Sie korrekte Informationen hinsichtlich der Namen der Gäste weiter. Eine Kopie der Gästeliste kann hilfreich sein. Die Namen sollten – auch bei Ehepaaren – vollständig sein und auch den Vornamen der Gattin enthalten. Der Stil der Namenskarten sollte zu dem der Einladungen passen.

EIN SCHRITT ZUVIEL

BEZIEHEN SIE NIE DIE FARBE DES ESSENS IN DIE AUSSTATTUNG MIT EIN. MÖCHTEN SIE WIRKLICH PURPURNE GERICHTE AUF PURPURNEN TISCHEN IN PURPURNER DEKORATION ESSEN? ICH NICHT!

Gelungene Sitzordnung

Platzkarten sind für große Partys sehr wichtig. Schreiben Sie den Namen des Gastes auf einen kleinen Briefumschlag, und geben Sie eine Karte mit der Nummer des Tisches hinein. Plazieren Sie die Umschläge in alphabetischer Reihenfolge auf einem Empfangstisch, so daß die Gäste bei Ihrer Ankunft das richtige Kuvert erhalten oder sich selbst bedienen können. Es kommt zu keinem Gedränge um den Sitzplan beim Eingang, und Sie behalten den Überblick über die bereits eingetroffenen Gäste. Wenn Sie in letzter Minute Änderungen an der Sitzordnung vornehmen müssen, können Sie einfach ein paar neue Karten schreiben. Namensänderungen auf einem Sitzplan sehen fast nie gut aus.

ORIGINELLE SPEISEKARTE

FÜR UNTERHALTSAMEN GESPRÄCHSSTOFF SORGEN SPEISEKARTEN, DIE MIT GOLD- ODER SILBERMARKER AUF DICKEN, BUNTEN KARTONS GESCHRIEBEN SIND.

Menükarte

Für je zwei Gäste sollte eine Speisekarte vorhanden sein. Wenn es sich um einen sehr speziellen Anlaß handelt, geben Sie das Datum an und, falls angemessen, den Namen des Gastgebers oder der Person, für die die Feier stattfindet. Wenn ein Tischgebet gesprochen wird, sollte der Name des Sprechers ebenfalls angeführt werden. Des weiteren können die Weine, die Gänge einschließlich Kaffee und die Namen der Redner aufgelistet werden.

Klassische Eleganz

Um ein elegantes, opulentes Tischarrangement für ein wahrhaft formelles Abendessen zu gestalten, sollten Sie sich an ein relativ einfaches Schema, basierend auf klassischen Farben und Arrangements, halten. Auf dem Foto sehen Sie weiß-goldenes Porzellan auf wunderschönem, italienischem Leinentischtuch, mit glitzernden, goldumrandeten Kristallgläsern und schweren goldenen Serviettenringen. Solche Ringe können problemlos aus Quasten und Kordeln – erhältlich in jedem Stoffgeschäft – angefertigt werden. Für Ihr eigenes, prächtiges Leinentischtuch, das Sie immer wieder verwenden können, brauchen Sie nur Spitzenränder auf gutes Qualitätsleinen nähen. Als Ergänzung zum silberglänzenden Besteck können Sie silberne Menagen, etwa Salz- und Pfefferstreuer, Kerzenhalter und Becher beistellen. Sie können dem Tisch je nach Anlaß ein persönliches Flair verleihen – die üppigen Rosenblüten suggerieren überquellenden Luxus und Romantik, während der versonnen in das Salz blickende Silberjunge eine schelmisch-humorvolle Note hinzufügt. Ein solcher Tisch wird bei Kerzenlicht wunderbar erstrahlen.

Zeitgemäßer Schick

Bei weniger förmlichen Anlässen können Sie sehr individuelle Gedecke gestalten. Eine moderne Dekoration muß keinen festen Regeln folgen. Sie können aus einer fantastischen Fülle an Mustern, Arrangements und Farben wählen – die Auswahl ist unerschöpflich. Es ist einfach, passende Teller und Bestecke zu kombinieren, und mit ein wenig Verständnis für die Anordnung von Farben werden Sie eine brillante Tischdekoration entwerfen.

Die Holzgriffe einer einfachen Besteckgarnitur können in Farbe getaucht werden, und es macht Spaß, eigene Designs mit Keramikfarben auf Teller und Schüsseln zu malen. Die Gäste könnten ihr Geschirr sogar selbst gestalten – das läßt sich einfach arrangieren. Teller, die mit tropischen Blättern verziert sind, oder Schalen, mit einer einzelnen Blume bemalt, geben jedem Gast das Gefühl, ein besonders individuelles Gedeck zu haben.

Orientalische Inspirationen

Vielleicht möchten Sie Ihre Tischgestaltung manchmal total verändern. Dieser Tisch zeigt, daß sich mit ein paar Überlegungen zu Thema und Stil Ihrer Party ein erstaunlich sinnliches Arrangement erschaffen läßt, das ein Gesprächsthema für sich werden kann.

Angeregt durch die wunderbaren Aromen und Farben des orientalischen Rezepts auf Seite 100, haben wir die lebendige Eigenart der nordafrikanischen Eßkultur nachgebildet. Blaue und grüne Fliesen auf dem Boden ersetzen den traditionellen Tisch, und pralle Kissen bilden eine bequeme Alternative zu Stühlen. Wenn Sie nicht auf dem Boden essen möchten, wird ein niedriger Couchtisch auch seine Wirkung tun.

Farbenprächtige Teller und Teegläser können geliehen werden; doch sie sind es wert, gekauft zu werden, da sie schön und originell genug sind, um jedwede Speisen und Getränke damit zu servieren. Wenn Sie afrikanische Speisen auftragen, stellen Sie kleine Tonschalen mit den entsprechenden »Extras« zur Verfügung – nicht nur Salz und Pfeffer, sondern auch Mandeln, Dörrpflaumen und Oliven. Zu guter Letzt verleihen ein paar auf dem Tisch verstreute Rosenblätter einen sinnlichen Hauch von Dekadenz.

Kleine Serviettenkunde

Servietten können den Ausdruck eines Arrangements von einem Moment zum anderen verändern, von förmlich oder informell bis zu witzig, bunt oder sogar gewagt. Probieren Sie einige der folgenden Ideen zur Belebung Ihrer Dekoration aus: Binden Sie Servietten mit Bändern, Bast, Efeu, Hopfenranken, Goldkordeln mit Straß, dicken Stricken mit Seemannsknoten, oder variieren Sie den gewählten Stil jedesmal ein wenig.

Es sind viele Arten von Servietten erhältlich oder selbst herstellbar, einschließlich traditioneller Leinenservietten mit gestickten Bordüren, große französische Damastservietten, Schals, kleine Handtücher, Taschentücher oder sogar zackenartig zugeschnittene Stoffe. Sie können Servietten zu eleganten Formen wie Fächern oder Tüten falten, sie drapieren oder auf eine der oben beschriebenen Arten binden, sie in Gläser stellen oder farbenprächtige Arrangements kreieren. Was Sie auch tun: das Geheimnis Ihres Erfolges besteht darin, daß die Servietten mit dem Tischarrangement harmonieren.

HAPPY BIRTHDAY

Eine Geburtstagsparty wird zu etwas Besonderem, wenn Sie die Servietten zu kleinen Päckchen falten.

Von der Auswahl des richtigen Begleitprogramms hängt die Stimmung Ihrer Party ab. Die Entscheidung wird von Ihrem Budget und der Art Ihres Festes bestimmt – vielleicht wollen Sie eine entspannte Atmosphäre fördern oder eine unterhaltsame Spannung schaffen, die Ihre Gäste anregt.

It's Showtime

Ob Sie nun Scharade spielen oder eine 14köpfige Band mit Sänger für eine Tanzveranstaltung oder eine Hochzeit engagieren, überlegen Sie, was für Ihre Party passend ist. Wenn Sie Musiker suchen, besteht ein großes Angebot, vom Streichquartett über Jazztrios, Blasmusikkapellen und Pianospieler, für sanfte Hintergrundmusik, bis hin zu Bands, die die Gäste in Diskostimmung versetzen. Quartette und Pianisten eignen sich hervorragend für größere Cocktailpartys. Für Feste in kleineren Räumen empfehle ich leisere Musik, wie etwa die einer Harfe.

STIMMUNGSMACHE

Für Abendessen wähle ich die CDs sorgfältig aus – vergnügt, aber nicht laut, wenn die Gäste eintreffen; ruhig und leise während des Essens. Man sollte sich unterhalten können.

Manche mögen's heiß

Als Unterhaltung bei Tisch ist Tischmagie sehr beliebt, ebenso Karikaturisten und Handleser. Diese Aktivitäten tragen auch dazu bei, die Stimmung aufzulockern. Damit eine große Veranstaltung in Erinnerung bleibt, können Personen auftreten, die Berühmtheiten nachahmen, und Zirkuskünstler wie Jongleure, Feuerschlucker und Stelzengeher können Ihre Gäste begrüßen. Eine Darbietung von Tango- oder Salsatänzern zum intensiven Rhythmus dieser Musik, kann die Gäste zum Tanzen animieren.

Diskostimmung

Die Auswahl von Diskomusik ist ebenso wichtig wie das Repertoire einer Liveband. Der Diskjockey muß genügend Erfahrung besitzen, um die Stimmung der Party einschätzen zu können. Besprechen Sie die Musik, die Sie mögen und nehmen Sie Ratschläge an. Diskjockeys haben die Erfahrung, welche Musik eine Party beschwingt und Gäste den ganzen Abend lang tanzen läßt. Die beste Art, einen Diskjockey zu finden, ist stets die persönliche Empfehlung, obwohl das Zeit, Energie und Suchaufwand bedeuten kann. Beginnen Sie Ihre Suche für große Anlässe wie Tanzpartys oder Hochzeiten, sobald Datum und Ort des Ereignisses feststehen. Eine professionelle Künstleragentur könnte gute Ratschläge geben, da viele Auftritte betreut werden.

Liveband

Bei Ihrer Suche nach einer Band oder anderen Formen der Unterhaltung können Sie eine Agentur konsultieren, die Ihrem Budget und Geschmack entspricht. Um zu beurteilen, wie eine Band spielt, erkundigen Sie sich, ob Sie einen Auftritt sehen können oder verlangen Sie ein Demoband. Besprechen Sie Ihren Musikgeschmack mit dem Bandleader – zu Ihren Lieblingsnummern sollte man gut tanzen können. Viele Bands haben eine Liste ehemaliger Auftraggeber, die eine Empfehlung abgeben können.

Details klären

Sie werden einen Vertrag unterzeichnen müssen; vergewissern Sie sich, daß Sie alle Details besprochen haben und die Antworten zu folgenden Fragen kennen:

- Wann beginnt die Band zu spielen und wann hört sie auf?
- Wann möchte sie aufbauen?
- Benötigt die Band einen Soundcheck? Wenn ja, wann? (Nicht während der Aperitifs!)
- Wie lange dauern die Einlagen, wann sind die Pausen und wie lange sind sie?
- Kann die Musik während der Pausen von einigen Musikern oder durch Musik vom Band fortgesetzt werden?
- Was würde es kosten, wenn die Band länger spielt als vorgesehen?
- Sind Name des Sängers (die Namen der Sänger) und die Anzahl der Musiker im Vertrag erwähnt?
- Benötigt die Band ein Soundsystem und wenn ja, wer stellt es bei?
- Wer entscheidet, was gespielt wird, und kann man Lieder bestellen, um die Gäste zum Tanzen zu animieren?

Betreuung der Künstler

Die meisten Künstler benötigen antialkoholische Getränke und Essen sowie einen Bereich zum Umkleiden. Veranstaltungsorte besitzen normalerweise einen dafür vorgesehenen Raum. In einem Festzelt können Sie den Bereich hinter der Bühne reservieren. Zu Hause stellen Sie am besten ein Zimmer zur Verfügung, wo geraucht werden darf.

Die Etikette für das Veranstalten und Besuchen von Partys kann auch selbstbewußten und unbekümmerten Menschen Sorgen bereiten. Im Sinne eines reibungslosen Ablaufs und einer geselligen Atmosphäre sollten sich Gastgeber und Gäste an grundsätzliche Regeln der Etikette und des guten Benehmens halten.

Party-Knigge

Pflichten des Gastgebers

Ihre Hauptpflicht besteht darin, Ihren Gästen eine entspannte und gesellige Atmosphäre zu bieten. Offerieren Sie Gästen, die so früh kommen, daß Sie in der Küche noch nicht fertig sind, einen Drink und laden Sie sie ein, Ihnen Gesellschaft zu leisten, während Sie bei lockerer Konversation die letzten Handgriffe erledigen. Entschuldigen Sie sich nicht für sich selbst oder das Essen und widmen Sie Gästen, die Antialkoholiker oder Vegetarier sind, Ihre Aufmerksamkeit. Mäßigen Sie Ihren Alkoholkonsum, bevor die Gäste eintreffen oder Sie mit dem Kochen fertig sind – Sie müssen die Übersicht behalten. Ihre Selbstsicherheit wird sich auf Ihre Gäste übertragen.

Verspätung der Gäste

Wenn Sie sich als Gast verspäten, so versuchen Sie, den Gastgeber von Ihrer voraussichtlichen Ankunftszeit zu informieren. Erfahren Sie als Gastgeber, daß jemand erst nach dem geplanten Beginn des Essens eintreffen wird, so empfehle ich, daß Sie sich an Ihren Zeitplan halten – man versteht das.

Vorstellen und Begrüßung

Wir alle haben schon erlebt, daß wir in Räume voll fremder Leute kommen und niemand da ist, der uns den anderen Gästen vorstellt. Ich kenne Menschen, die Partys vorzeitig verließen, weil sie sich ausgeschlossen fühlten. Als Gastgeber dürfen Sie die Bedeutung des Bekanntmachens nicht unterschätzen. Bei großen Partys sollten Sie das früh erledigen. Folgen Sie Ihrer Intuition, um Menschen mit gleichen Interessen zusammenzubringen und überlegen Sie, welche Gäste gemeinsame Erlebnisse, Freunde oder Verwandte haben. Starten Sie Ihre Party in der Nähe des Eingangs, so daß Sie jeden Gast begrüßen können und das Vorstellen erleichtert wird. Ein guter Gastgeber sollte gut zuhören können und trägt zu einer entspannten Unterhaltung bei. Wenn ein Gast nicht viele Leute kennt, nutzen Sie Gesprächspausen, um ihn einer Gruppe von Leuten vorzustellen, und bleiben Sie, bis Sie sicher sind, daß er oder sie sich wohl fühlt. Sollten Sie beobachten, daß jemand bedrängt wird, warten Sie auf einen geeigneten Moment, um ihn zu retten, indem Sie etwa sagen: »Du mußt unbedingt Georg begrüßen. Er hat schon nach dir gefragt.«

Peinliche Stille

Es gehört zur den Pflichten des Gastgebers, auftretende Momente peinlicher Stille zu überwinden, wenn Sekunden wie Stunden dahinschleichen. Ein hilfreicher »Trick« ist, ein spannendes Thema aus den Nachrichten aufzugreifen, das für einige Gäste interessant sein könnte. Oder Sie werfen ein geeignetes, Allerweltsthema ein und leiten es an einen Gast zur Diskussion weiter.

Kinderbetreuung

Sollten Sie strikt gegen die Anwesenheit von Kindern bei Ihrer Party sein, so sollten Sie auf der Einladung vermerken, daß Ihre Party für Kinder nicht geeignet ist. Wenn Sie welche einladen, bieten Sie Unterhaltung, Gesichterbemalung, einen Clown oder einen Zauberer, oder Sie organisieren eine Kinderbetreuung. Ich bin davon überzeugt, daß man für Kinder kein spezielles Essen zubereiten sollte. Servieren Sie das gleiche wie für die Erwachsenen, nur in kindergerechten Portionen. Seien Sie auch vor Leuten gewarnt, die behaupten, Ihre Kinder würden gerne beim Servieren helfen. In 18 Jahren Party-Erfahrung habe ich kaum Jugendliche gefunden, die das wirklich gerne tun. Wenn Sie Teenager einladen, sorgen Sie dafür, daß Gleichaltrige da sind – sie werden möglicherweise einen eigenen Raum benötigen.

WER WAR DAS DOCH GLEICH?

Ich gebe zu, dass ich mir Namen schlecht merke. So sehr ich es versuche, ich weiss selten den richtigen. Mein Trick besteht darin, einfach zu sagen: »Es ist so laut, dass ich Ihren Namen nicht verstanden habe.«

Einladungen beantworten

Sie sollten Einladungen beantworten, sobald Sie Ihre Verpflichtungen überprüft haben. Warten Sie damit nicht, bis der Gastgeber Sie anrufen muß.

»DANKSAGUNG«

EIN GASTGEBER MACHT SICH GROSSE MÜHE, EINE TOLLE PARTY ZU GEBEN. WÜRDIGEN SIE DAS, INDEM SIE INNERHALB VON DREI TAGEN EINE »DANKE«-KARTE SENDEN.

Betrunkene Gäste

Mit betrunkenen Gästen umzugehen, ist wahrscheinlich eine der schwierigsten Aufgaben eines Gastgebers. Wir wissen, daß manche Leute dazu neigen, zuviel zu trinken. Es ist Ihre Pflicht Ihren Gästen gegenüber, daß diese Personen keinen Ärger verursachen. Lassen Sie Betrunkene nicht Auto fahren – bestellen Sie ein Taxi, oder bieten Sie ein Bett für die Nacht an. Seien Sie diskret, was bei einer großen Party natürlich leichter fällt.

Rauchsignale

Einige Ihrer Gäste werden rauchen. Es könnte unhöflich sein, es zu untersagen. Die meisten Raucher fragen um Erlaubnis. Wenn Sie sehr dagegen sind, bitten Sie die rauchenden Besucher, auf die Terrasse oder in den Garten zu gehen. Darf im Haus geraucht werden, öffnen Sie ein Fenster, stellen Sie viele Aschenbecher auf, und entleeren Sie diese regelmäßig. Duftkerzen neutralisieren.

Harmonischer Ausklang

Servieren Sie nach einem Abendessen den Kaffee in einem anderen Raum, um die Gäste in Bewegung zu bringen. Reduzieren Sie die Zahl der servierten Getränke. Sollten um drei Uhr morgens noch immer Leute anwesend sein, schlagen Sie vor, Taxis zu bestellen. Wenn alles fehlschlägt, sagen Sie »Gute Nacht!« und gehen Sie zu Bett! Auch der größte Party-Löwe sollte den Wink verstehen. Unserer Erfahrung nach gehen Gäste sehr schnell, wenn die Bar geschlossen ist. (Das Gegenteil gilt auch: Stete Versorgung mit Alkohol läßt Gäste bis zum Morgen verweilen!)

Rezepte

Die Getränkeauswahl für eine Party erfordert ebensoviel Sorgfalt wie die Menüplanung. Wie die Speisen sollten auch die Getränke zum Anlaß passen und der Stimmung der Party entsprechen. Denken Sie an eine effektvolle Präsentation, notwendige Garnierungen, geeignete Gläser und wer die Drinks servieren soll.

Party-»Elixier«

Große Partys

Die Bar sollte in einem geeigneten Raum plaziert werden, der leicht zugänglich und nicht zu schnell überfüllt ist. Schützen Sie den Boden mit wasserfestem Bodenbelag, den Sie festkleben, um ein Stolpern über Ecken und Kanten zu vermeiden. Wählen Sie einen Tisch, der mindestens 2 m lang und 1 m hoch ist. Bedecken Sie ihn mit einem Tuch, das bis zum Boden reicht, um darunter Stauraum für Gläser, Flaschen und Eiskübel zu schaffen. Wenn Sie an der Bar einen elektrischen Mixer verwenden, überprüfen Sie, ob sich eine Steckdose in der Nähe befindet. Fixieren Sie den Mixer mit Klebestreifen, um Unfällen vorzubeugen. Wenn Sie für eine große Gästezahl keine Gläser leihen wollen, ziehen Sie Plastikbecher in Betracht. Sie sind in vielen lustigen Formen und Farben erhältlich und wiederverwendbar.

Kleine und informelle Partys

Beleben Sie den Raum, indem Sie den Getränketisch oder die Bar attraktiv gestalten. Decken Sie den Tisch mit einem hübschen oder exotischen Tuch, und durchstöbern Sie Ihr Haus nach ungewöhnlichen und dekorativen Behältern für das Eis. Stellen Sie die Gläser in Reihen auf. Wenn Sie Obstsäfte oder Fruchtcocktails servieren, füllen Sie sie in Krüge und legen Sie einen Schöpflöffel daneben. Wenn Sie Etiketten an die Griffe binden, gibt es keine Verwechslungen, und die Gäste können sich jederzeit selbst bedienen. Bei informellen Partys verwende ich gerne Gläser mit lustigem Design wie Halme, die mit Bändern, Efeu oder Bast gebunden werden. Für eine kleinere Gästezahl können Sie dekorative Eiswürfel herstellen, indem Sie vor dem Einfrieren kleine Fruchtstücke oder Kräuter in die Segmente des Eiswürfelbehälters legen. Diese Eiswürfel kommen in Mineralwasser besonders gut zur Geltung.

Füllen Sie für eine Gartenparty einen großen Terrakottatopf zur Hälfte mit Eis, und kühlen Sie darin Bierdosen oder -flaschen. Bedecken Sie die Dosen mit Eis, und plazieren Sie einige gut sichtbar, die Gäste können sich selbst bedienen.

Geeignete Getränke

Die passenden Getränke hängen vom Anlaß der Einladung ab, vom formellen Sekt- oder Cocktailempfang über eine gewöhnliche Party mit einer Auswahl an Wein und Antialkoholika bis zur Grillparty mit Bier. Es kommt wirklich darauf an, was Sie für richtig halten. Zum Beispiel könnten Sie Erfolg haben, indem Sie bei einem Brunch Krüge mit Bloody Mary und gekühlten Fruchtsäften servieren. Als Faustregel gilt, daß Sie für die Getränke etwa die Hälfte des Budgets der Speisen berechnen sollten. Die Kosten der gewählten Getränke sollten sich im Rahmen Ihres veranschlagten Budgets bewegen.

Ausstattung der Bar

Brett und Messer
Cocktailshaker
Büchsenöffner
Eiskübel oder -schüssel (je eine für Eiswürfel und zerstoßenes Eis)
Eiswürfel
Eiszange oder -schaufel
Flaschenöffner
Korkenzieher (ein guter)
Krüge aus Glas und Metall
Rühr- oder Barlöffel
Mixer
Oliven
Cocktailstäbchen
Servietten
Sieblöffel (Strainer)
Trinkhalme
Wischlappen
zerstoßenes Eis
Zitronen-, Limetten- und Orangenscheiben oder -spiralen

Kühlung der Getränke

Nehmen Sie zum Kühlen von Sekt, Wein, Bier und Antialkoholika einen großen, wasserdichten Behälter – etwa einen Mülleimer, einen sauberen Metallcontainer, einen Plastikbehälter, eine große Kühltasche oder ein Holzfaß. Sollten Sie solche Behälter zu Hause verwenden, legen Sie einen großen Müllsack hinein, um den Boden vor Kondenswasser zu schützen. Bedecken Sie den Boden des Behälters mit Eis, legen Sie die Flaschen hinein und bedecken Sie sie mit Eis. Wenn Sie zu

wenig davon haben, füllen Sie den Behälter mit kaltem Wasser. Bei größeren Festen sollten Sie für die verschiedenen Getränke getrennte Kühlbehälter verwenden. Damit einfach und schnell serviert werden kann, lösen Sie die Folie der Sektflaschen und entkorken Sie die Weißweinflaschen. Kühlen Sie die Flaschen zumindest zwei Stunden vor dem Eintreffen der Gäste auf Eis.

Geben Sie die Getränke für eine Dinnerparty zwei Tage vorher in den Kühlschrank und schalten Sie diesen auf die höchste Stufe. Bereiten Sie die Eiswürfel zur gleichen Zeit vor. Wenn Sie mit der Zubereitung der Speisen begonnen haben, stellen Sie möglicherweise fest, daß Ihr Kühlschrank nicht ausreichend Platz für all die Getränke und Speisen bietet. Im Winter ist das kein Problem – die Getränke können im Freien gekühlt werden. Im Sommer müssen Sie etwas erfinderischer sein. Füllen Sie ein Spülbecken mit kaltem Wasser und Eis für die Getränke, oder seien Sie skrupellos beim Entfernen von Dingen aus dem Kühlschrank, die nicht für die Party benötigt werden oder bei Raumtemperatur haltbar sind. Denken Sie dabei jedoch an die Grundregeln der Küchenhygiene (siehe Seite 79).

Benötigte Eismenge

Für eine Cocktailparty mit 50 Gästen benötigen Sie zum Kühlen der Getränke und für Eiswürfel etwa 50 bis 55 kg Eis. Sie können diese Zahl dividieren oder multiplizieren, um die erforderliche Menge für die jeweilige Gästeanzahl zu errechnen. Wenn es sehr heiß ist, veranschlagen Sie 25 kg mehr.

Gläser

Es gibt ein großes Angebot an Gläsern zu kaufen, aber auch zu leihen, die Palette reicht von klassisch bis zu witzig oder extravagant. Was Sie auswählen, hängt von Ihrem Geschmack und dem Stil Ihrer Party ab. Leihgläser haben den Vorteil, daß viele Anbieter eine reichhaltige Auswahl zur Verfügung stellen. Außerdem können Sie gegen einen kleinen Aufpreis gebrauchte Gläser zurückschicken.

KLAR UND STILVOLL

Servieren Sie Wein und Sekt nicht in gefärbten Gläsern – Das sieht nicht gut aus, da sie die Farbe des Weins verzerren. Aus dem gleichen Grund sollten Sie Metallbecher vermeiden.

Erforderliche Anzahl an Gläsern

Wenn Sie Sekt, Wein oder Cocktails bei großen Partys und Buffets servieren, rechnen Sie zwei Gläser pro Person. Manche Gäste werden danach Antialkoholika trinken. Rechnen Sie hier zusätzlich mit zwei Gläsern pro Person.

Erforderliche Menge an Getränken

Cocktailparty (2 Stunden)

Wein oder Sekt: eine halbe Flasche pro Person (ergibt je 2½ Gläser)
Cocktails: drei Gläser pro Person
Antialkoholika, Mineralwasser: ein halber Liter pro Person

Aperitif

Wein oder Sekt: ein Drittel einer Flasche pro Person (ergibt je 1½ Gläser)

Abendessen

Weißwein: ein Drittel einer Flasche pro Person
Rotwein: eine halbe Flasche pro Person
Mineralwasser: ein Liter pro Person

Die frischen Fruchtsäfte und Cocktails auf den folgenden Seiten habe ich wegen ihrer anhaltenden Beliebtheit ausgewählt. Wenn wir eine Bar mit Cocktails einrichten, so sind diese Rezepte am begehrtesten. Sie werden auch feststellen, daß sie relativ einfach für viele Personen in Krügen zuzubereiten sind.

Für die Rezepte verwende ich frisch gepreßte Fruchtsäfte. Diese weisen nicht den bitteren Nachgeschmack mancher Fertigprodukte auf, und ihre Färbung ist ansprechender. Die meisten Cocktails können im voraus zubereitet und dann auf Eis oder im Kühlschrank gekühlt werden. Füllen Sie sie in Krüge und bringen Sie Etiketten an. Kreieren Sie fantasievolle Garnierungen, und bieten Sie originelle Rührstäbchen oder Trinkhalme an.

Cocktails

Bellini

Dieses köstliche Sommergetränk wird aus reifen Pfirsichen zubereitet, die dem Getränk seine herrliche Farbe verleihen. Authentisch mit weißen Pfirsiche. ERGIBT 10 GLÄSER

12 Pfirsiche (reif), für 750 ml Saft
1 Flasche moussierender Weißwein (halbsüß, gekühlt) oder Prosecco

Um die Pfirsiche zu schälen, Wasser in einer grossen Kasserolle zum Kochen bringen. Hitze reduzieren, Pfirsiche in das Wasser legen und bis zehn zählen. Mit einer Schaumkelle herausnehmen und in eiskaltes Wasser legen. Abseihen und die Haut mit einem scharfen Messer abziehen. Halbieren, Kern entfernen und in Scheiben schneiden. Mit einem Mixer oder in einer Küchenmaschine zu einem glatten Püree verrühren. In eine Schale abseihen. In einen Krug füllen, zudecken und in den Kühlschrank stellen. Den Weißwein einen Tag früher kalt stellen. Vor dem Servieren das Püree umrühren und in einen großen Krug gießen. Weißwein hinzufügen und gut verrühren. In elegante Gläser füllen.

Bloody Mary

Dies ist meine Version dieses Cocktailklassikers und einen Versuch wert! ERGIBT EINEN GROSSEN KRUG

300 ml reiner Wodka mit Pfeffer-, Chili- oder Zitronenaroma (tiefgekühlt)
500 ml Tomatensaft
100 ml Clamatosaft
4 Limetten (Saft)
5 g Kräutersalz
schwarzer Pfeffer (frisch gemahlen)
1 Prise Meersalz und 1 Prise Zucker
10 Tropfen Pfeffersauce, oder 20 Tropfen Tabascosauce
2 EL Worcestersauce
2 TL Meerrettich (frisch gerieben)
Eiswürfel
Selleriestangen und Limettenscheiben zum Garnieren

Sämtliche Zutaten in einem Krug verrühren. Ein hohes Glas mit Eiswürfeln füllen, Bloody Mary eingießen und mit Selleriestange und Limettenscheiben garnieren. Für eine Bloody Mary mit mehr Schärfe mehr Pfeffer nehmen. Für eine Virgin Bloody Mary sämtliche Zutaten bis auf den Wodka verwenden.

TOMATENSAFT

BEREITEN SIE IHN SELBST ZU, INDEM SIE FRISCHE TOMATEN IN EINEM MIXER VERRÜHREN, ODER KAUFEN SIE GUTE QUALITÄT, DAMIT IHRE BLOODY MARY WIRKLICH AUSSERGEWÖHNLICH WIRD.

Winterlicher Whiskydrink

Wir bereiteten dieses köstliche Getränk für eine Cocktailparty in einer frostigen Januarnacht zu. Es erwies sich als äußerst beliebt, als die Gäste aus der Kälte hereinkamen. Es gibt nichts Besseres! ERGIBT 8 GLÄSER

1 Orange und 1 Zitrone (unbehandelt, Schale)
5 Zimtstangen (je 5 cm lang)
0,5 l Scotch Whisky
100 ml Limettensaft
2 EL brauner Zucker
Zimtstangen zum Garnieren

Orange und Zitrone schälen, Schale in einen luftdichten Behälter geben und kühl stellen. Zimtstangen in kleine Stücke brechen. Den Whisky bei niedriger Hitze in eine Edelstahlpfanne gießen; Limettensaft, Zucker, Orangen- und Zitronenschalen sowie Zimtstangen hinzufügen und rühren, bis der Zucker aufgelöst und der Punsch warm ist. Nicht kochen lassen, sonst entweicht der Alkohol. In einen Punschkrug füllen. In Gläser schöpfen und mit einer Zimtstange garnieren.

SCHALEN KONSERVIEREN

SIE KÖNNEN ORANGEN UND ZITRONEN BIS ZU ZWEI TAGEN IM VORAUS SCHÄLEN, UND DIE SCHALEN IN EINEM LUFTDICHTEN BEHÄLTER IM KÜHLSCHRANK AUFBEWAHREN.

Bellini

Westindischer Rumpunsch

Mein Freund, Steve Camacho, bereitet den besten Rumpunsch. Die Reifezeit ist länger, doch das Warten lohnt sich! ERGIBT 12 GLÄSER

600 ml leichter brauner Rum, z. B. Mount Gay oder Cavalier
200 ml Limettensaft (frisch gepreßt) (etwa 12 Limetten)
400 ml Zuckersirup, hergestellt aus hellem braunen Zucker (siehe Seite 74)
Muskatnuß (frisch gerieben)
Angostura Bitter
Eiswürfel
Limettenscheiben zum Garnieren

Die ersten drei Zutaten in einem grossen Krug vermischen, dann Muskatnuß hinzufügen. Zudecken und 36 Stunden in den Kühlschrank stellen. Bitter hinzufügen und rühren. Gläser mit Eis füllen und den Punsch eingießen. Mit einer Limettenscheibe garnieren. Entspannen und genießen!

KARIBISCHE COCKTAILS

RUM IST EIN GRUNDBESTANDTEIL DER KARIBISCHEN COCKTAILS. JEDE INSEL HAT IHRE SPEZIALMETHODE DER PUNSCHZUBEREITUNG, DIE GRUNDREGEL FÜR DAS MESSEN LAUTET: 1 TEIL SAUER, 2 TEILE SÜSS, 3 TEILE STARK UND 4 TEILE SCHWACH (DAS GLAS WIRD MIT EIS AUFGEFÜLLT).

Sekt-Cocktail

Ich mag die Bezeichnung *eau de vie* (Wasser des Lebens) für Obstbranntwein. Er läßt sich gut mit Sekt zu ungewöhnlichen Cocktails kombinieren. Experimentieren Sie mit Kirschwasser, Williamsbirne, Mirabelle oder Fraise. 1 FLASCHE SEKT ERGIBT 5 GLÄSER

1 kleiner Zuckerwürfel
Eau de Vie de Framboise (Himbeergeist)
Sekt oder Champagner (eisgekühlt)

Einen kleinen Zuckerwürfel in eine hohe, elegante Sektflöte legen, mit Himbeergeist bedecken, mit Sekt auffüllen und servieren.

Westindischer Rumpunsch

DÄMPFER

GIESSEN SIE ETWA 30 MINUTEN VOR DEM ANSTOSSEN ETWAS SEKT IN DAS GLAS. WENN SIE SPÄTER SEKT (ODER ANDERE MOUSSIERENDE GETRÄNKE) EINGIESSEN, WIRD ER NICHT ÜBERSCHÄUMEN.

Piña Colada

Der berühmteste aller Cocktails sollte ein leichtes Getränk sein – manchmal zu leicht! Nehmen Sie nach Möglichkeit frische Ananas. Servieren Sie ihn in nicht-traditionellen »Gläsern«. ERGIBT 16 GLÄSER

800 ml Rum, vorzugsweise ein weißer Rum wie Bacardi
1,6 l Ananassaft (frisch gepreßt)
750 ml Kokosmilch
zerstoßenes Eis
geröstete Kokosraspeln zum Garnieren (siehe Seite 126)

Sämtliche Zutaten in einem Mixer etwa 10 Sekunden mixen, eine Handvoll zerstoßenes Eis hinzufügen und weitere 5 Sekunden mixen. In Gläser oder Behälter wie ausgehöhlte Mini-Ananas oder Kokosnüsse füllen, mit Kokosraspeln und Trinkhalmen servieren.

Erdbeer-Daiquiri

Erdbeer-Daiquiri

Der erste eisgekühlte Daiquiri wurde Anfang des Jahrhunderts in Kuba erfunden. Stets frische Erdbeeren verwenden und mit einem Trinkhalm servieren. Als Garnitur sehen ein Erdbeerstück und etwas frische Minze einladend aus, und sie schmekken auch gut. ERGIBT 7 GLÄSER

150 ml weißer Rum
50 ml Erdbeerlikör
2 EL Limettensaft (frisch gepreßt)
12 große Erdbeeren
5 Handvoll zerstoßenes Eis
Erdbeeren und Minze zum Garnieren

Rum, Likör, Limettensaft und Erdbeeren in einem Mixer 10 Sekunden verrühren, Eis hinzufügen und weitere 4 Sekunden mixen. In Gläser füllen und mit Trinkhalmen servieren. Statt dessen können Sie auch alle Zutaten bis auf das Eis mixen und in einen Krug oder Behälter gießen. Erdbeeren nicht zu lange rühren, es sollen noch Stückchen erhalten bleiben. Vor dem Servieren mindestens zwei Stunden lang im Kühlschrank oder auf Eis aufbewahren. Gut durchrühren, in Gläser mit zerstoßenem Eis füllen, mit Erdbeeren und Minze garnieren und mit Trinkhalmen versehen.

Wassermelonen-Margarita

Sieht dekorativ aus und schmeckt köstlich. Sie wird mit Tequila oder Wodka zubereitet. Ohne Wodka – ein erfrischendes antialkoholisches Mixgetränk. ERGIBT 20 GLÄSER

1 Wassermelone (ca. 3,5 kg, reif, kernlos, ohne Schale, in Stücke geschnitten), ergibt 2 l Saft
10 saftige Limetten
Salz
zerstoßenes Eis oder Eiswürfel
2 EL Ingwerlikör
750 ml Tequila oder Wodka
Wassermelonenstücke oder Limettenscheiben zum Garnieren

Können Sie keine kernlose Wassermelone bekommen, entfernen Sie vor dem Mixen die Kerne. (Leider gibt es keine einfache Methode dafür. Ich empfehle, die Melone in Dreiecke zu schneiden und mit einem scharfen Messer so viele Kerne wie möglich auszulösen. Sie können die am dichtesten mit Kernen übersäten Teile auch »abschaben«, wodurch ebenfall Kerne entfernt werden.) Wassermelonenstücke in einem Mixer oder in einer Küchenmaschine gut verrühren. Limetten halbieren, auspressen, den Saft abseihen und dem Melonensaft beigeben. Im Kühlschrank aufbewahren. Die Glasränder salzen, dann die Gläser zur Hälfte mit Eis füllen. Ingwerlikör und Tequila in den Saft gießen, umrühren und in die Gläser füllen. Mit einem Melonenstück oder einer Limettenscheibe garnieren. Dieses Getränk kann zwei Stunden im voraus zubereitet und kalt gestellt werden.

GLASRÄNDER SALZEN

HIER DIE NARRENSICHERE METHODE VON REVEREND FRANK MERCURIO. LIMETTEN- ODER ZITRONENSAFT AUF EINEN TELLER GIESSEN, MIT EINEM TUCH BEDECKEN. EINEN ZWEITEN TELLER MIT SALZ BESTREUEN. DEN RAND JEDES GLASES AUF DEM TUCH BEFEUCHTEN UND ANSCHLIESSEND KURZ IN DAS SALZ TAUCHEN UND DREHEN.

Wassermelonen-Margarita

Klassische Margarita

Einer der einfachsten und erfrischendsten Cocktails – daher verwundert es nicht, daß er zu den Cocktailklassikern schlechthin zählt. ERGIBT 25 GLÄSER

feines Salz für die Glasränder
1 l Tequila
0,5 l Triple Sec (Cointreau)
1 l Limettensaft (frisch gepreßt)
Eiswürfel
Limettenscheiben zum Garnieren

EISGEKÜHLTE MARGARITA

SÄMTLICHE ZUTATEN IN EINEM MIXER MIT ZERSTOSSENEM EIS VERRÜHREN. DAS RESULTAT IST DER PERFEKTE COCKTAIL FÜR EINEN HEISSEN SOMMERTAG – SALZ IST IN DIESEM FALL NICHT NÖTIG.

Glasränder salzen (siehe Seite 70). Tequila, Triple Sec und Limettensaft in einen Krug gießen und verrühren. Mindestens 2 Stunden vor dem Servieren im Kühlschrank oder auf Eis aufbewahren. Mittelgroße Gläser mit Eiswürfeln füllen, Margarita eingießen und mit Limettenscheiben garnieren.

Mai Tai

Ich probierte diesen Cocktail erstmals auf Hawaii – sein wunderbarer, exotischer Geschmack erinnert an die Tropen. Sein Alkoholgehalt ist trügerisch – er wird von seiner Süße verdeckt. ERGIBT 6 GLÄSER

200 ml dunkler Rum
200 ml goldener Rum
100 ml Triple Sec
100 ml Orangenlikör (Cointreau)
100 ml Mandelsirup
4 Limetten (Saft)
1 Spritzer Grenadine
Eiswürfel
Orangenscheiben zum Garnieren

Sämtliche Zutaten in einem Shaker 10 Sekunden lang schütteln, dann in Gläser seihen. Eiswürfel, Rührstäbchen und Trinkhalme hinzufügen und mit Orangenscheiben garnieren.

Moscow Mule

Die Kombination von Limettensaft und Ingwerbier macht diesen Cocktail sehr erfrischend, und ich trinke ihn sehr gerne. Er schmeckt auch ohne Alkohol recht gut – das Ingwerbier verleiht ihm Biß. ERGIBT 18 GLÄSER

750 ml Wodka
375 ml Limettensaft (frisch gepreßt)
1,5 l Ingwerbier, etwa Old Jamaican
Eiswürfel
Limettenscheiben zum Garnieren

Zutaten in einem großen Behälter vermischen und in Krüge füllen. In hohen Gläsern mit Eis servieren, ein Rührstäbchen hinzufügen und mit einer Limettenscheibe garnieren. Bis auf das Ingwerbier können alle Zutaten 2 Stunden vor dem Servieren gemixt und im Kühlschrank aufbewahrt werden.

Long Island Iced Tea

Ein unschuldig klingender Name für eine köstliche Mischung alkoholischer Getränke. Das ist einer der am häufigsten verlangten Cocktails – obwohl normalerweise ein Glas genug ist! ERGIBT 14 GLÄSER

200 ml Bacardi oder weißer Rum
200 ml Gin
200 ml Wodka
200 ml Cointreau
200 ml Tequila (gute Qualität)
200 ml Limettensaft
1 l Coca Cola
Eiswürfel
Limettenscheiben zum Garnieren

Rum, Gin, Wodka, Cointreau und Tequila in einen Krug oder einen Behälter füllen. Mindestens 2 Stunden vor dem geplanten Servieren im Kühlschrank kalt stellen. Dann Limettensaft und Coca Cola in die Alkoholmischung gießen und umrühren. In hohe, mit Eiswürfeln gefüllte Gläser füllen, Rührstäbchen und Trinkhalme dazugeben und mit Limettenscheiben garnieren.

Cosmopolitan

Dieses Getränk sieht am stilvollsten aus, wenn es in klassischen Cocktailgläsern serviert wird. Gläser und Wodka vor dem Servieren tiefkühlen. ERGIBT 16 GLÄSER

500 ml Wodka
100 ml Cointreau
100 ml Preiselbeersaft
100 ml Limettensaft (frisch gepreßt)
Limettenspiralen zum Garnieren

Sämtliche Zutaten bis auf die Limettenspiralen in einen Krug oder Behälter füllen und gut umrühren. Mindestens 2 Stunden vor dem Servieren kühl stellen. Dann in vorgekühlte Cocktailgläser gießen und jedes Glas mit einer Limettenspirale garnieren.

Terrys Martini Dry

Trockener Martini ist als klassischer Cocktail sehr begehrt. Am besten werden Gin und Gläser zuerst im Tiefkühlfach gekühlt. »Gerührt« oder »geschüttelt« – wie man seit James Bond weiß – oder direkt in die Gläser gefüllt servieren. Mit Zitrone garnieren. Sollten Sie Wodka nehmen, wählen Sie eine gute polnische Marke. ERGIBT 10 GLÄSER.

900 ml Gin
1 TL Vermouth (trocken)
10 Zitronenspiralen zum Garnieren

Gin in einen Krug füllen, Vermouth hinzufügen. Umrühren und zwei Stunden vor dem Servieren im Kühlschrank aufbewahren. In vorgekühlte Cocktailgläser gießen, mit Zitrone garnieren.

VERMOUTH-VARIATION

DAMIT IHR MARTINI NUR EINEN HAUCH VON VERMOUTH AUFWEIST, BEREITEN SIE IHN IN EINEM COCKTAILSHAKER ZU. EIS UND VERMOUTH GUT DURCHSCHÜTTELN, DANN DEN VERMOUTH ABSEIHEN. GIN IN DEN SHAKER FÜLLEN, GUT SCHÜTTELN UND DEN AROMATISIERTEN GIN IN GEKÜHLTE GLÄSER GIESSEN.

Singapore Sling

Die Ursprünge dieses berühmten Cocktails liegen im Hotel Raffles in Singapur. Sein leuchtendes Orange deutet darauf hin, daß er ursprünglich als Damengetränk gedacht war. Heutzutage wird er nicht nur von Damen geschätzt. Ergibt 12 Gläser

200 ml Gin
200 ml Kirschbrandy
100 ml Cointreau
100 ml Zitronen- oder Limettensaft
600 ml Orangensaft (frisch gepreßt)
600 ml Ananassaft (frisch gepreßt)
Eiswürfel
Ananasstücke und Kirschen zum Garnieren

Sämtliche Zutaten in einem Shaker 10 Sekunden gut schütteln und in hohe, mit Eiswürfel gefüllte Gläser gießen. Rührstäbchen und Trinkhalme hinzufügen, mit Ananasstücken und Kirschen garnieren. Oder alle Zutaten ohne Eis in einem Behälter verrühren, zudecken und kühl stellen.

BRASILIANISCHE NÄCHTE

Ein echtes brasilianisches Erlebnis (siehe rechts) bietet Ihnen nur echter brasilianischer Rum – er hat einen einzigartigen Geschmack. Servieren Sie Caipirinha sehr kalt in einer heissen Nacht. Feiern Sie bis zum Morgen!

Caipirinha

Diese brasilianische Spezialität ist der Lieblingscocktail meines Herausgebers und einfach zuzubereiten. Er wird im Glas gemixt, deshalb die kleinen Mengenangaben. Ergibt 1 Glas

1 Limette, in Scheiben geschnitten
1½ TL Feinkristallzucker
50 ml brasilianischer Rum
zerstoßenes Eis

Limettenscheiben und Zucker in ein Glas geben und mit einem Löffel gut ausdrücken, umrühren, um den Zucker aufzulösen. Glas mit Eis füllen, Rum hinzufügen und umrühren.

Fruchtsäfte

Zuckersirup

Die meisten Fruchtsäfte und einige Cocktails benötigen Zuckersirup als Basis. Sie können auch Zuckerersatz ohne Kalorien verwenden. ERGIBT 1 LITER

1 l Wasser
1 kg Feinkristallzucker

Wasser und Zucker in einer Kasserolle zum Kochen bringen. Hitze reduzieren und rühren, bis der Zucker aufgelöst ist, vom Herd nehmen und auskühlen lassen. In einen sauberen Behälter füllen, zudecken und kühl stellen. Gekühlt sehr lange haltbar.

Wassermelonen-Limetten-Saft

Mexiko ist für seine Erfrischungsgetränke bekannt. Dieses hat die Farben von Juwelen. ERGIBT 12 GLÄSER

2 l Wassermelonensaft
250 ml Limettensaft (frisch gepreßt)
100 ml Zuckersirup
Eiswürfel
Limetten-, Melonenscheiben und Minze zum Garnieren

Wassermelonensaft in einen Krug füllen, Limettensaft und Zuckersirup hinzufügen, gut umrühren. Gläser mit Eis füllen und eingießen. Mit Minze, Melonen- und Limettenscheibe garnieren.

Himbeer-Johannisbeer-Frappé

Melonen-Apfel-Limetten-Saft

Diese frische Kombination von Aromen ergibt ein wahrhaft köstliches Getränk. ERGIBT 6 GLÄSER

2 Honigmelonen, ohne Kerne und Schale, in kleine Würfel geschnitten
300 ml Apfelsaft (frisch gepreßt, möglichst von sauren Äpfeln)
2 EL Limetten-Ingwer-Likör
Eiswürfel
Melonen-, Limettenscheiben und Minzzweige zum Garnieren

Melonen in einem Mixer pürieren, dann durch ein Sieb streichen. Melonensaft in einen großen Krug füllen, Apfelsaft und Likör hinzufügen und gut verrühren. Bedecken und kühl stellen. In mit Eiswürfeln gefüllte Gläser gießen, mit Melonen- oder Limettenscheiben und einem Minzzweig garnieren.

Himbeer-Johannisbeer-Frappé

Ein herrliches Erfrischungsgetränk mit reichlich Himbeeren und Johannisbeeren. ERGIBT 6 GLÄSER

Zuckersirup nach Belieben
2 kg Himbeeren (frisch oder gefroren)
600 g Rote Johannisbeeren (entstielt)
Eiswürfel
300 ml Mineralwasser
Zweige von Himbeere, Roter Johannisbeere, Minze, Basilikum oder Zitronenmelisse zum Garnieren

Zuckersirup zubereiten und kühl stellen. Himbeeren in einem Mixer pürieren. Das Püree in ein Sieb geben und mit einem Schöpflöffel den Saft auspressen, bis nur die Kerne zurückbleiben, mit den Roten Johannisbeeren wiederholen. In einen Krug füllen und im Kühlschrank aufbewahren. Gläser mit Eiswürfeln füllen. Mineralwasser und Zuckersirup in das Frappé gießen und mit Beeren oder Kräutern garnieren.

Bananen-Kokosnuß-Saft

Bananen-Kokosnuß-Saft

Dieses cremige Getränk probierte ich erstmals in der Karibik, während ich am Meer den Sonnenuntergang betrachtete und geröstete Kokosraspeln knabberte. (Sie harmonierten so perfekt mit dem Getränk, daß ich sie meinem Rezept hinzufügte.) Der Spritzer Grenadine erinnert an die untergehende Sonne. ERGIBT 12 GLÄSER

6 Bananen (reif)
1,2 l Ananassaft (frisch gepreßt)
500 ml Kokosmilch
Eiswürfel
1 Spritzer Grenadine
geröstete Kokosraspeln (siehe Seite 126)

Bananen, Ananassaft und Kokosmilch in einem Mixer gut verrühren. In ein Glas mit Eiswürfeln gießen, etwas Grenadine darauf spritzen und mit Kokosraspeln bestreuen.

Mango-Passionsfrucht-Saft

Die Mango ist eine meiner Lieblingsfrüchte. Die Zubereitung der reifen, saftigen Früchte ist allerdings etwas aufwendig, da man Hände und Küchenutensilien beschmutzt und die Reinigung Zeit in Anspruch nimmt. Der süße, üppige Geschmack dieses Fruchtsaftes mit dem tropischen Aroma lohnt aber den Aufwand. ERGIBT 6 GLÄSER

4 Mangos (reif, geschält, Fruchtfleisch vom Kern gelöst)
16 Passionsfrüchte (reif, Fruchtfleisch aus der Schale gelöst und durch ein Sieb gestrichen, um die Kerne zu entfernen)
300 ml Mineralwasser
Zuckersirup nach Belieben
zerstoßenes Eis oder Eiswürfel
Mangostücke zum Garnieren

Mangofleisch pürieren und in einen Krug abseihen. Passionsfrüchte pürieren und in den Krug mit dem Mangosaft abseihen. Nach Geschmack Mineralwasser und Zuckersirup hinzufügen und gut verrühren. In Gläser mit Eiswürfeln füllen, mit Mangostücken garnieren.

Papaufrucht-Ananas-Saft

Ein sehr erfrischendes Getränk. Wenn der Ananassaft zu sauer ist, etwas Zuckersirup zusetzen. ERGIBT 7 GLÄSER

2 Papaufrüchte, je 450 g, geschält, entkernt und geschnitten (ergibt etwa 0,5 l Saft)
0,5 l Ananassaft (frisch gepreßt)
200 ml Mineralwasser
Eiswürfel
Ananasscheiben zum Garnieren

Papaufrüchte in einem Mixer zu glatter Konsistenz verrühren, durch ein Sieb in einen Krug streichen. Ananassaft und Wasser hinzufügen, gut verrühren. Zudecken und kühl stellen. Gläser mit Eiswürfeln füllen, Saft eingießen und mit Ananasscheiben an den Glasrändern garnieren.

FRISCHE FRUCHTSÄFTE

MIT AUSNAHME DES BANANEN-KOKOSNUSS-SAFTES, DER HÖCHSTENS 2 STUNDEN VOR DEM SERVIEREN ZUBEREITET WERDEN SOLLTE, KÖNNEN SIE ALLE SÄFTE AM VORTAG ZUBEREITEN UND KÜHL STELLEN.

FRÜCHTE EINFRIEREN

SIE KÖNNEN FRÜCHTE WÄHREND DER SAISON PÜRIEREN UND FÜR SPÄTER EINFRIEREN. FRIEREN SIE ABER AUFGETAUTE FRÜCHTE NICHT NOCHMALS EIN.

Mango-Passionsfrucht-Saft

Wenn Sie wissen, wie viele Gäste Sie erwarten und den Abschnitt über Menüplanung (Seite 32) gelesen haben, sollten Sie sich der Zubereitung der Speisen zuwenden. Einige grundlegende Überlegungen sind anzustellen. Ältere oder junge Gäste? Werden Kinder dabeisein? Gibt es spezielle Ernährungsgewohnheiten?

Kochschule

Richtige Vorbereitung

Sämtliche Menüs in diesem Buch sind so ausgelegt, daß Sie Gastgeber und Küchenchef zugleich sein können. Die meisten Gerichte können im voraus zubereitet werden und benötigen nur ein paar letzte Handgriffe vor dem Servieren. Wenn Sie den Zeitplan befolgen, werden Sie entspannt mit Ihren Gästen plaudern können. Die Richtlinien geben an, wann Sie ein Gericht frühestens zubereiten dürfen. Marinieren sollten Sie in jedem Fall am Vortag (wenn Sie es eilig haben, werden die meisten Marinaden bereits innerhalb von zwei Stunden zu Ihrer Zufriedenheit ausfallen).

Goldene Grundregeln

Lesen Sie die Rezepte in Ruhe durch, damit Sie wissen, was benötigt wird. Ich würde davon abraten, ein Gericht zu servieren, das Sie vorher noch nie versucht haben. Freunde und Familie werden sich freuen, wenn Sie Ihre Kritiker sein dürfen. Auch wenn Sie Ihre zeitlichen Vorgaben nicht einhalten können, machen Sie einfach weiter. Wenn Ihre Gäste spüren, daß Sie nervös sind, werden sie sich unwohl fühlen. Es stört hingegen niemanden, wenn das Essen etwas später als erwartet in einer entspannten Atmosphäre serviert wird.

Mengenangaben

Die Mengenangaben in den Rezepten oder Menüs beziehen sich auf die durchschnittliche Anzahl an Gästen bei den verschiedenen Anlässen. Deshalb sind die Abendmenüs für zehn Personen ausgelegt, die Cocktailparty-Menüs für 30 Personen. Sie können die Rezepte durch Halbieren oder Verdoppeln Ihrer Gästezahl angleichen. Bei mehr oder weniger Gästen sollten Sie sich an der Mengenübersicht (siehe Seite 79) orientieren. Wenn Sie Speisen für ein Buffet zubereiten und unsicher sind, ob Sie genügend Zutaten haben, versuchen Sie, sich 20 kleine Portionen vorzustellen. Verfahren Sie öfter so – Sie werden darin bald Übung haben.

DAS BESTE AUS DEN MENÜS MACHEN

Die Menüs wurden mit Bedacht auf die Balance von Aromen und Zusammensetzung erstellt, vermischen Sie sie nicht. Sollten Sie eine Zutat nicht mögen, können Sie sie natürlich ersetzen.

Öfen – Garzeit und Temperatur

Die Brat- und Backzeiten sind nur Richtwerte, da jeder Ofen anders arbeitet. Kontrollieren Sie, ob die Speisen gar sind, bevor Sie sie aus dem Ofen nehmen. Bei Kuchen können Sie leicht auf die Oberfläche drücken oder eine Spicknadel einstechen. Fisch oder Fleisch sollten Sie mit den Fingern drücken – wenn es gar ist, fühlt es sich fest an. Fleisch muß vor dem Anschneiden an einem warmen Ort ruhen – fünf Minuten bei kleinen Mengen, 15 Minuten gilt für größere Stücke. So bleibt es saftig. Einige Rezepte empfehlen das Abschrecken von Gemüse unter kaltem Wasser, um den Kochvorgang zu stoppen und die Farben zu erhalten.

Küchenausstattung

Auf Seite 170 finden Sie eine Liste, die ich für die ideale Ausstattung einer Party-Küche halte. Wahrscheinlich werden Sie nicht alles davon besitzen, doch für einige Rezepte benötigen Sie spezielle Geräte wie eine Eismaschine oder eine Friteuse. Sie müssen so etwas jedoch nicht gleich kaufen – vielleicht findet sich eine Freundin, die Ihnen die nötigen Geräte leiht.

Tellergröße

Meiner Empfehlung nach sollten die Teller für jeden Gang – für Vor- und Nachspeisen ebenfalls – die Größe von Hauptspeisentellern haben. Auf kleineren Tellern sind Speisen schwieriger zu arrangieren, sie sehen schnell überladen aus. Wärmen Sie Teller zum Anrichten heißer Gerichte vor, doch sie sollten nicht so heiß sein, daß die Speisen weiterkochen. Sie sollten noch bequem mit den Tellern hantieren können.

NÜTZLICHE HANDSCHUHE

Ich habe stets Wegwerfhandschuhe in meiner Küche zum Hantieren mit Zutaten, die Flecken machen, und um den Geruch von stark riechenden Zutaten wie Chili, Knoblauch oder Zwiebel von den Händen fernzuhalten.

Vegetarische Küche

Zählen Sie Vegetarier zu Ihren Gästen, so sollten sie ebenfalls zufriedengestellt werden. Der Abschnitt mit Buffet- und Cocktail-Gerichten bietet vegetarische Speisen, und die meisten Abendmenüs können für Vegetarier variiert werden. Füllen Sie die Kohlpäckchen (siehe Seite 128) mit Bohnen oder Linsen anstelle von Entenfleisch, marinieren Sie Gemüse statt Lamm oder Hühnchen für das orientalische Buffet, und für das mediterrane Abendmenü (siehe Seite 133) können Sie das Risotto mit einem Gemüsefond zubereiten, mit frischen Kräutern garnieren und als vegetarischen Hauptgang auftragen. Denken Sie auch an versteckte fleischliche Produkte wie Hühnerbrühe und tierische Fette – verwenden Sie pflanzliche Öle, und seien Sie vorsichtig bei Gelatine. Manche Leute essen kein rotes Fleisch, jedoch Hühnchen und Fisch, andere wiederum verzichten komplett auf Fleisch, Fisch und Milchprodukte. Das vegetarische Menü auf Seite 142 enthält weder Fleisch noch Milchprodukte, damit Sie Vegetarier jeder Richtung gleichermaßen bewirten können – und es wird allen Gästen köstlich munden!

Vorratshaltung

Statten Sie einen Vorrats- und auch einen Tiefkühlschrank so aus, daß Sie unerwarteten Besuch bewirten können. Die Speisen sollten ansprechend und einfach zuzubereiten sein, wenn Sie ein Essen aus dem Stegreif zaubern müssen. Es gibt zum Beispiel ein großes Angebot an Teigwaren und fertigen Saucen, Parmesan hält nach meiner Lagermethode sehr lange. Zum Einlagern eignen sich auch Kartoffelchips und Knabbergebäck, fertige Tortenböden, Dosen mit italienischen Bohnen für Salate, Risotto-Reis, pflanzliche Suppenwürfel, eingelegte Artischockenherzen, Oliven und sonnengetrocknete Tomaten sowie Büchsenthunfisch und Sardellen. Sie sollten auch stets ein paar Eier im Kühlschrank haben: Rührei ist ein perfekter Mitternachtsimbiß. Salami und Schinken sind gut haltbar, wenn sie korrekt gelagert werden. Im Tiefkühlschrank können Sie verschiedene Brotsorten, Fonds, Parmesanpufferchen und Eiscreme aufbewahren. Tortillas aus Mais und Weizen können als Beilagen serviert oder mit Salat, Wurst und Käse gefüllt werden. Stellen Sie stets eine Flasche Wein, Bier und Antialkoholika in den Kühlschrank, so daß Sie gekühlte Getränke bei der Hand haben.

Leitfaden für gute Köche

• Speisen zum Auskühlen stets mit Tuch oder gelochter Folie bedecken.
• Gefäße mit Deckel auswaschen und für Dressings, aromatisierte Öle oder zum Einlegen von Früchten verwenden.
• Sämtliche Behälter müssen sauber und trocken sein.
• Nach einer Party alle Speisereste, die längere Zeit auf dem Tisch und in der Wärme gestanden haben, entsorgen.
• Niemals warme Speisen in den Kühlschrank stellen. Es bilden sich schnell Bakterien.
• Speisen im Kühlschrank mit Deckel, Frischhalte- oder Alufolie bedecken.
• Käse in fettabweisendes Papier und Mousseline einschlagen, bevor er in einen Plastikbehälter gelegt wird.
• Gekochten Schinken in fettabweisendes Papier und Mousseline einschlagen, bevor er in einen Plastikbehälter gelegt wird, um das Schwitzen zu verhindern.
• Salatblätter bis zu einer Woche in luftdichten, mit Küchenkrepp ausgelegten Behältern aufbewahren, Feuchtigkeit täglich innen auswischen.
• Alle Oberflächen sauber und ordentlich halten, nur die für den jeweiligen Arbeitsgang notwendigen Utensilien vorbereiten.

Anmerkungen zu den Rezepten

• Wechseln Sie nicht zwischen verschiedenen Maßeinheiten.
• Mengenangaben für gehackte Kräuter sind in durchschnittlichen Teetassen angeführt (ungefähr 225 ml).
• Eßlöffel und Teelöffel werden gestrichen, falls nicht anders angegeben. Ein Satz Meßlöffel ist unverzichtbar.
• Sofern nicht anders angeführt mittelgroße Zwiebeln, Schalotten, Knoblauch.
• Eier sind »groß«, kaufen Sie Bio-Eier wegen Geschmack und Farbe.
• Rohes Gemüse wird vor dem Abwiegen geschält, wenn nicht anders angegeben.
• Immunschwache Personen, Kinder, ältere Menschen und Schwangere sollten rohe oder kurz gekochte Eier und nicht pasteurisierten Käse meiden.

Mengenangaben für große Partys

Die nachstehenden Angaben helfen, die für eine Portion nötigen Mengen einzuschätzen – Fisch und Fleisch werden roh gewogen und können »schrumpfen«.

Fleisch, Huhn, Ente und Wild

Lamm, Rind, Kalb und Schwein: 225 g pro Person zum Braten; 140 g Fleisch pro Person für Eintöpfe; 115 g Fleisch pro Person für ein Buffet, wenn auch Fisch und Geflügel serviert wird
Gegrillte Rippchen: drei pro Person
Ganze gebratene Ente: vier Personen
Großes gebratenes Huhn: vier Personen
Geschmorter oder gebratener Fasan (ganz): vier Personen
Waldhuhn, Taube und Schnepfe: ein Vogel pro Person
Wachtel: zwei pro Person

Fisch und Meeresfrüchte

Fisch: 220 g Filet pro Person als Hauptspeise; 115 g Fisch pro Person für ein Buffet; 85–115 g pro Person für ein Buffet, wenn auch Fleisch und Geflügel serviert werden
Großer Hummer: zwei Personen
Kleiner Hummer: eine Person
Jakobsmuscheln: zwei große als Vorspeise; vier große (halbiert) für ein Hauptgericht
Garnelen: drei pro Person zum Grillen

Gemüse und Salate

Gemüse (zubereitet): 115 g pro Person, wenn weiteres Gemüse serviert wird
Blattsalate (gewaschen und verlesen) 60 g pro Person für Vorspeisen oder Buffets; 30 g zum Hauptgericht

Kartoffeln, Reis, Teigwaren

Kartoffeln (ungeschält): 180 g pro Pers
Frühkartoffeln (gründlich gewaschen): 115 g pro Person
Risottoreis: 45 g pro Person als Vorspeise; 85 g pro Person als Hauptspeise
Reis (alle anderen Arten): 30 g pro Person zum Hauptgang oder in Salat
Getrocknete Bohnen, Linsen oder Getreide: 60 g pro Person als Beilage oder in Salat
Teigwaren und Nudeln: 85 g pro Person als Vorspeise; 140 g pro Person als Hauptgang
Teigwaren und Nudeln: 30 g pro Person zum Hauptgang mit zwei Gemüsesorten

Milchprodukte

Käse: 115 g pro Person als eigener Gang; 60 g Käse pro Person für ein Buffet
Butter: 30 g pro Person für Brot und Käsehäppchen
Sahne oder Milch: 60 ml pro Person für Kaffee oder Tee
Sahne (geschlagen): 85 ml pro Person für Nachspeisen
Eiscreme: 50 ml pro Person als Beilage einer Nachspeise; 140 ml als Nachspeise
Eier: zwei pro Person für Eierkuchen und Rühreier

Brot, Desserts und frische Früchte

Kleine Brötchen: zwei pro Person
Große Brötchen: 1½ pro Person
Brot: zwei Scheiben pro Person
Mousses, Parfaits und Brûlées: 115 g pro Person
Frische Früchte (vorbereitet): 115 g
Für ein Buffet ergibt eine Obsttorte mit 30 cm Durchmesser zehn Portionen.

Saucen und Dressings

Saucen: 60 ml pro Person zu einem Hauptgericht
Mayonnaise: 30 ml pro Person
Salatdressing: 30 ml pro Person

Anleitung zu den Rezepten

Wenn Sie Rezepte im voraus zubereiten, folgen Sie folgenden Angaben.

1 Stunde	(1h)	1 Woche	(1W)
1 Tag	(1T)	1 Monat	(1M)

Mit Cocktailpartys können Sie ohne allzugroße Ausgaben viele Leute unterhalten, seien es Freunde, Familienangehörige oder Geschäftspartner. Es liegt in der Natur der Party, daß sich die Gäste frei bewegen und zwei Stunden oder nur eine halbe bleiben. Und der Gastgeber kann auf diese Art Gastfreundschaft erwidern.

Cocktailparty

Als Getränke eignen sich gleichermaßen erlesene wie Sekt und Cocktails als auch einfache wie Wein und Bier. Denken Sie daran, auch ausreichend antialkoholische Getränke und Mineralwasser bereitzuhalten. Als Gastgeber sollten Sie Ihren Gästen das erste Getränk anbieten. Halten Sie den Getränketisch – oder die Bar – zugänglich, so daß man sich später selbst bedienen kann. Wenn Sie Servierpersonal haben, bieten Sie eine Auswahl an Getränken auf Tabletts an, dann können Ihre Gäste sofort nach Eintreffen ihre Wahl treffen (siehe auch Seite 64).

Canapés mit Stil servieren

Sie können Canapés auf viele Arten präsentieren. Wir servieren sie auf unzähligen verschiedenen Tabletts, von aufwendig lackierten, asiatischen Tabletts bis zu einfachen Stahltabletts und Drahtkörben, die mit Bananenblättern ausgelegt sind. Am besten sehen Appetithäppchen aus, wenn sie in Reihen aufgelegt sind. Das sorgt für ein farbenfrohes und einladendes Bild. Manche Canapés können auf Löffeln oder Gabeln angeboten oder in schillernden Gläsern serviert werden. Die Art der Präsentation Ihrer Canapés kann sogar ein Gesprächsthema sein. Übertreiben Sie aber nicht. Schlichte Eleganz ist am eindruckvollsten.

Einladendes Gedeck

Einige Appetithäppchen können zur Selbstbedienung auf den Tisch gestellt werden. Ich biete gerne Schüsseln mit Parmesanstäbchen, Parmesanplätzchen und Gemüsechips an (Rezepte auf Seite 92). Sie können auch »Vogelnester« aus dünnen Teigwaren herstellen, mit Wachteleiern füllen und dazu eine passende chinesische Sauce in den Schalen eines Hühnereies reichen. Beliebt sind auch Körbe, Stahlbehälter, Glasschalen oder Tabletts mit Junggemüse auf Kräutern. Diese sollten während der Party so oft wie möglich aufgefüllt werden. Wenn Sie Personal haben, geben Sie die entsprechenden Instruktionen.

Professionelle Tips

- **Kontrollieren Sie, ob Sie genügend Tabletts haben – sie können unterschiedlich sein.**
- **Canapés sollten mundgerecht sein. Beginnen Sie mit einer Auswahl kalter Canapés und servieren Sie dann heiße.**
- **Offerieren Sie Servietten für klebrige Finger.**
- **Vermeiden Sie »Übergarnierung« – das verdirbt den Appetit.**
- **Servieren Sie keine Speisen auf Stoff, außer die Tücher werden jedesmal gewechselt, wenn die Speisen aufgefüllt werden.**

WIE VIELE CANAPÉS?

RECHNEN SIE FÜR EINE EINSTÜNDIGE COCKTAILPARTY MIT ACHT BIS NEUN CANAPÉS PRO PERSON, BEI ZWEI BIS DREI STUNDEN ZEHN BIS ZWÖLF STÜCK PRO PERSON.

Warme Canapés

Lachsplätzchen mit Tomaten-Dip

Sind unwiderstehlich, einfach und herzerwärmend. ERGIBT 30 STÜCK

Würziger Tomaten-Dip

1 roter Chili (entkernt und gehackt)
Pflanzenöl (nicht aromatisiert)
3 Schalotten (fein geschnitten)
2 Knoblauchzehen (fein gehackt)
3 Fleischtomaten
2 TL Tomatenmark
300 ml Gemüsefond
1 TL Weißweinessig
2 TL Feinkristallzucker
Salz und frisch gemahlener schwarzer Pfeffer

Lachsplätzchen

500 g Lachsfilet (entgrätet, der Länge nach in 5 cm breite Streifen geschnitten)
500 g Kartoffeln (geschält und geviertelt)
½ Tasse Dill (gehackt)
2 Schalotten (fein würfelig geschnitten)
2 EL Tomatenketchup
1 EL Sardellenpaste
1 EL Worcestersauce
Salz und frisch gemahlener schwarzer Pfeffer

Panade für die Fischplätzchen

100 g Mehl
2 Eier (geschlagen)
100 g feine Semmelbrösel
60 g weiße Sesamkörner

SPEZIALGERÄT: **Friteuse**

(3T) Zubereitung der Sauce

Chili, Schalotten und Knoblauch in etwas Öl sautieren, dann Tomaten und Tomatenmark hinzufügen und weitere 2 Minuten kochen. Mit Fond, Zucker und Essig aufgießen und 10–12 Minuten kochen. Auskühlen lassen, in einen Mixer gießen und zu glatter Konsistenz verrühren. Durch ein Sieb streichen, würzen und in einen luftdichten Behälter füllen. Kühl stellen.

(1T) Vorbereitung der Plätzchen

Gesalzenes Wasser in einer Pfanne zum Kochen bringen. Die Lachsstreifen darin 3–4 Minuten pochieren. Abtropfen und auskühlen lassen. Kartoffeln in kaltes Wasser einlegen, zum Kochen bringen und weich kochen. Dann mit einer Kartoffelpresse oder durch ein Sieb in eine Schüssel streichen. Den Lachs zu Flocken zerkleinern, mit Dill, Schalotten, Tomatenketchup, Sardellenpaste und Worcestersauce dem Püree hinzufügen. Würzen und gut vermischen. Ein 1,5 cm tiefes, 30 x 22 cm großes Tablett mit Backpapier auslegen, Mischung darauf verteilen, mit Backpapier belegen und mit einem Nudelholz ebnen. Kühl stellen.

(8h) Panade für die Plätzchen

Fischplätzchen mit einer 3,5 cm großen, runden Form ausstechen. Mehl, Eier und die mit Sesam vermischten Semmelbrösel in je eine Schale geben. Die Plätzchen in Mehl wälzen, durch die verschlagenen Eier ziehen und in den Bröseln wenden. Auf ein Tablett legen, zudecken und kühl stellen.

Zum Anrichten

Ofen auf 100 °C vorheizen, Friteuse auf 180 °C. Die Sauce langsam in einer Kasserolle erhitzen. Wenn das Fett heiß ist, jeweils einige Plätzchen gleichzeitig goldbraun fritieren. Auf ein mit Küchenkrepp ausgelegtes Tablett legen und bis zum Servieren im Ofen warm halten. Sauce in eine Saucière gießen, Plätzchen auf Gabeln spießen und servieren.

Lachsplätzchen mit Tomaten-Dip

ZUBEREITUNG VON TÄSCHCHEN

GARNELENTASCHEN (RECHTS) 2 WOCHEN IM VORHINEIN BEREITEN UND EINFRIEREN. AUFTAUEN, DÄMPFEN UND SERVIEREN.

Käse-Soufflé-Törtchen

Ein Klassiker. ERGIBT 30 STÜCK

Teig

3 Lagen Strudelteig (46 x 30 cm)
30 g Butter (zerlassen)

Soufflés

300 ml Milch
30 g Butter
30 g Mehl
60 g reifer Cheddar (gerieben)
30 g Parmesan (gerieben)
¼ TL Cayennepfeffer
2 TL Dijon-Senf
Salz und schwarzer Pfeffer (gemahlen)
2 Eier (getrennt)
Paprikapulver zum Bestäuben

(2T) **Die Törtchen zubereiten**
Ofen auf 190 °C vorheizen. Eine Lage Strudelteig mit zerlassener Butter bestreichen, eine zweite Lage darüberlegen, mit Butter bestreichen, dann ebenso mit der dritten Lage verfahren. 30 Scheiben mit 5 cm Durchmesser ausstechen. Mit der Butterseite nach unten in kleine Törtchenformen legen und in die Ecken pressen. Zur Hälfte mit Backbohnen füllen. 8–9 Minuten goldfarben backen. Auskühlen lassen, Backbohnen entfernen. Die Törtchen aus den Formen nehmen. Kühl lagern.

(8h) **Die Soufflé-Basis vorbereiten**
Milch zum Kochen bringen und köcheln lassen. In einer Kasserolle eine Mehlschwitze bereiten. Milch langsam hineingießen und zu glatter Konsistenz verrühren. Bei niedriger Hitze unter ständigem Rühren 4–5 Minuten kochen. Käse, Pfeffer und Senf hinzufügen, rühren, bis der Käse geschmolzen ist. Vom Herd nehmen, nachwürzen. In eine Schüssel gießen, mit fettabweisendem Papier bedecken. Kühl stellen.

(½h) **Fertigstellen und anrichten**
Ofen auf 190 °C vorheizen. Törtchen auf ein Backblech legen. Eigelb in die Soufflé-Basis einrühren. Eiweiß mit einem elektrischen Mixer steif schlagen und in die Basis unterziehen. Die Masse mit Spritztülle oder Löffel in die Törtchen füllen. 4–5 Minuten backen, auf ein Tablett legen, mit Paprikapulver bestäuben und servieren.

Garnelentäschchen

Ebenso wie die Hühnertaschen von unserem thailändischen Chefkoch, Yani, kreiert. ERGIBT 30 STÜCK

350 g frische Garnelen (ohne Schale, vorzugsweise Tiger Prawns)
3 Knoblauchzehen (fein gehackt)
¼ Tasse Koriander (gewaschen und fein gehackt)
30 g Bambussprossen (fein gehackt)
30 g Wasserkastanien (fein gehackt)
1 EL helle Sojasauce
1 EL Sojabohnensauce
1 EL Feinkristallzucker
1 EL Kartoffelmehl
1 Eiweiß
1 EL helles Sesamöl
Salz und schwarzer Pfeffer (frisch gemahlen)
30 Stück Teigblätter (je 8,5 cm)
½ rote Chilischote (in kleinen Stücken)

(8h) **Die Füllung zubereiten**
Garnelen in einer Küchenmaschine zerkleinern, in eine Schüssel geben. Restliche Zutaten hinzufügen, würzen, vermischen. Bedecken und kühl stellen.

(6h) **Die Täschchen formen**
Teigblätter auf eine kühle Arbeitsfläche legen. Jeweils in die Mitte 1 Teelöffel Füllung plazieren, die Kanten befeuchten. Teig so über die Füllung schlagen, daß noch ein wenig davon zu sehen ist. Mit Paprika garnieren, auf ein Tablett legen, zudecken und im Kühlschrank aufbewahren.

Die Täschchen dämpfen und anrichten
Eine Pfanne zur Hälfte mit Wasser füllen, zum Kochen bringen, Hitze reduzieren. Einen Dämpfeinsatz mit Öl bestreichen, die Taschen hineinlegen, zudecken und 4–5 Minuten dämpfen. Vom Herd nehmen und in ein sauberes, mit Bananenblättern oder Bambus-Sushi-Matten ausgelegtes Sieb legen.

Hühnerklöße

Immer begehrt! ERGIBT 30 STÜCK

450 g Hühnerbrust (zerkleinert)
3 Knoblauchzehen (zerdrückt)
¼ Tasse Koriander (fein gehackt)
1 EL Kartoffelmehl
4 Frühlingszwiebeln (fein gehackt)
1 Pak-Choi (chinesischer Kohl, fein gehackt)
30 g Shitake
3 EL helle Sojasauce
1 EL Sojabohnensauce
¼ TL weißer Pfeffer
1 Eigelb
1 EL Feinkristallzucker
Salz
5 Stück Noriblätter (Algen) (je 20,5 x 18 cm)
30 Korianderblätter zum Garnieren

Sauce

150 ml helle Sojasauce
150 ml Wasser
1 EL Feinkristallzucker
1 EL Reisweinessig

(2T) **Die Füllung zubereiten**
Sämtliche Zutaten vermischen, zudekken und kühl stellen.

(2T) **Die Sauce zubereiten**
Zutaten vermischen und in einer Kasserolle zum Kochen bringen. Vom Herd nehmen, wenn der Zucker aufgelöst ist. Auskühlen lassen und kühl stellen.

(8h) **Die Klöße füllen**
Fülle in eine Spritzbeutel mit einer 2,5-cm-Tülle füllen. Ein Noriblatt auf eine Sushi-Matte legen und an einer Kante mit der Füllung eine Linie ziehen. Gegenüberliegende Kante mit Wasser bestreichen. Mit Hilfe der Sushi-Matte zu einem Zylinder rollen. In Frischhaltefolie einwickeln. Mit den anderen Noriblättern wiederholen. Für 1 Stunde einfrieren. Dann in 2,5 cm lange Stücke schneiden. Zudecken und kühl stellen.

Die Klöße kochen und anrichten
Wie die Garnelentäschchen kochen, dann mit Koriander garnieren. Sauce in eine Schale füllen und mit Servietten servieren.

Kalte Canapés

Buchweizen-Blinis mit Räucherlachsspiralen

Mit etwas Kaviar verleihen Sie diesen Schnittchen einen Hauch von Luxus. ERGIBT 30 STÜCK

450 g Räucherlachsfilets (länglich)
450 ml Milch
15 g Hefe (frisch oder getrocknet)
1 Prise Zucker
100 g Mehl
200 g Buchweizenmehl
4 Eier (getrennt)
15 g Butter (zerlassen)
Salz und schwarzer Pfeffer (frisch gemahlen)
Öl zum Backen der Blinis
150 g Crème fraîche
60 g Kaviar (nach Belieben)
Schnittlauch zum Garnieren

(1T) **Die Spiralen vorbereiten**
Den Lachs in 30 Streifen schneiden (je 10 x 2,5 cm groß). Ein Tablett mit fettabweisendem Papier auslegen. Jeden Lachsstreifen an einem Ende zwischen Daumen und Zeigefinger halten und vorsichtig zu einer Rose formen. Die »Rosen« auf das Tablett legen, mit Plastikfolie bedecken und im Kühlschrank aufbewahren.

(8h) **Die Blinis zubereiten**
Milch bei niedriger Hitze erwärmen und in ein Gefäß gießen. Hefe und Zucker einrühren. Mehl in eine große Metallschüssel sieben, Eigelb hinzufügen und die Milch mit einem Schneebesen einrühren. Mit einem sauberen, feuchten Geschirrtuch zudecken und an einem warmen Ort etwa 1 Stunde gehen lassen. Nicht länger, sonst haben die Blinis einen Hefegeschmack. Dann die zerlassene Butter einrühren und würzen. Das Eiweiß in einer sauberen Schüssel steif schlagen und unter die Blinis-Masse ziehen. In einer kleinen Bratpfanne etwas Öl erhitzen. Soviel Teig eingießen, daß der Boden bedeckt ist (etwa 7 mm hoch). Auf beiden Seiten goldbraun backen. Einmal wenden. Auf einem trockenen Tuch auskühlen lassen. Wiederholen, bis der gesamte Teig verbraucht ist. Nach dem Auskühlen 3,5 cm große Kreise ausstechen. Kühl lagern.

(4h) **Zum Anrichten**
Blinis auf ein Tablett legen. Mit einer Spritztülle etwas Crème fraîche in die Mitte jedes Blinis spritzen und eine Lachsrose daraufsetzen. Schnittlauch grob schneiden, über die Blinis streuen. Mit Frischhaltefolie bedecken und kalt stellen. Vor dem Servieren mit Kaviar garnieren.

Rindfleischsalat »Thai«

Meine Freundin Alison kreierte dieses Rezept in Antigua, während wir ein Glas Rumpunsch von ihrem Ehemann Steve (Seite 69) genossen. ERGIBT 30 STÜCK

Dressing
2 EL (thailändische) Fischsauce
2 EL Limettensaft
1 EL Zucker
1 kleiner roter Chili (entkernt, fein gehackt)
1 Knoblauchzehe (fein gewürfelt)
Salz und schwarzer Pfeffer (frisch gemahlen)

320 g Rinderfilet
300 ml helle Sojasauce
2 Salatgurken (mittelgroß)
Pflanzenöl
90 g Möhren (fein gewürfelt)
1 rote Zwiebel (groß, fein gehackt)
2 Fleischtomaten (geschält, entkernt und fein gewürfelt)
2 Stiele Zitronengras (fein geschnitten)
2 Limettenblätter (fein gehackt)
Salz und schwarzer Pfeffer (frisch gemahlen)

(1T) **Das Dressing vorbereiten**
Sämtliche Zutaten in einer Schüssel vermengen. In einen kleinen Behälter füllen, verschließen und kühl stellen.

(1T) **Das Rindfleisch marinieren**
Fleisch gut mit Sojasauce einstreichen. In luftdichtem Behälter kalt stellen.

(1T) **Die Gurkenscheiben vorbereiten**
Salatgurken in 1,5 cm dicke Scheiben schneiden. Die Mitte anschneiden und mit einem kleinen Löffel aushöhlen. »Körbchen« umdrehen, auf ein mit einem sauberen Tuch belegtes Tablett legen, mit Frischhaltefolie bedecken und kalt stellen.

(8h) **Das Rindfleisch zubereiten**
Ofen auf 180 °C vorheizen. Das Fleisch in etwas Öl von allen Seiten goldbraun anbraten, dann in den Ofen stellen. Weitere 10 Minuten bzw. bis »medium« braten. Auskühlen lassen, in kleine Würfel schneiden. In einem luftdichten Behälter kühl stellen.

(1h) **Zum Anrichten**
Gurkenkörbchen umdrehen. Rindfleisch und Gemüse in eine Schüssel geben, Zitronengras, Limettenblätter und Dressing hinzufügen. Durchmischen und Nachwürzen. Rindfleischsalat in die ausgehöhlten Gurken füllen.

Tomaten-Mozzarella-Törtchen

Diese schmackhaften Törtchen können zu Aperitifs gereicht werden. ERGIBT 30 STÜCK

Mürbeteigtörtchen
115 g Mehl (gesiebt)
100 g Butter (würfelig geschnitten)
85 g Parmesan (gerieben)
1 Prise Salz
1 Prise Cayennepfeffer
Mehl zum Stauben

Auflage
250 g Mozzarella
6 Cocktailtomaten
1 EL Pesto (siehe Seite 169)

(3T) **Die Mürbeteigtörtchen zubereiten**
Ofen auf 170 °C vorheizen. Mit einem elektrischen Mixer mit Spateleinsatz Mehl und Butter langsam zur Konsistenz von Brotkrumen verrühren. Mixer stoppen, Parmesan, Salz und Cayennepfeffer hinzugeben und weiterrühren, bis die Zutaten eine homogene Masse bilden. Den Teig auf einer bemehlten Arbeitsfläche in eine runde Form bringen, mit Frischhaltefolie bedecken und mindestens 1 Stunde kalt stellen. Ein Backblech mit fettabweisendem Papier belegen, eine kühle Arbeitsfläche mit Mehl stauben und den Teig etwa 5 mm dick ausrollen. 3,5 cm große Kreise ausstechen, auf das Backblech legen und für eine halbe Stunde kalt stellen. Dann 10 Minuten im Ofen goldbraun backen. Herausnehmen, auskühlen lassen. Mit fettabweisendem Papier belegen und in einem luftdichten Behälter aufbewahren.

(1T) **Den Mozzarella vorbereiten**
Mozzarella mit einem scharfen Messer in 2 mm starke Scheiben schneiden (Messer nach jedem Schnitt in heißes Wasser tauchen). 30 runde Scheiben zu je 3,5 cm ausstechen. Auf einem Tablett mit Folie bedecken und kalt stellen.

(6h) **Die Cocktailtomaten vorbereiten**
Cocktailtomaten in 30 Scheiben schneiden. Je eine Tomatenscheibe auf jede Mozzarellascheibe legen, mit Frischhaltefolie bedecken und im Kühlschrank aufbewahren.

Zum Anrichten
Mürbeteigtörtchen auf ein Tablett legen. Die Tomaten-Mozzarella-Scheiben mit einem Spatel daraufsetzen, mit etwas Pesto garnieren und servieren.

FEIERLICHKEITEN
STECHEN SIE DIESE KUCHEN IN BELIEBIGEN, THEMENBEZOGENEN FORMEN AUS, ETWA HERZEN ZUM VALENTINSTAG ODER STERNE ZU WEIHNACHTEN.

Crostini mit Spargel und Wildpilzen

Als raffinierte Party-Häppchen sind diese Crostini nicht zu überbieten.
ERGIBT 30 STÜCK

1 französisches Brot (Baguette)
Olivenöl
Salz und schwarzer Pfeffer (frisch gemahlen)
1 kleine Schalotte (fein gewürfelt)
2 TL Weißweinessig
½ TL Zucker
60 Spargelspitzen
60 g Trompetenpilze oder andere Wildpilze (gewaschen und klein geschnitten)
6 EL Mascarpone
30 kleine Parmesanflocken

(1T) **Die Crostini zubereiten**
Den Ofen auf 200 °C vorheizen. Brot schräg in etwa 7 mm dicke Scheiben schneiden. Mit Olivenöl bestreichen und würzen. Auf einem Backblech 4–5 Minuten goldfarben backen. Aus dem Ofen nehmen und auskühlen lassen. Mit fettabweisendem Papier in einen luftdichten Behälter schichten.

(2T) **Das Dressing zubereiten**
Schalotte, 2 Eßlöffel Olivenöl, Essig und Zucker in einer Schüssel gut verrühren, würzen. In einen Behälter oder eine Flasche füllen und kalt stellen.

(1T) **Den Spargel zubereiten**
Spargelspitzen 3 cm lang zuschneiden und 30 Sekunden in kochendem Salzwasser blanchieren. Abtropfen und abschrecken. In einem luftdichten Behälter kühl stellen.

Zum Anrichten
Crostini auf ein Tablett legen. Die Pilze in das Dressing legen und würzen, ebenso den Spargel. Mit einem Spritzbeutel etwas Mascarpone auf jedes Crostini spritzen. Je 2 Spargelspitzen darauflegen, mit Pilzen und Parmesanflocken garnieren und servieren.

Von hinten nach vorne: *Rindfleischsalat »Thai«; Buchweizen-Blinis mit Räucherlachsspiralen; Crostini mit Spargel und Wildpilzen; Tomaten-Mozzarella-Törtchen*

»Löffel-Häppchen«

Wachteleier mit Kaviar

Diese Rezept verwöhnt unschlagbar. ERGIBT 30 STÜCK

15 Wachteleier (hartgekocht, geschält und im Kühlschrank in Wasser aufbewahrt)
125 g Kaviar
60 Schnittlauchhalme (je 3 cm lang)

Zum Anrichten

30 Hornlöffel oder Teelöffel auf ein Tablett legen. Eier aus dem Kühlschrank nehmen, abtropfen und mit einem sauberen Tuch abtrocknen. Mit einem scharfen Messer der Länge nach halbieren, und eine dünne Scheibe von der Unterseite abschneiden, damit es gut aufliegt. Mit etwas Kaviar belegen und mit Schnittlauch garnieren.

Indische Krabben

Sie können die Häppchen auf Löffeln servieren oder Sandwiches damit belegen. ERGIBT 30 STÜCK

1 EL Pflanzenöl
1 Zwiebel (mittelgroß, fein gehackt)
2 Knoblauchzehen (fein gehackt)
3 TL Currypulver (mittelscharf)
½ TL braune Senfkörner
1 TL gemahlener Kümmel
½ TL Chilipulver
2 EL Hühnerfond
450 g weißes Krabbenfleisch (ohne Schale)
¼ Tasse Korianderblätter (fein gehackt)
2 Zitronen (Saft)
Salz und schwarzer Pfeffer (frisch gemahlen)
4 EL Joghurt
30 Korianderblätter (gewaschen, getrocknet)

(4T) Die Paste vorbereiten

Öl in einer Kasserolle erhitzen, Zwiebel und Knoblauch darin weich dünsten. Gewürze beigeben und 2–3 Minuten kochen. Mit Hühnerfond aufgießen und bei geringer Hitze 10 Minuten köcheln lassen. In einen luftdichten Behälter füllen und kühl stellen.

(1T) Die Paste fertigstellen

Krabbenfleisch, Koriander und Zitronensaft mit der Gewürzmischung verrühren. Mit Salz und Pfeffer würzen, in einem luftdichten Behälter kalt stellen.

Zum Anrichten

30 Teelöffel auf ein Tablett legen. Auf jeden mit einem Teelöffel etwas Krabbenpaste geben. Mit Joghurt und einem Korianderblatt garnieren.

Chinesische Ente mit Pflaumensauce

Diese netten Röllchen beeindrucken garantiert. ERGIBT 30 STÜCK

Marinade

4 EL helle Sojasauce
2 EL trockener Sherry
1 EL gelbe Bohnenpaste
1 EL Feinkristallzucker
2 Sternanis
1 TL Chinesisches Fünfgewürzpulver
2 dünne Scheiben Ingwer (frisch)
300 ml Hühnerfond

1 große Entenbrust
Pflanzenöl zum Sautieren
¼ Salatgurke (entkernt, in Julienne-Streifen)
2 Frühlingszwiebeln (in Julienne-Streifen)
4 EL Pflaumensauce

(4T) **Die Marinade zubereiten**
Sämtliche Zutaten in einer Kasserolle zum Kochen bringen. Hitze reduzieren und 10 Minuten weiterkochen. Auskühlen lassen, in einen Behälter füllen, bedecken und kühl stellen.

(2T) **Die Ente zubereiten**
Marinade in einer großen Pfanne zum Kochen bringen, Hitze reduzieren. In der Zwischenzeit die Ente von allen Seiten in etwas Öl goldbraun sautieren, in die Marinade legen, diese wieder zum Kochen bringen und 1 Minute kochen lassen. Auskühlen lassen. Ente in einen Behälter legen, Marinade darübergießen, bedecken und kalt stellen.

(3h) **Die geschnittene Entenbrust rollen**
Die Ente der Breite nach in 2 mm dünne Scheiben schneiden. Einige Streifen Gurke und Frühlingszwiebeln in die Mitte jeder Scheibe setzen, einrollen und auf ein Tablett legen. Mit Frischhaltefolie bedecken und kalt stellen.

Zum Anrichten
Teelöffel auf ein Tablett legen, auf jeden eine Entenrolle setzen und mit etwas Pflaumensauce übergießen.

Ente mit Pflaumensauce; Indische Krabben

Gazpacho

Suppen zum Nippen

Gazpacho

Unser Chefkoch, Richard Cubbin, entdeckte dieses Rezept. Im Gegensatz zu anderen Gazpacho-Rezepten verzichtet dieses auf das Brot, was es meiner Meinung nach noch köstlicher macht. ERGIBT 30 GLÄSER

3 Schalotten (gehackt)
3 Knoblauchzehen (gehackt)
½ Salatgurke (geschält, entkernt, gehackt)
1 rote Paprikaschote (entkernt und gehackt)
1 gelbe Paprikaschote (entkernt und gehackt)
3 Fleischtomaten (gehackt)
600 ml Tomatensaft (vorzugsweise von dünner Konsistenz)
250 ml Weißwein
2 EL Olivenöl
Salz und schwarzer Pfeffer (frisch gemahlen)

(1T) Die Suppe zubereiten
Schalotten, Knoblauch, Salatgurke, Paprikaschoten und Tomaten in einer Küchenmaschine fein hacken, nicht pürieren. In eine Schüssel gießen, Tomatensaft, Weißwein, Olivenöl und Gewürze einrühren. Zudecken und im Kühlschrank aufbewahren.

Zum Anrichten
In kleine Gläser füllen und servieren.

PERFEKT ZU JEDER JAHRESZEIT
DIESE SUPPEN KÖNNEN BEI DER ANKUNFT DER GÄSTE IN KLEINEN GLÄSERN SERVIERT WERDEN. HEISSE SIND IN KALTEN NÄCHTEN SEHR BELIEBT, WÄHREND KALTE GUT ERFRISCHEN. GRÖSSERE PORTIONEN KÖNNEN BEI ABENDMENÜS AUFGETRAGEN WERDEN.

Maismixsuppe

Diese Suppe – in einer Thermosflasche – wird bei einem Picknick zum Genuß. ERGIBT 30 GLÄSER

3 Maiskolben (frisch)
1 l Milch
600 ml Hühnerfond
1 EL Zucker
60 g Butter
60 g Mehl
1 Bund Frühlingszwiebeln (gewaschen und in Scheiben geschnitten)
Cayennepfeffer
Salz und schwarzer Pfeffer (frisch gemahlen)
300 ml Sahne
Schnittlauch (geschnitten) zum Garnieren

(1T) Die Suppe zubereiten
Blätter von den Maiskolben entfernen, jeden in 3 Stücke schneiden, in eine Kasserolle legen. Milch, Hühnerfond und Zucker hinzufügen, zum Kochen bringen und 1 Stunde schwach kochen. Einen Topf mit Butter ausfetten, und eine Mehlschwitze zubereiten, beiseite stellen. Maiskolben aus der Milch nehmen, Körner abschaben und in eine Schüssel geben. Mehlschwitze erwärmen, langsam die Milch hinzufügen und zu glatter Konsistenz rühren. Hitze reduzieren und 10 Minuten kochen. Frühlingszwiebel, Maiskörner und Cayennepfeffer hinzufügen und würzen. Weitere 10 Minuten kochen, mit Sahne legieren und vom Herd nehmen. Auskühlen lassen. In einer Küchenmaschine verrühren. In einen Behälter seihen, zudecken und kalt stellen.

Zum Anrichten
Suppe in einer Kasserolle zum Kochen bringen. Zuerst in einen Krug gießen, dann in kleine Gläser füllen. Mit Schnittlauch garnieren und servieren.

DIE MISCHUNG VERÄNDERN
NACH DIESER METHODE KÖNNEN SIE AUSGIEBIGE SUPPEN JEDER ART ZUBEREITEN – ERSETZEN SIE DEN MAIS DURCH MEERESFRÜCHTE, CHEDDAR UND SALBEI, HÜHNCHEN ODER GEMISCHTES GEMÜSE.

Erbsensuppe

Eiskalt paßt diese Suppe gut in ein Sommermenü. ERGIBT 30 GLÄSER

3 Schalotten (fein gehackt)
2 Knoblauchzehen (fein gehackt)
Pflanzenöl
2 l Gemüsefond
900 g Erbsen (tiefgefroren)
½ Tasse Minzblätter (frisch)
300 ml Sahne
1 Beutel Eiswürfel
Salz und schwarzer Pfeffer (frisch gemahlen)
3 Tomaten (gehäutet, entkernt und fein gehackt) zum Garnieren

(1T) **Die Suppe zubereiten**
Ein Spülbecken zur Hälfte mit kaltem Wasser füllen. Schalotten und Knoblauch in etwas Öl 2 Minuten sautieren. Fond hinzugießen, zum Kochen bringen, dann Erbsen hinzugeben und 5 Minuten kochen oder bis sie weich sind. Vom Herd nehmen, Minze und Sahne beigeben. Eiswürfel in das Wasser geben, den Topf hineinstellen. Dies bewahrt die Farbe der Erbsen. Wenn erkaltet, würzen, mixen und durch ein feines Sieb in einen Behälter abseihen. Kalt stellen.

Zum Anrichten
Etwas Suppe in kleine Gläser gießen, mit gehackten Tomaten garnieren.

Tomatensuppe mit Zitronengras

Erinnert an das Aroma der asiatischen Küche. ERGIBT 30 GLÄSER

Pflanzenöl
3 Schalotten (fein gehackt)
2 Knoblauchzehen (fein gehackt)
5 Halme Zitronengras (fein gehackt)
30 g Ingwer (geschält und fein gehackt)
10 Fleischtomaten (enthäutet und entkernt)
1 EL Tomatenmark
2 l Gemüsefond
1 EL Zucker
1 TL Tom-Yum-Paste (thailändischer Curry)
1 Halm Zitronengras (dünn geschnitten) zum Garnieren
30 Korianderblätter zum Garnieren

(1M) **Die Suppe zubereiten**
Öl in einer Kasserolle erhitzen. Schalotten, Knoblauch, Zitronengras und Ingwer darin weichkochen. Tomaten, Püree und Zucker hinzufügen, weitere 2 Minuten kochen. Dann Tom-Yum-Paste und Fond hinzugießen, bei niedriger Hitze 1 Stunde kochen. In einen Behälter seihen, auskühlen und einfrieren.

Zum Anrichten
Aufgetaute Suppe in einen Topf gießen, zum Kochen bringen, in einen Krug füllen. In kleine Gläser gießen, mit Zitronengras und Koriander garnieren.

Erbsensuppe

Ziegenkäse-Ölrauke-Röllchen; Parmaschinken-Avocado-Röllchen

Röllchen

Ziegenkäse-Ölrauke-Röllchen

Eine köstliche Kombination.
ERGIBT 30 STÜCK

200 g saure Sahne
3 Spinat-Tortillas (30 cm Durchmesser)
30 g Ölrauke (verlesen und gewaschen)
5 EL Rote Zwiebel-Marmelade (Seite 168)
200 g Ziegenkäse (in 15 x 1,5 cm große Stücke geschnitten)
Salz und schwarzer Pfeffer (frisch gemahlen)

(1T) Die Röllchen zubereiten
Tortillas gleichmäßig mit saurer Sahne bestreichen. Das erste Viertel der Tortillas mit Ölrauke und Zwiebelmarmelade bedecken, Ziegenkäse darauflegen, würzen. Einrollen, mit Frischhaltefolie gegen Austrocknen versiegeln, kalt stellen.

Zum Anrichten
Die Rollen schräg schneiden, servieren.

Parmaschinken-Avocado-Röllchen

Mit reifen Avocados und feinem Parmaschinken sind sie einfach sensationell. ERGIBT 30 STÜCK

200 g saure Sahne
3 Tomaten-Tortillas (30 cm Durchmesser)
90 g Parmaschinken (geschnitten)
60 g Spinat (verlesen und gewaschen)
1 Avocado (geschält, entkernt, in Streifen)
Salz und schwarzer Pfeffer (frisch gemahlen)
1 Zitrone (Saft)

(6h) Die Röllchen zubereiten
Saure Sahne auf den Tortillas verteilen, anschließend Schinken, Spinat und Avocadostreifen. Würzen und die Avocado mit Zitronensaft beträufeln. Einrollen und mit Frischhaltefolie versiegeln.

Zum Anrichten
Die Rollen schräg schneiden, servieren.

Reispapierröllchen mit würzigem Soja-Dip

Diese orientalischen Röllchen sehen elegant aus. ERGIBT 32 STÜCK

Füllung

150 g Thunfisch (vom Schwanzende)
60 g Zuckererbsen (Julienne-Streifen)
60 g Möhren (Julienne-Streifen)
60 g Daikon-Rettich (Julienne-Streifen)
1 Bund Kresse (an der Wurzel geschnitten)
1 EL süße Sojasauce
2 Limetten (Saft und Schale)
1 EL Sushi-Essig

8 Blätter Vietnamesisches Reispapier (21 cm Durchmesser)
schwarze Sesamkörner zum Garnieren

Würziger Soja-Dip

2 EL helle Sojasauce
1 EL Zucker
1 EL Sushi-Essig
1 TL Ingwer (geschält und fein gehackt)
1 Knoblauchzehe (fein gehackt)
2 TL süße Chilisauce
Salz und schwarzer Pfeffer (frisch gemahlen)

ALTERNATIVEN ZU THUNFISCH

WENN SIE THUNFISCH NICHT MÖGEN, NEHMEN SIE STATT DESSEN FRISCHEN LACHS ODER GEKOCHTE RIESENGARNELEN.

(1T) Füllung und Sauce zubereiten

Ein Tablett mit Pergamentpapier auslegen. Thunfisch in fingerdicke Scheiben schneiden, auf das Tablett legen, mit Frischhaltefolie zudecken, kalt stellen. Mit einem zweites Tablett mit Gemüse und Kresse belegen, ebenso verfahren. Für die Marinade süße Sojasauce, Schale und Saft der Limetten und Essig verrühren, in einen Behälter füllen und kalt stellen. Sämtliche Zutaten für den würzigen Soja-Dip mischen, in einen Behälter füllen und kalt stellen.

(8h) Die Röllchen zubereiten

Reispapier 3–4 Minuten in kaltem Wasser einweichen. Herausnehmen und diagonal in 4 Dreiecke schneiden. Auf ein Geschirrtuch legen, so daß alle Spitzen in die gleiche Richtung zeigen, würzen. Thunfisch in die Marinade tauchen und auf die der Spitze gegenüberliegende Seite der Dreiecke legen. 3 Stück von jedem Gemüse auf den Thunfisch setzen, mit Kresse bestreuen. Reispapier einrollen. Röllchen auf ein mit einem Tuch bedecktes Tablett legen. Röllchen mit Frischhaltefolie vor dem Austrocknen schützen. Im Kühlschrank aufbewahren.

Zum Anrichten

Röllchen auf ein Tablett legen und großzügig mit Sesam bestreuen. Sauce in eine kleine Schale füllen.

RÖLLCHEN

ICH ENTDECKTE DIE RÖLLCHEN AUF EINER REISE NACH SAN FRANCISCO UND ADAPTIERTE SIE FÜR CANAPÉS. GRÖSSERE EIGNEN SICH GUT FÜR PICKNICKS.

Reispapierröllchen mit würzigem Soja-Dip

Einfache Häppchen

Parmesan-Stäbchen

Mit Wein genießen. Ergibt 30 Stück

Eierbad
2 Eier
Wasser
1 Prise Salz

1 Prise Cayennepfeffer
350 g Parmesan (gerieben)
450 ml Wasser
15 g Salz
15 g Feinkristallzucker
200 g Butter (würfelig geschnitten)
400 g Mehl (gesiebt)
10 Eier

WENN FREUNDE VORBEIKOMMEN
Knabbergebäck lässt sich nach dem Backen gut einfrieren. Backen Sie es unaufgetaut 10 Minuten im vorgeheizten Ofen auf.

Parmesan-Stäbchen

Das Eierbad zubereiten
Sämtliche Zutaten mit dem Schneebesen verrühren, bedecken, kalt stellen.

(8h) Die Stäbchen zubereiten
Ofen auf 180 °C vorheizen. Mit Bleistift auf der Rückseite eines Backpapiers gerade Linien ziehen. Ein Backblech mit weiterem Backpapier auslegen. Cayennepfeffer mit Parmesan in einer Schüssel mischen. Wasser, Salz, Zucker und Butter in einer Kasserolle verrühren und zum Kochen bringen. Mehl hinzufügen und kräftig schlagen, bis sich die Masse vom Rand des Topfes löst. In einen Mixer mit Kneteinsatz geben und langsam rühren, bis die Masse auskühlt. Eier Stück für Stück hinzufügen. Wenn alle eingearbeitet sind, 250 g Parmesan-Cayenne-Mischung hinzufügen. Gut mixen. ⅔ der Masse in einen Spritzbeutel mit 12-mm-Tülle füllen, das Ende eindrehen. Der Länge nach auf das mit Backpapier ausgelegte Backblech spritzen, zwischen den Reihen 2,5 cm Abstand lassen. Die Oberseite der Stäbchen mit dem Eierbad bestreichen, mit der verbleibenden Parmesan-Cayenne-Mischung bestreuen.

Die Stäbchen backen
Ofen auf 180 °C vorheizen. Backblech in den Ofen schieben und die Stäbchen 10 Minuten backen, dann die Stäbchen wenden und weitere 15–20 Minuten backen oder bis die Stäbchen goldbraun sind und nicht einknicken, wenn man sie hält. Auskühlen lassen und in einem mit Küchenkrepp ausgelegten Behälter aufbewahren.

KNUSPRIG UND KNACKIG
Wenn die Gemüse-Chips vor dem Servieren ein wenig durchweicht sind, heizen Sie den Ofen auf 140 °C vor, verteilen Sie die Chips auf einem Backblech und backen Sie sie einige Minuten, bis sie knusprig sind.

Gemüse-Chips

Tauchen Sie sie in Kräuter und Gewürze! Für 30 Personen

Pflanzenöl
6 grüne Kochbananen
900 g Pastinaken (lang)
900 g weiße Süßkartoffeln
900 g gelbe Süßkartoffeln
900 g Bocksbart (gewaschen und geschält)
3 Rote Beten (mittelgroß, roh)
Meersalzsplitter

SPEZIALGERÄT: **Friteuse**

(8h) Die Gemüse-Chips zubereiten
Friteuse auf 160 °C vorheizen. Gemüse der Länge nach so dünn wie möglich schneiden. Die Scheiben sollen intakt und gleichmäßig stark sein. Scheiben auf ein Tablett legen, in kleinen Portionen goldbraun-knusprig fritieren. Mit Küchenkrepp trockentupfen, mit Meersalz bestreuen. Auskühlen lassen und zugedeckt aufbewahren.

Parmesan-Plätzchen

Versuchen Sie verschiedene Formen! Sie passen auch gut zu Suppe. Ergibt 30 Stück

300 g Parmesan (sehr fein gerieben)

(8h) Die Plätzchen zubereiten
Ofen auf 190 °C vorheizen. Ein Tablett mit Backpapier auslegen. Parmesan gleichmäßig in runde Ausstechformen streuen. Formen entfernen und 4 Minuten backen. Die Plätzchen sind fertig, wenn sie Blasen schlagen und goldfarben sind. Mit einem Palettmesser auf ein Gitter legen. Auskühlen lassen und zwischen Schichten von fettabweisendem Papier in einem luftdichten Behälter aufbewahren.

Gemüse-Chips

Partys mit Buffet werden üblicherweise wie Cocktailpartys veranstaltet und dienen dem Zweck, eine große Anzahl von Gästen in privater Atmosphäre einzuladen – zum Geburtstag, zur Taufe oder zur Silvesterparty. Sie eignen sich auch ideal für Einladungen zum Brunch.

Buffetparty

Partys mit Buffet sind die Gelegenheit, eine Fülle von unterschiedlichen Aromen, Zutaten und Farben zu verbinden und eine persönliche Note einzubringen. Wir haben fantastische Buffets in indischem, orientalischem, chinesischem, thailändischem, italienischem, französischem, amerikanischem, karibischem und japanischem Stil ausgerichtet. Sie können kreativ sein und Canapés, wunderbare Desserts sowie Käseplatten servieren. Ebenso können Sie viele verschiedene Speisen anbieten oder nur einige wenige. Decken Sie bei förmlichen Anlässen ein paar kleine Tische mit feinem Porzellan und Silberbesteck. Eine Stehparty kommt einer raschen Gruppenbildung sowie ständig neuer Gruppenbildung entgegen, um so mehr, wenn Sie die Nachspeisen in einem anderen Raum servieren.

Tischordnung

Planen Sie im voraus, wo die Bar und das Buffet aufgestellt werden: nicht zu nahe beieinander, sonst entsteht ein Gedränge. Überlegen Sie, ob Sie weitere Räume benutzen müssen – im Sommer kann der Garten weiteren Platz bieten. Plazieren Sie, wenn möglich, das Buffet in der Nähe der Küche, so daß Sie warme Gerichte nicht zu weit tragen müssen. Bei förmlichen Sitzbuffets kann der erste Gang kurz vor dem Platznehmen der Gäste auf den Tisch gestellt werden. Der Hauptteil besteht aus einem Selbstbedienungsbuffet, doch die Nachspeise sollte serviert werden. So wahren Sie den formellen Rahmen, während die Gäste sich trotzdem im Raum bewegen und unterhalten können.

Speisenmenge

Viele Gastgeber neigen dazu, ein Buffet großzügig zu bestücken. Das ist gut, denn Sie können die Überreste am nächsten Tag verzehren (Richtlinien siehe Seite 79). Kalkulieren Sie so, daß jeder Gast etwas von allem haben kann. Die meisten Rezepte sind für 20 Portionen ausgelegt. Wählen Sie für kleine Partys sechs Gerichte aus den Menüs, für große Anlässe acht, plus Dessert und Kaffee.

Professionelle Tips

- **Porzellan, Besteck und Servietten an beiden Enden jedes Tisches auflegen**
- **Desserts auf einem eigenen Tisch aufstellen.**
- **Gäste animieren, sich in kleinen Gruppen selbst zu bedienen.**
- **Warme Speisen in kleinen Einheiten anbieten, die oft nachgefüllt werden.**
- **Gäste auffordern, sich ein zweites Mal zu nehmen.**
- **Bei jedem Buffet gibt es viele Gäste in Bewegung. Achten Sie darauf, daß zwischen Tischen und Stühlen genügend Platz ist.**
- **Für Tee und Kaffee einen eigenen Tisch aufstellen. Die Gäste können sich nach Belieben bedienen.**

SAUBER UND SCHÖN

Servieren Sie bei Stehbuffets keine Gerichte, bei denen man sich leicht beschmutzt – keine dünnen Suppen oder Desserts mit dünnen Saucen.

Buffet »Straße«

Abgesehen vom Venusmuscheltopf sind diese Gerichte zum Essen mit den Fingern gedacht, also ideal, um während des Umhergehens verzehrt zu werden, bei Straßen- oder Teenagerpartys. Die Rezepte sind einfach zuzubereiten und reich an interessanten Aromen, Zutaten und Farben.

Venusmuschelsuppe »Manhattan«

Richten Sie diese Suppe in großen Blechschüsseln an und schöpfen Sie sie in Einwegtassen oder Metallschalen. Venusmuscheln sind sehr dekorativ. Ergibt 20 Portionen

Pflanzenöl
5 Zwiebeln (mittelgroß, geschält, würfelig)
8 Knoblauchzehen (fein gehackt)
1 Sellerieknolle (sauber, geschält, gewürfelt)
120 g geräucherter Speck (Streifen)
4,5 kg Venusmuscheln (gewaschen, von Sand und Kies gesäubert)
600 ml trockener Weißwein
1,8 l Tomatensaft (dickflüssig)
3,6 l Fischfond
2 TL Tabascosauce
2 Lorbeerblätter
Salz und schwarzer Pfeffer (frisch gemahlen)
5 Maiskolben (gekocht, Körner abgeschabt)
1 kg Kartoffeln (gewürfelt und gekocht)
12 Fleischtomaten (geschält, entkernt, gewürfelt)
1 EL Feinkristallzucker
½ Tasse Petersilie (gewaschen, getrocknet, gehackt) zum Garnieren

Muschelsuppe »Manhattan«; Pan Bagnat

(1T) Die Suppe zubereiten
Etwas Öl in einer großen Kasserolle erhitzen. Zwiebel, Knoblauch, Sellerie und Speck weich braten. Hitze erhöhen, Muscheln und Weißwein hinzufügen. Zudecken und 4–5 Minuten kochen, bis sich die Muscheln öffnen. Muscheln aus der Schale nehmen, ungeöffnete entfernen. 12 Stück mit Schale zum Garnieren weglegen. Auskühlen lassen, zudekken und in den Kühlschrank stellen. Kasserolle mit dem Wein wieder auf den Herd stellen, Tomatensaft, Muschelfond, Tabascosauce und Lorbeerblätter hinzufügen, zum Kochen bringen. 20 Minuten köcheln lassen. Würzen, vom Herd nehmen, auskühlen lassen. Luftdicht verpacken und kalt stellen.

Zum Anrichten
Suppe zum Kochen bringen, Mais, Kartoffeln, Muscheln, Tomaten und Zucker beigeben. Eventuell nachwürzen. In eine Schüssel gießen, mit Petersilie bestreuen und mit ganzen Muscheln garnieren.

Pan Bagnat

Diese Sandwiches sind ideal für eine große Gästezahl und wecken Erinnerungen an Strand-Picknicks. Ergibt 20 Stück

2 Hühnchen (je 200 g, aus Freilandhaltung)
Pflanzenöl
4 Ciabattas (groß)
6 EL Pesto (siehe Seite 168)
150 ml Olivenöl
Salz und schwarzer Pfeffer (frisch gemahlen)
8 Schalotten (fein geschnitten)
10 Fleischtomaten (geschnitten)
200 g junger Blattspinat (gewaschen und getrocknet)
4 EL Balsamessig

(1T) Das Pan Bagnat zubereiten
Ofen auf 180 °C vorheizen. Bratpfanne erhitzen und Hühnchen mit etwas Öl bestreichen, würzen und braten, bis braune Streifen sichtbar sind. In eine Metallpfanne legen und im Ofen 10 Minuten braten. Auskühlen lassen, in etwa 6 mm dicke Scheiben schneiden und

bedecken. Brotlaibe der Länge nach halbieren, mit etwas Pesto und Öl bestreichen, würzen. Die unteren Hälften mit je einer Schicht Hühnchen, Schalotten, Tomaten und Spinat belegen, dazwischen jeweils würzen und mit Essig beträufeln. Obere Hälfte darauflegen und in Frischhaltefolie einschlagen, mit Gewichten beschweren und 24 Stunden im Kühlschrank aufbewahren.

Zum Anrichten
1 Stunde vor dem Servieren aus dem Kühlschrank nehmen, portionieren, auf große Tabletts schichten.

Hacksteak mit Tomatensauce

Diese köstliche Alternative zu traditionellen Hamburgern ist unschlagbar. Die Sauce paßt auch gut zu Würstchen. ERGIBT 20 STÜCK

ACHTUNG!
DIESE STEAKS ERFORDERN EINIGE HANDGRIFFE IN LETZTER MINUTE.

Tomatensauce
Pflanzenöl
8 Schalotten (fein geschnitten)
6 Knoblauchzehen (fein gewürfelt)
900 ml Tomatensaft
1 EL Weißweinessig
4 EL Feinkristallzucker
5 Tomaten (geschält, entkernt, gewürfelt)
Salz und schwarzer Pfeffer (frisch gemahlen)
1 TL Pfeffersauce (nach Belieben)

Hacksteak
Pflanzenöl
3 Zwiebeln (fein gewürfelt)
8 Knoblauchzehen (fein gewürfelt)
3,6 kg Hackfleisch (Rumpsteak)
5 EL Tomatenmark
5 EL Worcestersauce
1 TL Tabascosauce
5 Eigelb
2 Tassen Petersilie (gewaschen, getrocknet und gehackt
Salz und schwarzer Pfeffer (frisch gemahlen)

20 Sesambrötchen

Garnierung
20 Scheiben Fleischtomaten
2 Stück Römischer Salat (gewaschen, getrocknet und in große Stücke gerissen)
20 Scheiben Gemüsezwiebeln (rote Zwiebeln)

(2T) Die Sauce zubereiten
Etwas Öl in einer Kasserolle erhitzen. Schalotten und Knoblauch weich sautieren. Tomatensaft, Essig und Zucker hinzufügen, 20 Minuten köcheln lassen. Tomaten beigeben und würzen. Auskühlen lassen, zudecken und kalt stellen.

(1T) Das Hacksteak zubereiten
Ein Tablett mit Backpapier auslegen. Etwas Öl in einer Bratpfanne erhitzen, Zwiebeln und Knoblauch weich braten, auskühlen lassen. Zusammen mit den restlichen Zutaten in eine große Schüssel geben, gut durchrühren und würzen. Aus dieser Masse 20 Hacksteaks zu je 180 g formen, auf das mit Backpapier ausgelegte Tablett setzen, mit Frischhaltefolie bedecken und im Kühlschrank aufbewahren.

(½h) Die Steaks grillen
Grill, Holzkohlengrill oder Plattengrill vorheizen. Steaks mit Öl bestreichen und 5 Minuten auf jeder Seite grillen oder bis sie »medium« sind. Warm halten.

Zum Anrichten
Tomatensauce in eine Schüssel gießen, Pfeffersauce hinzufügen, umrühren. Sesambrötchen halbieren, toasten. Mit Steaks, Sauce und Garnierung servieren.

Quesadillas mit Tomatillo Salsa

Quesadillas sind köstlich mit dieser Sauce. Mit grünem Salat zum Abendessen servieren. ERGIBT 20 STÜCK

Tomatillo Salsa
1,5 kg Tomatillos (geschält)
1 Zwiebel (fein gehackt)
½ Tasse Koriander (fein gehackt)
4 Serrano-Chilis (gehackt)
ein paar Tropfen Limettensaft
ein paar Tropfen Nußöl
Salz und schwarzer Pfeffer (frisch gemahlen)
einige Avocadoscheiben oder bröseliger Frischkäse wie Feta (nach Belieben)

Quesadillas
Pflanzenöl
10 Frühlingszwiebeln (fein geschnitten)
3 Knoblauchzehen (fein gehackt)
800 g Bohnen
Salz und schwarzer Pfeffer (frisch gemahlen)
½ Tasse Koriander (gewaschen und gehackt)
8 Tortillas (je 25 cm Durchmesser)
250 g Hartkäse (gerieben)
8 Fleischtomaten (geschält, entkernt, gewürfelt)
100 g Jalapeño-Chilis (gehackt, nach Belieben)
2 Eiweiß (steif geschlagen)
saure Sahne zum Garnieren

(8h) Die Salsa zubereiten
Tomatillos in einem Mörser zerstossen, in eine Schüssel geben. Restliche Zutaten hinzufügen, würzen und gut verrühren. Bedecken und kalt stellen.

(2h) Die Quesadillas zubereiten
Etwas Öl in einer Bratpfanne erhitzen, Zwiebel und Knoblauch weich sautieren. Bohnen hinzufügen, etwa 5 Minuten kochen, umrühren, den Koriander beigeben. Auskühlen lassen. 4 Tortillas auf eine Arbeitsfläche legen, mit dem Bohnengemisch bestreichen. Käse daraufstreuen, mit Tomaten und Jalapeños belegen, würzen. Seitlich mit Eiweiß bestreichen, restliche Tortillas darauflegen, gut einhüllen und auf ein Metalltablett legen. Zudecken und kalt stellen.

Zum Anrichten
Ofen auf 180 °C vorheizen. Quesadillas etwa 10 Minuten wärmen, in Dreiecke schneiden. Mit saurer Sahne und der Tomatillo Salsa, in Schälchen abgefüllt, servieren.

SPEKTAKULÄRE SALSA
SALSA VERDE FÜR TACOS UND QUESADILLAS WIRD AM BESTEN PUR ODER MIT AVOCADO ZU GUACAMOLE (MEXIKANISCHE SAUCE) GEMISCHT SERVIERT. WARME SALSA EIGNET SICH FÜR ENCHILADAS ODER ZUM BESTREICHEN VON FLEISCH UND HÜHNCHEN.

Hühnerspieße Satay

Das Ergebnis ist den Aufwand wert.
Ergibt 20 Stück

Hühnchenmarinade
3 gehäufte EL Koriandersamen
3 gehäufte EL Kümmelpulver
4 Sternanis (ganz)
2 EL mildes Currypulver
1 EL Gelbwurz (gemahlen)
3 milde rote Chilis (entkernt und gehackt)
½ Tasse Korianderblätter, -stiele und -wurzeln (gewaschen, getrocknet und gehackt)
3 EL Palmzucker
150 ml Chilisauce
150 ml helle Sojasauce
450 ml Kokosmilch
4 Knoblauchzehen (fein gehackt)
15 g frischer Ingwer (gehackt)
1 Hühnchen (ca. 1 kg, gehäutet und in 4 cm lange Stücke geschnitten)
Pflanzenöl
Salz und schwarzer Pfeffer (frisch gemahlen)

Erdnuß-Dip
2 EL Erdnußbutter
60 g geröstete Erdnüsse (ungesalzen, gehackt)

(3T) Marinade und Sauce zubereiten
Gewürze 2–3 Minuten in einer Bratpfanne rösten. Auskühlen, in einer Küchenmaschine mahlen und in eine Schüssel geben. Restliche Zutaten für die Marinade hinzufügen und gut vermischen.
150 ml davon in eine andere Schale füllen, mit Erdnußbutter und Erdnüssen verrühren, zudecken, kalt stellen. Hühnchen mit der restlichen Marinade bestreichen. Bedecken und kühl stellen.

(8h) Hühnchen Satay aufspießen
Die hölzernen Satay-Spieße mindestens 30 Minuten in Wasser einweichen. Dann verbrennen Sie nicht beim Grillen. Je 2 Stücke vom Huhn auf einen Spieß stecken, zudecken, kalt stellen.

(½h) Hühnchen Satay zubereiten
Grill, Holzkohlengrill oder Plattengrill vorheizen. Hühnchen mit Öl bestreichen, würzen und auf jeder Seite goldfarben grillen. Erdnuß-Dip in eine Kasserolle füllen und erhitzen.

Zum Anrichten
Bambuskörbe oder Tabletts mit Bananenblättern auslegen, Spieße arrangieren, Sauce in eine Servierschale füllen. Hühnerspieße warm oder kalt servieren.

Marinierte Tiger Prawns

Ein Lieblingsgericht – die Sauce paßt auch gut zu Seebarsch oder Thunfisch. Ergibt 20 Stück

Mango-Dip
2 reife Mangos (geschält und ausgelöst)
1 roter Chili (entkernt und fein gehackt)
¼ Tasse Koriander (gewaschen und gehackt)
¼ Tasse Minze (gewaschen und gehackt)
2 Knoblauchzehen (fein gehackt)
3 Limetten (Saft)
Salz und schwarzer Pfeffer (frisch gemahlen)

Garnelenmarinade
5 EL heller Honig (dünnflüssig)
2 EL rote thailändische Currypaste
30 g Ingwer (fein gehackt)
3 Limetten (Saft und Schale)
60 Tiger Prawns (in der Schale)
Pflanzenöl
Salz und schwarzer Pfeffer (frisch gemahlen)

(1T) Die Sauce zubereiten
Mangofruchtfleisch in einer Küchenmaschine pürieren. Zusammen mit den übrigen Zutaten in einer Schüssel mischen, würzen. Zudecken und kalt stellen.

(6h) Garnelen marinieren
Zutaten in einer Schüssel vermischen, Garnelen hineinlegen, zudecken und kühl stellen.

(½h) Garnelen aufspießen und grillen
Holzspieße einweichen. Grill, Holzkohlengrill oder Plattengrill vorheizen. Garnelen aufspießen, mit Öl bestreichen, würzen und auf beiden Seiten grillen, bis sie knusprig sind. Warm stellen.

Anrichten der Garnelen
Mangosauce in eine Schale füllen, Spieße auf einem Servierteller arrangieren und servieren.

Focaccia Bruschetta

Versuchen Sie auch andere Brotsorten und Auflagen. Dieses Rezept reicht für jeweils 10 Stück mit einer Auflage. Ergibt 20 Stück

Aromatisiertes Öl und Brot
150 ml Olivenöl
2 Knoblauchzehen (geschnitten)
5 Thymianzweige
20 Scheiben Focaccia (in 10 cm lange Stücke geschnitten)

Mozzarella-Chili-Auflage
3 Knoblauchzehen
2 Schalotten (fein geschnitten)
Olivenöl
2 EL Weißweinessig
4 EL Demerara Zucker
4 Chilischoten (enthäutet, entkernt und in Streifen geschnitten)
2 Tomaten (enthäutet, entkernt und gewürfelt)
Salz und schwarzer Pfeffer (frisch gemahlen)
4 Stück Mozzarella (20 Scheiben)
2 TL Rosmarin (grob gehackt)
10 Scheiben Parmaschinken
10 Basilikumblätter zum Garnieren

Pilz-Tomaten-Ölrauke-Auflage
250 g Pilze (in 20 Scheiben geschnitten)
Olivenöl zum Grillen
Salz und schwarzer Pfeffer (frisch gemahlen)
1 EL Olivenöl
1 EL gereifter Balsamessig
2 Schalotten (fein geschnitten)
2 Knoblauchzehen (fein gehackt)
20 kleine Fleischtomaten
1 TL Zucker
30 g Ölrauke (verlesen, gewaschen, trocken)
Parmesanflocken

(2T) Das Öl aromatisieren
Öl und Knoblauch in einer Pfanne etwa 5 Minuten erwärmen. Auskühlen lassen. In einen verschließbaren Behälter füllen, Thymian hinzufügen und kühl stellen.

(2T) Chili-Auflage zubereiten
2 Knoblauchzehen fein hacken. Schalotten und Knoblauch in etwas Olivenöl 5 Minuten sautieren. Essig und Zucker hinzufügen und bis zu sirupartiger Konsistenz reduzieren. Chilischoten und

Tomaten hinzufügen und weitere 5 Minuten kochen. Auskühlen, in einem luftdichten Behälter kühl aufbewahren. Die verbleibende Knoblauchzehe fein schneiden, mit Rosmarin und 3 Eßlöffeln Olivenöl mischen, würzen und über den Käse träufeln. Bedecken und kalt stellen.

(1h) Pilzauflage zubereiten

Grillpfanne vorheizen. Pilze mit Olivenöl bestreichen, würzen und auf jeder Seite 2 Minuten grillen oder bis sie leicht gebräunt sind. Auskühlen lassen. Olivenöl und Balsamessig in eine Schale gießen, Schalotten und Zwiebel hinzufügen, würzen. Pilze beigeben und gut benetzen. Bedecken und kalt stellen. Etwas Olivenöl in einer Bratpfanne erhitzen, Tomaten mit Zucker darin weich kochen. Auskühlen, zudecken, kalt stellen.

(8h) Die Focaccia grillen

Ofen auf 180 °C vorheizen. Eine Grillpfanne vorwärmen, das Fladenbrot mit aromatisiertem Öl bestreichen, würzen und auf beiden Seiten toasten, 3–4 Minuten im Ofen backen. Auskühlen lassen. In einem luftdichten Behälter aufbewahren.

Zum Anrichten

Focaccia Bruschetta auf einen Teller legen. 10 Brote mit je 2 Pilzen, 2 Tomaten und einem Blatt Ölrauke belegen, eine Parmesanflocke daraufsetzen. Die restlichen Fladenbrote mit Mozzarella, Schinken und Chili-Chutney belegen, mit Basilikum garnieren. Servieren.

Marinierte Tiger Prawns; Focaccia Bruschetta

Orientalisches Buffet

Glücklicherweise stammt unser Chefkoch Djery aus Marokko. Bis auf die Rosenwasser-Süßspeise, die einer unserer Konditoren kreierte, gehen alle Zutaten auf seine Familienrezepte zurück. Als weitere typische Desserts eignen sich frische Früchte und süße Spezialitäten. Was Sie aber immer trinken sollten, ist Pfefferminztee, daher ist Djerys Originalrezept ein Muß.

Marokkanisches Lamm

In Originalgeschirr sieht dieses Gericht toll aus. ERGIBT 20 PORTIONEN

Harissa-Sauce

60 g scharfe rote Chilis (gehackt)
4 Knoblauchzehen (gehackt)
4 TL Kümmel (geröstet)
½ TL Koriandersamen (geröstet)
Salz und schwarzer Pfeffer (frisch gemahlen)
4 Chilis (geröstet, enthäutet, entkernt)
2 EL Olivenöl
Zitronensaft nach Belieben

Lamm-Marinade

Olivenöl zum Bedecken
3,7 kg Lammfilet (in Würfel geschnitten)
2 EL Gelbwurz (gemahlen)
6 EL Kümmel (gemahlen)
1 Tasse Koriander (gehackt)
4 Zwiebeln (mittelgroß, fein geschnitten)
150 ml Olivenöl
8 Knoblauchzehen (gehackt)
4 Zimtstangen
Salz und schwarzer Pfeffer (frisch gemahlen)
3,5 l Hühnerfond
200 g Dörrpflaumen
3 EL brauner Zucker (weich)
Koriander (verlesen) zum Garnieren

(1W) Harissa-Sauce zubereiten

Die trockenen Zutaten in einem Mörser oder in einer Küchenmaschine mahlen. Chilis, Olivenöl und Zitronensaft hinzufügen und 10 Sekunden mixen. In ein sterilisiertes Gefäß füllen, mit einer Schicht Olivenöl bedecken, verschließen und kalt stellen.

Hühnchen mit Zitrone und Oliven; Möhren-Orangen-Salat (siehe Folgeseite)

(1T) Das Lammfleisch marinieren

Lammfleisch in einen luftdichten Behälter legen. Die trockenen Gewürze wie Koriander, Zwiebeln, Olivenöl, Knoblauch, Zimt, Salz und Pfeffer in einer Schüssel vermengen. Das Fleisch mit der Mischung gut einreiben. Mit Folie bedecken und 24 Stunden marinieren.

(1T) Das Lammfleisch zubereiten

Etwas Olivenöl in einer großen Kasserolle erhitzen. Wenn es zu rauchen beginnt, das Lamm hineinlegen (in Partien, wenn nötig) und bräunen (etwa 8 Minuten). Fond, Pflaumen und Zucker beigeben, zudecken. 45 Minuten bei niedriger Hitze kochen. Das Fleisch mit einer Schaumkelle herausnehmen und in einen luftdichten Behälter legen. Saft bei großer Hitze auf die Hälfte reduzieren. Er ist fertig zubereitet, wenn er glänzt und am Löffelrücken klebt. Saft über das Fleisch gießen, auskühlen lassen. Zudecken, kühl stellen.

Zum Anrichten

Ofen auf 130 °C vorheizen. Servierschüssel vorwärmen. Lamm in einer großen Kasserolle zum Kochen bringen und Hitze reduzieren. Würze überprüfen, Lamm in die Servierschüssel geben, mit Koriander garnieren und mit Harissa-Sauce servieren.

Hühnchen mit Zitrone und Oliven

Ideal für viele Gäste, besonders, weil es so einfach zuzubereiten ist. ERGIBT 20 PORTIONEN

Hühnchenmarinade

20 Hühnerbrüste (enthäutet)
2 TL Safran
2 EL Kümmel (gemahlen)
4 Knoblauchzehen (gehackt)
½ Tasse Koriander (gehackt)
150 ml Olivenöl
4 große Zwiebeln (feinwürfelig geschnitten)
3 l Hühnerfond
2 Zitronen
450 g grüne Oliven (entkernt)
Salz und schwarzer Pfeffer (frisch gemahlen)
2 EL Pistazien (ohne Schale, ungesalzen)
Koriander oder Minze zum Garnieren

(2T) Das Hühnchen marinieren
Hühnchen in 4-cm-Würfel schneiden oder im Stück lassen, in eine Schüssel legen. Safran, Kümmel, Knoblauch, Koriander und Olivenöl hinzufügen. Zudecken, 24 Stunden kühl stellen.

(1h) Das Hühnchen zubereiten
Etwas Olivenöl in einer großen Kasserolle erhitzen. Wenn es raucht, Huhn und Zwiebeln hineingeben und golden anbraten. Mit Hühnerfond aufgießen, zum Kochen bringen und 10 Minuten köcheln lassen. Huhn mit einer Schaumkelle herausnehmen, in einen luftdichten Behälter legen. Sauce bei großer Hitze auf die Hälfte reduzieren. Über das Huhn gießen und auskühlen lassen. Zudecken und im Kühlschrank aufbewahren. Zitrone schälen und in 4 mm dicke Scheiben schneiden. In einem luftdichten Behälter kalt stellen.

Zum Anrichten
Ofen auf 130 °C vorheizen. Serviergeschirr vorwärmen. Huhn in einer großen Kasserolle zum Kochen bringen. Grüne Oliven und geschnittene Zitrone hinzufügen, Hitze reduzieren. Eventuell nachwürzen. In das Serviergeschirr umfüllen, mit Pistazien bestreuen. Mit Koriander oder Minze garnieren.

Marinierter Seebarsch »Chermoula«

Djery empfiehlt große Meerbarben als Alternative zum Seebarsch. ERGIBT 20 PORTIONEN

Seebarsch-Marinade

450 ml Olivenöl
4 Zwiebeln (mittelgroß, fein gehackt)
6 Knoblauchzehen (fein gehackt)
2 EL Kümmel (gemahlen)
2 TL Paprikapulver
1 TL Cayennepfeffer
4 Zitronen (Saft)
2 große Seebarsche (3,6 kg, geschuppt, Gräten entfernt)
Salz und schwarzer Pfeffer (frisch gemahlen)
300 ml Wasser

Garnierung

1 Tasse Koriander (gewaschen und gehackt)
1 Tasse Petersilie (gewaschen, getrocknet und gehackt)
15 Fleischtomaten (geschält, entkernt und würfelig geschnitten)

(8h) Die Marinade zubereiten
Eine große Bratpfanne erhitzen. Wenn sie heiß ist, Olivenöl, Knoblauch, Zwiebeln, Gewürze und Zitronensaft hineingeben. 3–5 Minuten sautieren. In eine Schale füllen und auskühlen lassen. Fisch in eine Bratpfanne legen, die in den Ofen paßt. An jeder Seite 6 Einschnitte anbringen und mit Salz und Pfeffer würzen. Fisch beidseitig mit der kalten Marinade einreiben. Bedecken und mindestens 6 Stunden im Kühlschrank aufbewahren.

(1h) Den Seebarsch zubereiten
Den Fisch mindestens 20 Minuten vor dem Braten aus dem Kühlschrank nehmen. Ofen auf 190 °C vorheizen. Wasser zum Fisch in die feuerfeste Form gießen, straff mit Folie bedecken und zwischen 45 Minuten und 1 Stunde garen. Herausnehmen und warm halten.

Zum Anrichten
Folie entfernen, Fisch auf eine warme Servierplatte legen. Mit Kräutern und Tomaten bestreuen. Servieren.

Möhren-Orangen-Salat

Erfrischend nach den aromatischen Hauptspeisen. ERGIBT 20 PORTIONEN

1,8 kg Möhren (grob gerieben)
8 große Orangen (möglichst spanische, geschält, entkernt und in Spalten)
2 Orangen (unbehandelt, Schale)
250 g große Rosinen

Dressing

2 TL Kümmel (gemahlen)
1 TL Zimt (gemahlen)
1 TL Feinkristallzucker
2 Zitronen (Saft)
2 EL Orangenblütenwasser (nach Belieben)
300 ml Olivenöl
Salz und schwarzer Pfeffer (frisch gemahlen)
1½ Tassen Petersilie (gewaschen, getrocknet und gehackt)
2 EL geröstete Sesamkörner

(8h) Den Salat zubereiten
Möhren, Orangen, Orangenschale und Rosinen in einem luftdichten Behälter kühl stellen.

(8h) Das Dressing zubereiten
Kümmel, Zimt und Feinkristallzucker in einer Schüssel mit Zitronensaft und Orangenblütenwasser verrühren. Öl eingießen, mixen und würzen. In ein verschließbares Gefäß füllen. Kühl lagern.

Zum Anrichten
Salat aus dem Kühlschrank nehmen. Dressing darübergießen, Petersilie und Sesamkörner hinzufügen und gut durchmischen. Eventuell nachwürzen. In einer Salatschüssel servieren.

DJERYS PFEFFERMINZTEE

FÜR 10 MAROKKANISCHE TEEGLÄSER GIESSEN SIE 4 TEELÖFFEL GRÜNEN TEE UND 2 TASSEN FRISCHE, GEHACKTE PFEFFERMINZE MIT 1,8 LITERN KOCHENDEM WASSER AUF. NACH GESCHMACK MIT ZUCKER SÜSSEN. WENN SIE AUS GRÖSSERER HÖHE AUFGIESSEN, REICHERN SIE DEN TEE MIT SAUERSTOFF AN. 5 MINUTEN ZIEHEN LASSEN, DANN IN TEEGLÄSER FÜLLEN. REICHEN SIE DAZU ZUSÄTZLICH ZUCKER.

Kuskus

Wenn Sie Vegetarier zu Gast haben, ist dies ein interessanter Vorspeisensalat. ERGIBT 20 PORTIONEN

1,5 l Gemüsefond
150 ml Olivenöl
900 g Kuskus (grobkörniger Grieß)
2 Tassen Koriander (gehackt)
2 Tassen Petersilie (gehackt)
300 g getrocknete Aprikosen (gedrittelt)
4 Limetten (Saft)
350 g geröstete Mandeln (ganze Nüsse, enthäutet)
Salz und schwarzer Pfeffer (frisch gemahlen)
Koriander zum Garnieren

(1T) **Kuskus zubereiten**
Fonds und Olivenöl in einer Kasserolle zum Kochen bringen. Kuskus in eine große Schale geben, Fond darübergießen. Mit Frischhaltefolie zudecken, 10 Minuten stehen lassen. Folie entfernen und die Körner mit der Hand aufbrechen. Danach wieder zudecken und nach dem Erkalten kühl stellen.

(6h) **Kräuter und Früchte vorbereiten**
Kräuter, Aprikosen, Limettensaft und zwei Drittel der Mandeln in einem luftdichten Behälter mischen. Im Kühlschrank aufbewahren.

Zum Anrichten

Ofen auf 130 °C vorheizen. Eine Servierschüssel vorwärmen. Kuskus 4 Minuten im Mikrowellenherd oder in einem Sieb im Wasserdampf über kochendem Wasser erwärmen. In die Servierschüssel geben, Kräuter-Früchte-Mischung hinzufügen, würzen und gut durchmischen. Mit Koriander und den restlichen Mandeln garnieren.

VERWENDUNG VON BLATTGOLD

NEHMEN SIE NUR 22 KARAT BLATTGOLD ZUM DEKORIEREN DES ROSENWASSER-DESSERTS (RECHTS). AM BESTEN NIMMT MAN BLATTGOLD MIT EINEM GOLDSCHMIEDEPINSEL AUS EICHHÖRNCHENHAAREN AUF UND LÄSST ES AUF DAS DESSERT RIESELN (ES SOLLTE KEINE ZUGLUFT HERRSCHEN).

Rosenwasser-Dessert

Rosenwasser-Dessert

Bereiten Sie dieses delikate Dessert in speziellen Gußformen (zu etwa 1,9 Liter) zu. ERGIBT 20 PORTIONEN

9 Gelatineblätter
1,2 l Vollmilch
3 Vanilleschoten (aufgebrochen)
10 Eigelb
180 g Feinkristallzucker
9 TL Rosenwasser
2 TL Zitronensaft
600 ml Sahne

Garnierung

eßbares Blattgold (nach Belieben)
Rosenblütenblätter
Pistazien (ohne Schale, ungesalzen)

(2T) **Die Masse zubereiten**
Gelatine mit kaltem Wasser bedecken und beiseite stellen. Milch in eine beschichtete Kasserolle gießen. Vanillesamen aus den Schoten lösen, Samen und Schoten in die Milch legen und zum Kochen bringen. Eigelb und Zucker mit einem elektrischen Mixer glattrühren. Mixgeschwindigkeit reduzieren und die kochende Milch einrühren, ohne zu unterbrechen. Masse in die Kasserolle geben, Rosenwasser und Zitronensaft hinzufügen und erwärmen. Fortgesetzt rühren, bis die Masse an einem Löffelrükken haftet. Vom Herd nehmen. Gelatine abseihen, Restwasser auspressen und in die heiße Mischung rühren. Durch ein feines Sieb in eine große Schüssel seihen. Kurz auskühlen lassen, dann rühren, bis die Masse gerade ihre cremige Konsistenz behält. Sahne unter die erkaltete Creme ziehen. In eine Form gießen, auf ein Tablett stellen, bedecken und kühl stellen.

Zum Anrichten

Spülbecken oder große Schüssel mit heißem Wasser füllen. Die Form bis 1,5 cm unter dem Rand in das Wasser tauchen. Herausnehmen, wenn die Form sich warm anfühlt. Servierteller daraufsetzen, rasch wenden. 2 Minuten so belassen, dann die Form entfernen. Mit Blattgold bestäuben, mit Rosenblütenblättern und Nüssen bestreuen. Zu Feingebäck oder Obst servieren.

Asiatisches Buffet

Meine Mitarbeiter und ich lieben die asiatische Küche. Besonders unser Geschäftsführer, Steve Bailey, der folgendes Menü über Jahre entwickelt hat. Nehmen Sie sich Zeit, die ungewöhnlichen Zutaten zu finden. Viele davon bekommt man schon im Supermarkt, in den meisten Städten gibt es ausgezeichnete Spezialläden. Zum Menü paßt trockener Weißwein oder Bier.

Warmer Rindfleischsalat mit Orangen-Dressing

Dieses Rezept zeigt das Aufeinandertreffen von orientalisch-abendländischer Küche und ist einfach zuzubereiten. ERGIBT 20 PORTIONEN

Rindfleischmarinade

300 ml helle Sojasauce
300 ml Pilz-Sojasauce
2 EL Maismehl
5 EL brauner Zucker
4 EL Chiliöl
4 rote Chilis (entkernt und fein gehackt)
2,5 kg Rumpsteak (von Fett befreit, in fingergroße Stücke geschnitten)

Orangen-Dressing

1 EL Feinkristallzucker
3 kleine (Blut-)Orangen (Saft und Schale)
1 Zitrone (Saft und Schale)
3 EL Erdnußöl
2 EL Chiliöl
½ TL Cayennepfeffer
4 Knoblauchzehen (gehackt)
150 ml Balsamessig
4 EL helle Sojasauce

Salat

300 g junger Spinat (verlesen, gewaschen und getrocknet)
450 g gemischte Blattsalate (gewaschen, getrocknet und in kleine Stücke zerpflückt)
10 Frühlingszwiebeln (fein geschnitten)
2 Tassen Minzblätter (gewaschen, getrocknet)
1 Tasse Schnittlauch (geschnitten)
½ Tasse Korianderblätter (gewaschen)
Reisstäbchen zum Garnieren (optional)

(1T) Das Rindfleisch marinieren
Zutaten für die Marinade in einer großen Schüssel vermischen, Rindfleisch hineinlegen. Zudecken, kühl stellen.

(1T) Das Orangen-Dressing zubereiten
Zutaten in ein verschließbares Gefäß geben, schütteln. Zugedeckt kalt stellen.

Den Salat fertigstellen
Zutaten in einer Servierschüssel vermischen. Rindfleisch abseihen. Etwas Öl in einer großen Pfanne oder einem Wok erhitzen; jeweils eine Handvoll Rindfleisch hinzufügen, medium durchbraten und in eine Metallschale legen. Salat marinieren, Rindfleisch dazumengen. Eventuell mit Reisstäbchen garnieren und servieren.

CHILIS ENTKERNEN

AM BESTEN TRAGEN SIE BEIM HANTIEREN MIT CHILIS EINWEGHANDSCHUHE. SCHOTEN DER LÄNGE NACH HALBIEREN. KERNE MIT DER MESSERSPITZE ODER UNTER FLIESSENDEM WASSER ENTFERNEN. WENN SIE KEINE HANDSCHUHE TRAGEN, REIBEN SIE NICHT IHRE AUGEN ODER IHREN MUND – DAS BRENNT HÖLLISCH!

Hühnchen »Massaman«

Servieren Sie dazu gedämpften Duftreis. ERGIBT 20 PORTIONEN

Hühnchenmarinade

1 EL Maismehl
6 EL Massaman Currypaste (aufgelöst in 2 EL kochendem Wasser)
8 Knoblauchzehen (fein gehackt)
3 rote Chilis (entkernt und fein gehackt)
1 Tasse Korianderblätter und -wurzeln (gewaschen und gehackt)
1 Hühnchen (ca. 1 kg, enthäutet, in 4 cm große Würfel geschnitten)

Sauce

Öl
6 Zwiebeln (mittelgroß, gewürfelt9
3 EL Tamarinde (Fruchtfleisch)
3 EL Palmzucker
150 ml thailändische Fischsauce
4,8 l Kokosmilch
450 ml reduzierter Hühnerfond
1 kg Süßkartoffeln (gekocht und in große Würfel geschnitten)

Garnierung

1 Tasse Korianderblätter
2 Chilis (mittelgroß, in Streifen geschnitten)
60 g geröstete Cashewnüsse (ungesalzen)

(2T) Das Hühnchen marinieren
Zutaten für die Marinade in einer Schüssel vermischen, Hühnerfleisch hineinlegen, zudecken und kühl stellen.

(1T) Die Sauce zubereiten
Die Zwiebeln in etwas Öl weich braten. Hühnerfleisch in die Pfanne dazugeben, etwa 5 Minuten sautieren. Die restlichen Zutaten bis auf die Kartoffeln hinzufügen und zum Kochen bringen. 30 Minuten köcheln lassen, auskühlen lassen. Zudecken und im Kühlschrank aufbewahren.

Zum Anrichten
Langsam zum Köcheln bringen, Kartoffeln für 5 Minuten mitkochen. In eine vorgewärmte Schüssel füllen, mit Koriander, Chilis und Nüssen garnieren.

Von vorne nach hinten: *Rindfleischsalat; Hühnchen*

Pikanter Gurken-Papau-Salat

Die süß-pikante, von Thailand inspirierte Kombination ist unwiderstehlich. ERGIBT 20 PORTIONEN

Salat

4 Salatgurken (der Länge nach halbiert, entkernt und geschnitten)
4 reife Papaufrüchte (geschält, entkernt und in dünne Scheiben geschnitten)
2 rote Zwiebeln (fein geschnitten)
1 Tasse Korianderblätter (gewaschen)

Essigmarinade

900 ml Reisweinessig
300 g Feinkristallzucker
300 ml Wasser
3 Knoblauchzehen, fein gehackt
2 rote Chilis (entkernt und in feinen Streifen)
½ TL Gelbwurz
Salz und schwarzer Pfeffer (frisch gemahlen)

(8h) Den Salat zubereiten
Salatgurke, Papaus und Zwiebeln in einen luftdichten Behälter geben. Zutaten für die Essigmarinade in einer Edelstahlpfanne zum Kpchen bringen, würzen, 5 Minuten köcheln. Etwas auskühlen lassen. Über die Salatzutaten gießen und vollständig erkalten lassen. Zudecken und kühl stellen.

Zum Anrichten
Salat abseihen, eventuell nachwürzen, Koriander einmischen und in einer Servierschüssel arrangieren.

Von vorne nach hinten: *Pikant-würzige Garnelen; Pikanter Gurken-Papau-Salat*

Pikant-würzige Garnelen

Wie andere Rezepte ist auch dieses leicht zuzubereiten. Ideal für ein Picknick zum Essen mit Stäbchen. ERGIBT 20 PORTIONEN

Garnelenmarinade

1 Tasse Koriander (gewaschen und gehackt)
6 Knoblauchzehen (fein gehackt)
4 kleine rote Chilis (scharf; entkernt und fein gehackt)
5 Halme Zitronengras (fein geschnitten)
10 Frühlingszwiebeln (fein geschnitten)
60 g frischer Ingwer (geschält, fein gehackt)
1 kg Riesengarnelen (ohne Schale)

Pikant-würziges Dressing

5 Limetten (Saft)
150 ml thailändische Fischsauce
150 ml helle Sojasauce
2 TL Feinkristallzucker

5 Choi Sum (etwa 500 g)
Zitronengras zum Garnieren

(1T) Die Garnelen marinieren
Koriander, Knoblauch, Chilis, Zitronengras, Frühlingszwiebeln und Ingwer in einer großen Schüssel verrühren. Garnelen einlegen, durchmischen. Bedecken und kalt stellen.

(1T) Das Dressing zubereiten
Limettensaft, Fischsauce, Sojasauce und Zucker verrühren, bis der Zucker aufgelöst ist. In ein gut schließendes Gefäß gießen und im Kühlschrank aufbewahren.

(8h) Garnelen und Choi Sum zubereiten
Etwas Öl in einem Wok oder einer Bratpfanne erhitzen. Jeweils eine Handvoll Garnelen gleichzeitig sautieren, in eine Schüssel legen. Choi Sum im Wok weich braten, zu den Garnelen legen. Bedekken und kalt stellen.

Zum Anrichten
Garnelen mindestens 30 Minuten vor dem Servieren aus dem Kühlschrank nehmen. Mit Dressing übergießen, gut mischen. Mit Zitronengras garnieren.

Pikante Meerbarbe mit asiatischem Gemüse

Die Meerbarbe ist ein unterschätzter, doch bei richtiger Zubereitung sehr schmackhafter Fisch. Kaufen Sie ihn fertig filetiert, doch überprüfen Sie ihn auf Gräten. Wenn man ihn zu lange kocht, wird er sehr trocken. ERGIBT 20 PORTIONEN

Asiatisches Gemüse

Erdnußöl
3 Knoblauchzehen (fein geschnitten)
60 g eingelegter Ingwer (fein zerpflückt)
10 junge Pak-Choi (gewaschen, getrocknet und die Blätter getrennt)
150 ml süße Sojasauce
Salz und schwarzer Pfeffer (frisch gemahlen)

Auflage für die Seebarbe

5 Schalotten (fein geschnitten)
3 Limettenblätter (fein zerpflückt)
3 rote Chilis (entkernt, in feinen Streifen)
30 g frischer Ingwer (in feinen Streifen)
4 Knoblauchzehen (fein gehackt)
½ Tasse Koriander (gewaschen und gehackt
4 EL thailändische Fischsauce
2 Limetten (Saft)
Salz und schwarzer Pfeffer (frisch gemahlen)
800 g Meerbarbe (filetiert, in 20 Stücke geschnitten; wenn nicht erhältlich, durch Roten Schnapper ersetzen)

(8h) **Das Gemüse zubereiten**
Etwas Erdnußöl in einem Wok oder einer Bratpfanne erhitzen. Knoblauch und eingelegten Ingwer darin 1 Minute sautieren. Gemüse und Sojasauce hinzufügen, weich kochen, herausnehmen und würzen. Auskühlen lassen, bedecken und kühl stellen.

(2h) **Die Seebarbe zubereiten**
Ofen auf 180 °C vorheizen. Ein Backblech mit Backpapier auslegen. Sämtliche Zutaten für die Auflage in einer Schüssel vermischen. Den Fisch auf das Backblech legen, mit der Mischung belegen und 5–6 Minuten im Ofen backen. Herausnehmen und auskühlen lassen. Kochsaft in einen Behälter gießen. Zudecken und im Kühlschrank aufbewahren.

Zum Anrichten
Meerbarbe mindestens 30 Minuten vor dem Servieren aus dem Kühlschrank nehmen. Ein Holzbrett mit Bananenblättern belegen. Etwas Fischfond in das Gemüse gießen und durchmischen. Gemüse eventuell auf Bananenblättern arrangieren, Seebarbe darauflegen und servieren.

Schweinerippchen

Essen mit den Fingern hat etwas sehr Geselliges. Fördern Sie das mit diesen Schweinerippchen, doch legen Sie genügend Servietten auf. ERGIBT 20 PORTIONEN

6 Knoblauchzehen (fein gehackt)
300 ml süße Sojasauce
150 ml Sojasauce
3 EL süße Chilisauce
1 TL Shrimpspaste
1 EL Maismehl
1 Tasse Thai-Basilikumblätter (zerpflückt)
20 Portionen Schweinerippchen (etwa 2 kg)
Thai-Basilikumblätter zum Garnieren

(1T) **Die Rippchen marinieren**
Hauptzutaten in einer Schüssel vermischen, Rippchen darin gleichmäßig bedecken. Zudecken und im Kühlschrank aufbewahren.

Die Rippchen zubereiten
Ofen auf 180 °C vorheizen. Rippchen auf ein Backblech legen, verbleibende Marinade darübergießen, etwa 1 Stunde braten. Wenn sie auszutrocknen oder zu brennen beginnen, mit Folie bedecken. Auf ein Serviertablett legen und mit Basilikum garnieren.

UNGEWÖHNLICHE ZUTATEN

WENN SIE NICHT GENAU DIE ANGEGEBENEN ZUTATEN FINDEN, GIBT ES MEISTENS EINEN ERSATZ DAFÜR. ZUM BEISPIEL KÖNNEN SIE DAS LEICHT PURPURFARBENE THAI-BASILIKUM, DAS FÜR AUTHENTISCHE ASIATISCHE GERICHTE VERWENDET WIRD, EINFACH DURCH GEWÖHNLICHES, FRISCHES BASILIKUM ERSETZEN.

Bohnensalat mit Sesam-Dressing

Wir versuchen, für Salate unterschiedliche Gemüsesorten zu verwenden, doch Sie können sie durch die angegebenen Alternativen ersetzen – der Salat wird genausogut schmecken. Erst vor dem Servieren marinieren, sonst bleibt er nicht knackig. ERGIBT 20 PORTIONEN

Sesam-Dressing

2 EL helles Sesamöl
2 EL Feinkristallzucker
2 EL Reisweinessig
2 EL helle Sojasauce
2 EL Sesamsamen (geröstet)
Sichuan-Pfeffer (frisch gemahlen)

Salat

500 g Goa-Bohnen (in 7,5 cm Stücke geschnitten; wenn nicht erhältlich, durch Spargel ersetzen)
600 g Stangenbohnen (in 10 cm starke Scheiben geschnitten; wenn nicht erhältlich durch Prinzeßbohnen ersetzen)
300 g chinesischer Schnittlauch (in 7,5 cm lange Stücke geschnitten; wenn nicht erhältlich, durch Frühlingszwiebel ersetzen)
Schnittlauchblüten

(8h) **Das Dressing zubereiten**
Sämtliche Zutaten in einem verschließbaren Gefäß vermischen, kühl aufbewahren.

(8h) **Die Bohnen blanchieren**
Eine große Schüssel oder ein Spülbekken mit Eiswasser füllen. Eine große Kasserolle mit Salzwasser zum Kochen bringen. Bohnen jeweils einige Minuten im kochenden Wasser blanchieren, dann im Eiswasser abschrecken. In einem Sieb abtropfen lassen, zum Trocknen schütteln. Bohnen in einem luftdichten, mit einem Geschirrtuch ausgelegten Behälter vermischen und kalt stellen.

Zum Anrichten
Bohnen und Schnittlauch mit dem Dressing gut durchmischen, würzen. In eine Servierschüssel füllen und mit Schnittlauchblüten garnieren.

Brunch-Buffet

Die ideale Zeit dafür sind Wochenenden, irgendwann zwischen halb elf Uhr vormittags und zwei Uhr nachmittags. Was könnte schöner sein als den Tag damit zu verbringen, sich mit Freunden zu unterhalten und köstliche Gerichte und erfrischende Getränke zu genießen? Unsere Buffet-Auswahl enthält alles, was für einen Brunch wichtig ist. Offerieren Sie auch frische Früchte oder einen Fruchtsalat.

GETRÄNKE ZUM BRUNCH

BELLINI (SEITE 68)
BLOODY MARY (SEITE 68)
MELONEN-APFEL-LIMETTEN-SAFT (S. 74)
PAPAU-ANANAS-SAFT (SEITE 75)
BLUTORANGENSAFT (FRISCH GEPRESST)
VIEL FRISCHER KAFFEE

Waffeln »New York« mit Obstauflagen

Diese Waffeln erinnern mich an einen Brunch in New York vor 30 Jahren. ERGIBT 20 PORTIONEN

Pikante Apfelauflage

120 g Butter
4 Zimtstangen
3 Vanilleschoten (aufgebrochen)
1½ TL Muskatnuß (frisch gemahlen)
10 große Äpfel (geschält, ohne Kerngehäuse und geschnitten)
150 g goldene Sultaninen (24 Stunden in Rum oder Weinbrand eingelegt)
1 Zitrone (unbehandelt, Schale)
1 Orange (unbehandelt, Schale)
60 g Demerara Zucker

Aprikosen-Kürbiskern-Auflage

500 g getrocknete Aprikosen (geschnitten)
¼ Ananas (mittelgroß, geschält, harte Teile entfernt, in dünne Scheiben geschnitten)
15 g frischer Ingwer (geschält, geschnitten)
100 g Mandelsplitter (blanchiert)
Demerara Zucker nach Geschmack

Garnierung

500 g Crème fraîche
150 g geröstete Kürbiskerne
Minzzweige
560 ml Ahornsirup
250 g Butter

Waffelteig

300 ml Vollmilch
60 g Butter (zerlassen)
2 Eigelb
250 g Mehl
3 TL Backpulver
1 Prise Salz
4 Eiweiß

SPEZIALGERÄT: **Waffeleisen**

(1T) **Die Apfelauflage zubereiten**
Butter zerlassen. Zimt, Vanille und Muskatnuß einrühren. Apfelscheiben, Sultaninen, Zitronen- und Orangenschalen hinzufügen und weich kochen, nicht zudecken. Zucker beigeben, gut umrühren, vom Herd nehmen. Auskühlen lassen, Vanilleschoten und Zimtstangen entfernen. Zudecken und kalt stellen.

APFELSAUCE

KOCHEN SIE DIE ÄPFEL NICHT ZU LANGE, SONST WIRD DARAUS EIN MUS. ZIEL IST JEDOCH, EINE AUFLAGE MIT APFELSTÜCKCHEN ZU PRODUZIEREN.

Waffeln »New York« mit Obstauflagen

(1T) **Die Aprikosenauflage zubereiten**
Wasser in einer Kasserolle zum Kochen bringen. Aprikosen in eine Schüssel legen, mit kochendem Wasser bedecken. Eine Stunde stehen lassen. In eine große Kasserolle gießen, zum Kochen bringen und etwa 1 Stunde kochen lassen, bis die Aprikosen fast zu einem Brei werden (eventuell Wasser nachgießen). Ananas, Ingwer und Mandeln hinzufügen, weitere 15 Minuten kochen oder bis die Ananas weich sind. Wenn Sie Zucker verwenden wollen, vom Herd nehmen und Zucker einrühren. Auskühlen lassen, zudecken und im Kühlschrank aufbewahren.

(1h) **Den Teig vorbereiten**
Milch, Butter und Eidotter in einer großen Schüssel glattrühren. Mehl mit Backpulver in einer anderen Schüssel versieben, Milchmischung langsam hinzugießen und gut verrühren. Salz einstreuen. Zudecken und kalt stellen.

Die Waffeln zubereiten
Ofen auf 140 °C vorheizen. Waffeleisen erhitzen. Eiweiß steif schlagen und unter den Teig ziehen. Etwas Teig auf das Eisen gießen und goldbraun backen. Mit dem restlichen Teig wiederholen. Im Ofen warm halten.

Zum Anrichten
Auflagen und Crème fraîche in Servierschalen geben, Aprikosenauflage mit Kürbiskernen bestreuen. Überzählige Kerne in separaten Schalen anbieten, mit Minze garnieren. Ahornsirup in eine Spenderflasche füllen. Butter auf einen Teller legen. Waffeln stapeln. Selbstbedienung für die Gäste.

RÄUCHERLACHS »SPEZIAL«

VIELLEICHT MÖCHTEN SIE NEBEN DEN WAFFELN AUCH HALBIERTE BRÖTCHEN TOASTEN UND MIT RÄUCHERLACHS SERVIEREN. FRISCHKÄSE MIT SCHNITTLAUCH VERRÜHREN, DICK AUF DIE BRÖTCHEN STREICHEN, MIT EINER SCHEIBE RÄUCHERLACHS BELEGEN, MIT LIMETTE UND ETWAS SCHWARZEM PFEFFER GARNIEREN – DAS PERFEKTE SANDWICH!

Gepökeltes Rindfleisch

Gepökeltes Rindfleisch mit Sahnemöhren schmeckt als herzhaftes Abendessen. ERGIBT 20 PORTIONEN

3,5 kg gepökeltes Rindfleisch (Keule)
3 große Möhren (in Stücke geschnitten)
2 große Zwiebeln (halbiert und mit je 6 Nelken gespickt)
3 Knoblauchzehen (zerdrückt)
2 Lorbeerblätter
10 Thymianzweige
6 schwarze Pfefferkörner (ganz)
Auswahl an Senf
6 Gewürzgurken (mittelgroß)
2 Roggenbrote

(1T) **Das Rindfleisch einlegen**
Rindfleisch in einen luftdichten Behälter legen, mit Wasser bedecken und im Kühlschrank aufbewahren.

(4h) **Das Rindfleisch zubereiten**
Rindfleisch in eine große Kasserolle legen, mit kaltem Wasser bedecken, Gemüse, Kräuter und Pfefferkörner hinzufügen. Zum Kochen bringen und etwa 3–3½ Stunden köcheln lassen. Vom Herd nehmen, aber Fleisch im Wasser belassen.

Zum Anrichten
Auswahl an Senf und Gewürzgurken auf Servierteller legen. Brot schneiden und in diversen Behältern oder Körben arrangieren. Rindfleisch abtropfen lassen, auf einem großen Holzbrett in dünne Scheiben schneiden und servieren.

Heidelbeer-Muffins

Mit freundlicher Genehmigung der Küchenchefin von Nicole's in London, Annie Waite. ERGIBT 10 STÜCK

100 g Butter (zerlassen)
Mehl zum Stauben
150 g Butter
150 g Feinkristallzucker
3 Eier
200 g Vollkornmehl (gesiebt)
1 TL Backpulver
1 EL Kuchengewürzmischung
85 ml Milch
300 g frische Heidelbeeren

(1T) **Die Heidelbeer-Muffins zubereiten**
Muffin-Formen mit Butter ausstreichen und bemehlen, beiseite stellen. Ofen auf 190 °C vorheizen. Butter und Zucker mit einem elektrischen Mixer schaumig rühren, Eier Stück für Stück beigeben, kräftig durchmischen, Mixer beiseite legen. Mehl, Backpulver und Gewürzmischung unterziehen, gut verrühren. Milch dazugießen, wieder rühren. Vorsichtig die Heidelbeeren in den Teig einrühren. Muffin-Formen mit dem Teig füllen, etwa 25–30 Minuten goldbraun backen. Auskühlen lassen, Muffins aus den Formen stürzen und in einem luftdichten Behälter kühl aufbewahren.

Zum Anrichten
Ofen auf 160 °C vorheizen. Muffins auf ein Backblech legen und etwa 6 Minuten aufbacken. Schüssel oder Korb mit Servietten auslegen, Muffins darin arrangieren und servieren.

Pikante Muffins

Die Basismischung reicht für 10 Muffins. Warum machen Sie nicht die doppelte Menge und versuchen beide Geschmacksrichtungen? ERGIBT 10 STÜCK

Basismischung für pikante Muffins
60 g Butter (zerlassen)
Mehl
100 g feines Vollkornmehl
140 g Mehl
1½ TL Salz
1½ TL weißer Pfeffer (gemahlen)
4 Eier
140 g Butter (zerlassen)
200 g saure Sahne
1 Tasse Parmesan (fein gerieben)
1½ TL Backpulver

Ziegenkäse-Basilikum-Muffins
250 g Ziegenkäse
12 Basilikumblätter (gewaschen, getrocknet und zerpflückt)

Cheddar-Senf-Muffins
1 EL körniger Senf
100 g reifer Cheddar (gerieben)

(1T) **Die Ziegenkäse-Muffins zubereiten**
Ofen auf 190 °C vorheizen. Muffin-Formen mit Butter einstreichen und bemehlen. Sämtliche Zutaten für die pikante Basismischung in eine große Rührschüssel geben und gut durchmixen. Ziegenkäse einbröseln, Basilikum hinzufügen. Muffin-Formen mit dem Teig füllen und etwa 20–25 Minuten backen oder bis sie goldbraun sind. Auskühlen lassen, dann in einem luftdichten Behälter kühl aufbewahren.

(1T) **Die Cheddar-Muffins zubereiten**
Ofen auf 190 °C vorheizen. Muffin-Formen mit Butter einstreichen und bemehlen. Senf mit sämtlichen Zutaten für die pikante Basismischung in einer großen Rührschüssel vermischen. Muffinformen mit dem Teig füllen, mit Käse bestreuen und etwa 20–25 Minuten backen oder bis sie goldbraun sind. Auskühlen lassen, dann in einem luftdichten Behälter kühl stellen.

Zum Anrichten
Ofen auf 160 °C vorheizen. Muffins auf ein Backblech legen und etwa 6 Minuten aufbacken. Schüssel oder Korb mit Servietten auslegen, Muffins darin arrangieren und servieren.

MUFFIN-FORMEN
WENN SIE KEINE MUFFIN-FORMEN BESITZEN, KÖNNEN SIE PAPPFORMEN VERWENDEN. PASSEN SIE ABER DIE BACKZEIT DER JEWEILIGEN FORM AN.

Spezial-Kartoffelpuffer

Kartoffelpuffer mit Eiern und Speck aß ich gerne in Florida zum Frühstück. ERGIBT 20 PORTIONEN

Pflanzenöl
2 Zwiebeln (mittelgroß, fein gewürfelt)
200 g Parmaschinken (fein gewürfelt)
2 kg Kartoffeln (halb gekocht)
Meersalz und schwarzer Pfeffer (gemahlen)

(6h) **Die Kartoffelpuffer zubereiten**
Etwas Öl in einer Bratpfanne erhitzen, Zwiebel darin 4–5 Minuten anbraten. Schinken hinzufügen, weitere 2 Minuten braten. Beiseite stellen. Kartoffeln grob reiben, in eine Schüssel geben, Zwiebel und Speck hinzufügen, würzen und gut durchrühren. Kartoffelmischung ausrollen und in 20 Quadrate (je 9 cm Seitenlänge) schneiden. Etwas Öl erhitzen, Quadrate auf beiden Seiten goldbraun fritieren. Auf ein Backblech legen, auskühlen lassen, zudecken und im Kühlschrank aufbewahren.

Zum Anrichten
Ofen auf 200 °C vorheizen. Quadrate 10–12 Minuten knusprig aufbacken. Auf einen warmen Servierteller legen.

Huevos Rancheros

Meine Freunde Gab und Lynn kochten diese fabelhaften Eier schon oft für mich. ERGIBT 10 PORTIONEN

Mexikanische Sauce
900 g Tomatillos (geschält)
1 große Zwiebel (fein gehackt)
3 Knoblauchzehen (gehackt)
Pflanzenöl
4 Serrano-Chilis oder grüne Chilis
2 Limetten (Saft)
1 TL Nußöl
Salz und schwarzer Pfeffer (frisch gemahlen)
½ Tasse Koriander (verlesen und gehackt)

Gebratene Bohnen
Pflanzenöl
1 Bund Frühlingszwiebeln (geschnitten)
4 Knoblauchzehen, gehackt (nach Belieben)
1 kg Bohnen (eingeweicht und vorgekocht)
Salz und schwarzer Pfeffer (frisch gemahlen)
½ Tasse Koriander (gehackt)
2 Limetten (Saft)

20 Maistortillas (15 cm Durchmesser)
20 Eier

TIMING
NEHMEN SIE SICH GENÜGEND ZEIT, UM DIE EIER UND DIE TORTILLAS ZUZUBEREITEN.

Huevos Rancheros

(1T) **Die Sauce zubereiten**
Grill vorheizen. Tomatillos auf den heißen Grill legen, um die Haut anzusengen, dann in einer Küchenmaschine 10 Sekunden zerkleinern. Zwiebel und Knoblauch in etwas Öl glasig braten. Tomatillos und Chilis hinzufügen, zum Kochen bringen und etwa 5 Minuten köcheln lassen. In einen Behälter füllen. Limettensaft und Nußöl einrühren, würzen und auskühlen lassen. Nach dem Erkalten Koriander einmischen. Zudecken und kalt stellen.

(½h) **Die Bohnen zubereiten**
Zwiebeln und Knoblauch anbraten. Bohnen darin etwa 5 Minuten kochen, umrühren und würzen. Koriander und Limettensaft einrühren. Kalt stellen.

(½h) **Die Tortillas zubereiten**
Etwas Öl in einer Bratpfanne erhitzen, Tortillas auf jeder Seite 10–15 Sekunden anbraten (einfacher, wenn Sie sie mit einer Zange niederdrücken). Herausnehmen und warm halten. Etwas Öl erhitzen, Eier braten. Zum Warmhalten auf Küchenkrepp legen.

Zum Anrichten
Tortillas in einen mit Servietten ausgelegten Korb legen. Bohnen und Sauce in Schalen füllen und mit den Eiern servieren. Am besten ißt man Huevos Rancheros, indem man die Tortillas mit den Bohnen bestreicht, das Ei darauflegt und mit Sauce beträufelt. Dazu können Sie kaltes, mexikanisches Bier und eisgekühlte Margaritas servieren.

Dessert-Buffet

Ein spektakuläres Süßspeisen-Buffet in einem separaten Raum oder Bereich gibt Ihren Gästen das Gefühl, einem wirklich besonderen Anlaß beizuwohnen. Füllen Sie Mousses, Früchte und Saucen in schlanke, hohe Gläser. Einen beeindruckenden Effekt erzielen Sie, wenn Sie Schokoladen-, Zitronen- oder Früchtekuchen und Baiser mit Früchten und Sahne auf gläsernen Keksständern arrangieren

Mousse aus drei Schokoladensorten

Mousse aus drei Schokoladensorten

Dieses Rezept für ein dreischichtiges Schokoladen-Mousse ergibt etwa 4 Liter. Servieren Sie es in Glasgefäßen, damit die verschiedenen Mousses zur Geltung kommen. Kreieren Sie mit den geformten Schokoladensplittern ihre eigenen abstrakten Muster als Garnierung. ERGIBT 20 PORTIONEN

Zuckersirup

1 kg Feinkristallzucker
750 ml Wasser

Mousse aus Bitterschokolade

275 g Bitterschokolade (in kleine Stücke gebrochen)
8 Eigelb
600 ml Sahne

Mousse aus weißer Schokolade

2 Blätter Gelatine
350 g weiße Schokolade (in kleine Stücke gebrochen)
8 Eigelb
600 ml Sahne

Mousse aus Milchschokolade

275 g Milchschokolade (in kleine Stücke gebrochen)
8 Eigelb
600 ml Sahne

Geformte Schokoladensplitter

200 g Bitterschokolade (70 % Kakaogehalt, in kleine Stücke gebrochen)
150 g weiße Schokolade (in kleine Stücke gebrochen)
Kakaopulver zum Bestreuen

(1T) **Den Zuckersirup zubereiten**
Zucker und Wasser in einen großen Topf geben, 5 Minuten stehen lassen. Zum Kochen bringen, Hitze reduzieren, mit dem Schneebesen rühren. 5 Minuten köcheln lassen. In drei Teile teilen.

(1T) **Mousse aus Bitterschokolade**
Schokolade in eine Schüssel geben, die über eine Kasserolle paßt. Kasserolle zur Hälfte mit Wasser füllen und zum

Kochen bringen; Hitze reduzieren. Schüssel darübersetzen und Schokolade schmelzen, gelegentlich umrühren, bis sie völlig geschmolzen ist. Zuckersirup erhitzen. Eigelb in einem elektrischen Mixer zum doppelten Volumen aufschlagen. Bei niedriger Mixgeschwindigkeit den heißen Zuckersirup durchgehend eingießen und einrühren. Weitermixen, bis die Mischung kalt und dick schaumig ist. Sahne steif schlagen, beiseite stellen. Wenn die Schokolade geschmolzen ist, die Eimischung unterziehen. Verrühren, dann die Sahne unterziehen. Mousse in Glasgefäße gießen, ohne die Seiten zu benetzen.

LUFTBLASEN ENTFERNEN

Wenn Sie beim Eingiessen Luftblasen sehen, entfernen Sie sie, indem Sie vorsichtig mit dem Griff eines Holzlöffels umrühren.

Mousse aus weißer Schokolade zubereiten

Gelatine mit kaltem Wasser bedecken und einweichen. Schokolade in eine Schüssel geben, die über eine Kasserolle paßt. Kasserolle zur Hälfte mit Wasser füllen und zum Kochen bringen, Hitze reduzieren. Schüssel darübersetzen und Schokolade schmelzen, gelegentlich umrühren, bis die Schokolade geschmolzen ist. Zuckersirup erhitzen. Eigelb in einem elektrischen Mixer zum doppelten Volumen aufschlagen. Bei niedriger Mixgeschwindigkeit den heißen Zuckersirup stetig eingießen und einrühren. Weitermixen, bis die Mischung erkaltet und dickflüssig ist. Gelatine abtropfen lassen und ausdrücken. Bei schwacher Hitze schmelzen, darauf achten, daß sie nicht kocht. Durch ein feines Sieb in die Eimischung streichen und etwa 30 Sekunden schlagen. Sahne steif schlagen, beiseite stellen. Schokolade unter die Eimischung rühren, dann die Sahne unterziehen. In die Glasgefäße auf die Bitterschokoladen-Mousse gießen und beiseite stellen.

Mousse aus Milchschokolade zubereiten

Wie das Mousse aus Bitterschokolade herstellen und anschließend in Glasgefäße füllen.

(1T) **Schokoladendekoration formen**

Um die Geschmeidigkeit der Schokolade zu erreichen, die nötig ist, damit Sie sie formen können, muß sie temperiert werden. Mit dieser Methode können Sie auch Zylinder, lange Zigaretten oder jede andere Dekoration, die Sie für diese oder andere Nachspeisen wünschen, formen. Wichtig ist, daß die richtige Temperatur erreicht wird. 2 Tabletts mit Backpapier auslegen. 2 Rührschüsseln auswählen, die über 2 Kasserollen passen. Kasserollen zur Hälfte mit Wasser füllen, zum Kochen bringen, Hitze reduzieren. ⅔ der Bitterschokolade in die erste Schale geben und über Wasserdampf plazieren. Die gesamte weiße Schokolade in der zweiten Schüssel auf die andere Kasserolle stellen. Ständig rühren und mit einem Thermometer die Temperatur überprüfen – sie sollte nicht höher als 45 °C sein. Kasserollen vom Herd nehmen, die restliche Schokolade hinzufügen und ständig weiterrühren, bis sie geschmolzen ist. Abermals Temperatur messen – sie sollte 31 °C betragen. Wenn sie niedriger ist, Topf wieder auf den Herd stellen und auf die richtige Temperatur bringen. So wird die Schokolade sämig. Wenn beide Schokoladen die richtige Temperatur aufweisen, mit einem Löffel oder Spatel Spiralen auf das Backpapier zeichnen. Die Schokolade mit einem großen Palettmesser über das gesamte Papier verstreichen und dann kühl stellen. Nach dem Erkalten das Papier abziehen und die Schokolade in die gewünschten Formen brechen.

Zum Anrichten

Mousses mit Kakaopulver bestreuen, Schokoladendekoration darauf arrangieren und servieren.

MOUSSE-VARIATIONEN

Als Variation können Sie die Reihenfolge, in der Sie die Mousses aus Bitter-, Weisser und Milchschokolade in die Gläser schichten, ändern oder alle Mousses in ein einziges Gefäss schichten, wenn Sie eines besitzen, das gross genug ist.

Brioche-Butter-Pudding

Die Puddings können am Vortag zubereitet werden, sind aber am besten, wenn sie am Tag der Party gekocht werden. In Porzellantassen servieren. Ergibt 10 Portionen

8 kleine Briochebrötchen
600 ml Sahne
5 Eier
100 g Feinkristallzucker
125 g Butter (weich)
1 TL Muskatnuß (gemahlen)
100 g Sultaninen (für 24 Stunden in Rum oder Weinbrand eingelegt)
2 Orangen (unbehandelt, geriebene Schale)
2 Zitronen (unbehandelt, geriebene Schale)
Puderzucker zum Bestreuen
Minzzweige zum Garnieren

(4h) **Den Pudding vorbereiten**

Briochegebäck in 30 Scheiben schneiden (3 Stück pro Tasse) und in einen luftdichten Behälter legen. Sahne zum Kochen bringen, Eier und Zucker mit einem elektrischen Mixer steif schlagen. Wenn die Sahne kocht, vom Herd nehmen und unter ständigem Rühren in die Eimixtur eingießen. Eiercreme durch ein feines Sieb streichen, auskühlen lassen, zudecken und kalt stellen.

(1-2h) **Die Puddings arrangieren**

Ofen auf 160 °C vorheizen. Eiercreme aufwärmen. Brioche mit Butter bestreichen und mit Muskatnuß bestreuen. Je eine Scheibe in jede Tasse legen, einige Sultaninen und Zitrusfruchtschale daraufstreuen, dann mit Eiercreme bedekken. Vorgang für 2 weitere Scheiben wiederholen, mit der Creme abschließen. 30 Minuten einziehen lassen, dann mehr Creme daraufgießen.

Die Puddings kochen und servieren

Puddings in eine tiefe Bratpfanne stellen, dann mit heißem Wasser bis zur halben Höhe der Tassen füllen. Wenn die Bratpfanne dabei bereits im Ofen steht, müssen Sie die Puddings nicht mehr weit tragen. 15–20 Minuten garen. Mit Puderzucker bestreuen und mit Minze garnieren.

Glasierte Zitronentorte

Dieses Rezept schmeckt köstlich und ist einfach zuzubereiten. ERGIBT 2 TORTEN (JE 26 CM)

Teig

450 g Butter
180 g Puderzucker
5 Eigelb
650 g Mehl
60 ml Wasser

Zitronenfüllung

450 ml Sahne
24 Eier
900 g Feinkristallzucker
Zitronen (unbehandelt, Saft und Schale)
Puderzucker
Rote Johannisbeeren zum Garnieren

SPEZIALGERÄT: **Lötlampe**

(1T) Den Teig zubereiten
Butter und Puderzucker in einem elektrischen Mixer schaumig schlagen. Eigelb nacheinander zugeben, so daß jedes Eigelb verrührt ist, bevor das nächste hinzugefügt wird. Wenn der Teig schaumig gerührt ist, ½ Eßlöffel Mehl zugeben. Wenn alles Eigelb eingearbeitet ist, ½ Eßlöffel Mehl hinzufügen, das Wasser eingießen und gut durchmixen. Das verbleibende Mehl untermischen und rühren, bis der Teig eine glatte Konsistenz aufweist. Auf eine kalte Arbeitsfläche legen. Teigmasse halbieren, in Frischhaltefolie einschlagen und mindestens 2 Stunden im Kühlschrank ruhen lassen. Nun die Füllung zubereiten.

(1T) Die Füllung zubereiten
Sahne in einer Kasserolle zum Kochen bringen. In der Zwischenzeit in einem elektrischen Mixer Eier und Zucker glatt rühren, Zitronensaft hinzufügen und mixen. Sahne gleichmäßig in die Eiermischung einrühren. Glatt vermischen, dann durch ein feines Sieb in einen Krug streichen. Zitronenschale zugeben.

(1T) Die Torten backen
Ofen auf 170 °C vorheizen. Teig aus dem Kühlschrank nehmen und auf einer bemehlten Arbeitsfläche zu einem Kreis (etwa 36 cm Durchmesser, 3 mm stark) ausrollen. Eine Backform vorsichtig damit auslegen. Achten Sie darauf, daß keine Löcher entstehen, sonst würde die Füllung ausrinnen. Teig mit Folie belegen und mit Backbohnen füllen. Etwa 20 Minuten backen, bis der Rand goldfarben ist. Aus dem Ofen nehmen, Folie und Backbohnen entfernen; wieder in den Ofen stellen und weitere 30–35 Minuten goldbraun backen. Hitze auf 110 °C reduzieren. Füllung in die Teigform gießen und wieder in den Ofen schieben. Etwa 1 Stunde und 15 Minuten backen oder bis die Füllung eine feste Konsistenz aufweist. Aus dem Ofen nehmen, auskühlen lassen, in einen luftdichten Behälter geben und kühl aufbewahren.

Zum Anrichten
Torten großzügig mit Puderzucker bestreuen. Zucker mit einer Lötlampe glasieren, so daß er hell karamelisiert. Mit Johannisbeeren garnieren und servieren.

Crème brûlée

Als Variation können Sie Orangenschale, Kaffee, Zimt oder Kardamom beigeben. ERGIBT 10 PORTIONEN

6 Vanilleschoten
1,2 l Sahne
16 Eigelb
100 g Feinkristallzucker
120 g Demerara Zucker

SPEZIALGERÄT: **Lötlampe**

(1T) Die Eiercreme zubereiten
Vanilleschoten der Länge nach aufbrechen und Samen entfernen. Schoten in die Sahne legen. Sahne bei mittlerer Hitze zum Kochen bringen. Eigelb und Feinkristallzucker in einem elektrischen Mixer schlagen. Eimischung stetig gießend in die kochende Sahne mischen und gut verrühren. Vanilleschoten entfernen. In einer Kasserolle Wasser zum Kochen bringen, vom Herd nehmen. Mischung in eine Schüssel mit flachem Boden geben, die auf die Kasserolle paßt. Kasserolle wieder erhitzen, dann köcheln lassen. Mischung so lange schlagen, bis sie auf einem Löffelrücken haftet (etwa 20–30 Minuten). Schüssel vom Herd nehmen und Mischung durch ein feines Sieb streichen. In Teetassen füllen und auskühlen lassen. Zudecken und kalt stellen.

FRUCHTIGE ÜBERRASCHUNG
ALS VARIATION KÖNNEN SIE DIE TEETASSEN MIT APRIKOSEN ODER HIMBEEREN AUSLEGEN, BEVOR SIE DIE CREME EINGIESSEN.

Zum Anrichten
Die Brûlées etwa 30 Minuten vor dem Servieren mit Puderzucker bestreuen und diesen mit der Lötlampe karamelisieren. Alternativ können Sie sie mit Macadamianußbruch (Seite 169) dekorieren.

Beerenfrüchte mit Himbeersauce

Die Sauce (etwa 3 Liter) können Sie aus allen weichen Früchten zubereiten. 1 Körbchen wiegt etwa 250 g. ERGIBT 20 PORTIONEN

Früchte

4 Körbchen Erdbeeren (entstielt, gewaschen und getrocknet)
4 Körbchen Himbeeren
4 Körbchen Brombeeren
4 Körbchen Heidelbeeren
2 Körbchen Rote Johannisbeeren
2 Körbchen Loganbeeren
2 Körbchen Weiße Johannisbeeren
2 Körbchen Goldene Himbeeren
2 Körbchen Walderdbeeren
Minze und eßbare Blüten zum Garnieren

Himbeersauce

1 kg Himbeeren (frisch oder gefroren)
500 g Puderzucker
1 Zitrone (Saft)

(1T) Die Sauce zubereiten
Beeren für die Sauce mit Puderzucker und Zitronensaft pürieren, durch ein feines Sieb streichen. In einen luftdichten Behälter füllen und kühl stellen.

Zum Anrichten

Beeren in eine Glasvase füllen, mit Minze und Blüten garnieren. Sauce in einen kleinen Krug gießen. Dazu können sie mit Puderzucker bestreute Kekse auf gläsernen Keksständern anbieten.

Passionsfrucht-Pyramide

Auch aus anderen reifen Früchten köstlich! ERGIBT 20 PORTIONEN

Baisers

12 Eiweiß
500 g Feinkristallzucker

Passionsfruchtcreme

30 Passionsfrüchte (halbiert, Saft und Kerne zu 200 ml Püree verarbeitet)
250 ml Wasser
800 ml Sahne
250 g Zucker
50 g Maismehl
10 Eigelb
170 g Butter (in Würfel geschnitten)
3 Passionsfrüchte
8 Mangos (geschält und geschnitten)

Garnierung

Puderzucker
getrocknete Mangoscheiben (siehe Seite 169)
6 Passionsfrüchte
eßbare Blüten, frisch oder kandiert

(1W) Die Baisers zubereiten

Ofen auf 110 °C vorheizen. 4 Blatt Backpapier nehmen. Auf jedes Blatt einen Kreis zeichnen: 30,5 cm Durchmesser auf das erste Blatt, auf das zweite 25,5 cm, auf das dritte 20 cm und auf das vierte 15 cm Durchmesser. Die Backpapierblätter auf Backbleche legen. Eiweiß mit 100 g Zucker steif schlagen. Unter fortgesetztem Schlagen den restlichen Zucker zugeben. Danach sollte das Eiweiß steif und glänzend sein. Die Mischung in einen Spritzbeutel füllen und die Kreise ausspritzen. Etwa 10–12 Minuten im Ofen trocknen, bis sie sich hart anfühlen. Auskühlen lassen, in einem luftdichten Behälter zwischen Schichten aus Antihaftpapier aufbewahren.

(1T) Die Fruchtcreme zubereiten

Passionsfruchtpüree, Wasser, Zucker und 50 ml Sahne in einer Kasserolle mit Stahlboden bei ständigem Rühren zum Kochen bringen. Maismehl mit ein wenig Wasser vermischen und in das kochende Püree einrühren. Hitze reduzieren und etwa 5 Minuten kochen. Ständig rühren, damit es nicht anbrennt. Vom Herd nehmen, etwa 2 Minuten auskühlen lassen. Eigelb einrühren, ebenso die Butter. Mit Antihaftpapier bedecken und erkalten lassen. Die 3 Passionsfrüchte halbieren, Saft und Kerne in die Mixtur geben. Restliche Sahne steifschlagen, in die Passionsfrucht geben. Zudecken und kalt stellen.

(2h) Zum Anrichten

Etwas Sahne in die Mitte eines gläsernen Kekstellers spritzen, damit die Baisers nicht rutschen. Den größten Baiserkreis darauflegen, mit der Creme bestreichen (etwa 2,5 cm Rand lassen). Mit einer Schicht Mangos belegen, dann die nächstkleinere Baiserscheibe daraufsetzen und den Vorgang bis zur kleinsten Scheibe wiederholen.

Garnierung

Mit Puderzucker bestreuen und die verbleibenden frischen oder getrockneten Mangoscheiben darauf arrangieren und den Passionsfruchtsaft darüber auspressen. Seitlich mit Blüten dekorieren.

Passionsfrucht-Pyramide

Einladungen zum geselligen Abendessen im eigenen Heim sind sehr beliebt. Ob groß oder klein, förmlich oder informell – Sie heißen die Gäste in Ihrer privaten Welt willkommen. Meine Dinnerpartys sind eher einfach gestaltet. Ich reiche Sekt und Wein vor dem Essen, dazu eventuell pikante Häppchen.

Dinnerparty

Eine Viertelstunde, nachdem die letzten Gäste eingetroffen sind und mit Getränken versorgt sind, beginne ich, sie Platz nehmen zu lassen. Machen Sie nicht zu ausgeklügelte Pläne – ich mag es zum Beispiel nicht, wenn ich für den Nachtisch aufstehen muß. Wenn man nicht viele Gäste kennt, hat man sich bis zum Nachtisch bereits entspannt. Sollte man dann gezwungen sein, aufzustehen und Leute kennenzulernen, kann einem das die Laune verderben.

Ein denkwürdiges Ereignis

Die Menüplanung ist nicht nur sehr wichtig, sie macht auch Spaß. Ich ziehe es vor, Speisen zu servieren, die zur Jahreszeit passen, von Spargel und frischen Beeren im Sommer bis hin zu saftigen Äpfeln und Birnen im Herbst. Ein Abendessen ist eine Herausforderung; Sie können den Tisch gestalten, Blumen und Dekorationen arrangieren, herrliche Speisen und Weine servieren und den Abend mit dem Wissen genießen, daß Ihre Gäste sich großartig unterhalten. Solche Partys können zwischen zweieinhalb und vier Stunden dauern; als Gastgeber werden Sie Ihre Gäste dann durch das Servieren von Kaffee in Bewegung bringen. Nutzen Sie dafür einen anderen Raum, den Garten oder eine Terrasse. Die freie Bewegung der Gäste verhindert auch, daß Ihre Party zu lange dauert.

Partys ohne Streß

Die folgenden Menüs sind so konzipiert, daß das Ausrichten von Abendessen einfach und streßfrei abläuft – denn fast alle Gerichte können im vorhinein zubereitet werden. Ich empfehle, niemals ein Rezept, das noch nie ausprobiert wurde, für Gäste zu kochen. Bekochen Sie zuerst enge Freunde oder Verwandte, das gibt Ihnen Sicherheit. Nichts ist schlimmer als Besorgnis – Sie sollten entspannt sein und Ihre Party genießen. Nehmen Sie sich für Ihre Menüplanung Zeit, und genießen Sie die Zubereitung der Speisen. Es ist sehr befriedigend, die Teller der Gäste leer zu sehen. Die meisten Menüs können für Vegetarier variiert werden.

Professionelle Tips

- **Tischtücher und Servietten auf Sauberkeit kontrollieren.**
- **Einen Bereich für benutzte Teller und Gläser vorsehen; Geschirrspüler vor der Dinnerparty leer räumen.**
- **Getränke vor dem Essen servieren, aber maximal 1 Stunde lang.**
- **10 Minuten für Nachzügler vorsehen, dann aber an den Zeitplan halten – man wird es verstehen.**
- **Manchmal kommen einige Gäste nicht – nehmen Sie das nicht schwer, keiner stört sich daran.**
- **Weine passend zum Essen auswählen – Vorschläge finden sich bei den Rezepten.**

SAUBER UND ORDENTLICH

GEBEN SIE DER VERSUCHUNG NICHT NACH, ZWISCHEN DEN GÄNGEN ABZUWASCHEN. MAN WILL KEIN KLAPPERNDES GESCHIRR HÖREN, WÄHREND MAN NOCH SPEIST.

Gemüse-Terrine

Frühlingsmenü

Dieses Menü macht das Beste aus den Zutaten, die im Frühling erhältlich sind – Lamm, Spargel, Erdbeeren und Rhabarber. Die Gänge sind einfach im voraus zuzubereiten, damit Sie sich entspannen können. FÜR 10 PERSONEN

Kalte Gemüse-Terrine

Gemüse-Terrine

6 rote Gemüsepaprika (entkernt, geviertelt)
Olivenöl
2 große Auberginen
6 große Zucchini
340 g Ziegenkäse (im Stück)
Salz und schwarzer Pfeffer (frisch gemahlen)
6 EL Pesto (siehe Seite 168)
80 g Parmesan (gerieben)
SPEZIALGERÄT: **elektrisches Messer**

Rote Chilisauce

1 Knoblauchzehe (fein gehackt)
1 Schalotte (gehackt)
Olivenöl
2 rote Chilischoten (gebraten, enthäutet, entkernt und gehackt; zusammen mit den Paprikas für die Terrine braten
2 Fleischtomaten (gehackt)
1 TL Tomatenmark
300 ml Gemüsefond
Salz und schwarzer Pfeffer (frisch gemahlen)

Glasur

250 ml gereifter Balsamessig
WEIN: *Sancerre*

(2T) Die Terrine zubereiten

Ofen auf 190 °C vorheizen. Paprikas mit Öl einstreichen, salzen und 15–20 Minuten braten. Auskühlen lassen, häuten und beiseite legen. Sämtliches Gemüse in 7 mm dicke gerade Streifen schneiden. Einkerben, salzen und 30 Minuten ziehen lassen. Ziegenkäse in 7 mm dicke Scheiben schneiden. Zucchini und Auberginen abtrocknen. Eine Grillpfanne erhitzen, Zucchini und Auberginen mit Olivenöl bestreichen, mit Pfeffer würzen und grillen, bis sie leicht gebräunt sind. Auf ein Tablett legen, beiseite stellen.

(2T) Die Terrine aufschichten

Ofen auf 180 °C vorheizen. Pappkarton so zuschneiden, daß er auf eine Terrinenform paßt (30 cm lang, 10 cm breit), und in Alufolie einschlagen. Form mit Olivenöl einstreichen, mit Backpapier auslegen. Boden mit Paprikas bedecken, würzen. Dann wie folgt schichten: Auberginen, Zucchini, Ziegenkäse, rote Paprikas, dann Auberginen, Zucchini, Ziegenkäse, Zucchini, Auberginen und mit Paprikas beenden. Jede Schicht mit Pesto bestreichen und mit Parmesan bestreuen. Terrine mit Folie bedecken und 25 Minuten backen. Auskühlen lassen, den eingeschlagenen Pappkarton darauflegen, mit einem Gewicht oder einer Dose beschweren. Kühl stellen.

(2T) Die Glasur zubereiten

Den Balsamessig bei mittlerer Hitze auf die Hälfte reduzieren. Zu sirupartiger Konsistenz auskühlen lassen. In eine Flasche füllen und im Kühlschrank aufbewahren.

(1T) Die Sauce zubereiten

Knoblauch und Schalotte in etwas Olivenöl 2 Minuten sautieren. Chilis, Tomaten und Tomatenmark hinzufügen, weitere 2 Minuten braten. Mit Fond aufgießen, würzen. Zudecken und 20 Minuten köcheln lassen. Auskühlen lassen, abseihen, in einer Flasche kalt stellen.

Die Terrine servieren

Terrine auf ein Brett stürzen. Saft entfernen. Terrine mit einem elektrischen Messer in 2 cm dicke Stücke portionieren. In die Mitte der Teller legen (bis zu einer Stunde vor dem Servieren), mit Pesto, Glasur und Chilisauce beträufeln. Servieren.

Lamm mit Kartoffeltorte auf Thymiansauce

Thymiansauce

3 Schalotten (gehackt)
10 Thymianzweige
Pflanzenöl
1 Glas Rotwein
1,8 l reduzierter Hühnerfond

5 kurze Lenden vom Lamm
Salz und schwarzer Pfeffer (frisch gemahlen)

Kartoffeltorte

2 Schalotten (fein gehackt)
2 Knoblauchzehen (fein gehackt)
Pflanzenöl
500 g gemischte Wildpilze
2 kg Kartoffeln (mehligkochend, geschält)
3 Thymianzweige (gehackt)
15 g Butter

3 Möhren (in 2 cm große Würfel geschnitten)
30 Spargelspitzen (geschält und in 8 cm lange Stücke geschnitten)
WEIN: *Pinot Noir, Savigny-les-Beaune*

(2T) **Die Sauce zubereiten**
Schalotten und Thymian in etwas Öl in einer Pfanne sautieren. Wein eingießen und auf die Hälfte reduzieren. Fond hinzugießen und zu sirupartiger Konsistenz auf etwa 600 ml für 10 Portionen reduzieren. Abseihen, auskühlen lassen, zudecken und kalt stellen.

(8h) **Das Lamm anbraten**
Pflanzenöl in einer Bratpfanne stark erhitzen. Zwei Lenden einlegen, würzen, auf allen Seiten bräunen, auf ein ausgefettetes Tablett legen. Mit restlichen Lenden wiederholen. Bedecken, kalt stellen.

(6h) **Die Kartoffeltorte zubereiten**
Ofen auf 190 °C vorheizen. Schalotten und Knoblauch in etwas Öl sautieren. Pilze hinzufügen, würzen und 3–4 Minuten braten. In einem Sieb beiseite stellen. Kartoffeln in sehr dünne Streifen schneiden, in eine Schüssel geben, würzen und mit Thymian mischen. Butter mit etwas Öl in einer für den Ofen geeigneten Bratpfanne (etwa 30 x 7 cm) erhitzen. Die Hälfte der Kartoffeln hineinlegen und gleichmäßig verteilen. 5 Minuten backen, bis die Ränder golden sind. Pilze in die Mitte geben und so verstreichen, daß etwa 2,5 cm Rand frei bleibt. Restliche Kartoffeln gleichmäßig darüberschichten, mit etwas Öl bestreichen und 20 Minuten backen. Aus dem Ofen nehmen und auf einen Teller stürzen. Kuchen zurück in die Pfanne gleiten lassen und für weitere 10 Minuten in den Ofen stellen, bis auch die andere Seite goldbraun ist. Auf ein Brett gleiten lassen, in Portionen schneiden (die Rundung abschneiden, wenn Sie ihn wie auf dem Foto servieren wollen) und auf ein Backblech legen. Auskühlen lassen, mit Plastikfolie bedecken und kalt stellen.

(6h) **Die Möhren zubereiten**
Möhren in etwas Öl leicht braun anbraten, würzen, auf ein Backblech legen, auskühlen, mit Plastikfolie bedecken und kühl stellen.

Zum Anrichten
Ofen auf 200 °C vorheizen. Sauce zum Kochen bringen, dann langsam köcheln und eventuell nachwürzen. Kartoffeltortenstücke und Möhren für 15 Minuten in den Ofen geben. Nach 5 Minuten das Lamm dazugeben und 8–10 Minuten wärmen. Herausnehmen und warm halten. Eine Kasserolle mit Salzwasser zum Kochen bringen und Spargel 3–4 Minuten kochen; abseihen und würzen. Kartoffeltorte in der Mitte des Tellers plazieren, Spargel danebenlegen. Lendenstücke halbieren, jede Hälfte in einem Winkel von 45° schneiden. Mit den Spitzen in entgegengesetzten Richtungen neben die Torte legen. Sauce auf den Teller gießen, eine oder mehrere Möhren dazu legen und servieren.

Lamm mit Kartoffeltorte auf Thymiansauce

Erdbeertörtchen mit Rhabarber-Eiscreme

Rhabarber-Eiscreme

500 g Rhabarber (geschält und in 2,5 cm lange Stücke geschnitten)
3 Kardamomkapseln
250 g Feinkristallzucker
600 ml Sahne

SPEZIALGERÄT: **Eismaschine**

Tortenboden

200 g Puderzucker zum Ausrollen des Teiges
500 g Blätterteig
Butter für das Backblech

Erdbeersauce

1 Körbchen Erdbeeren (etwa 250 g)
60 g Puderzucker
1 Zitrone (Saft)

Auflage

Diplomatencreme (siehe Seite 169)
Zuckerspinnennetze (siehe Seite 169)
4 Körbchen Erdbeeren (entstielt, gewaschen)

WEIN: *Sauternes oder Riesling*

(4T) Die Eiscreme zubereiten

Rhabarber mit 2 Eßlöffeln Wasser in eine Kasserolle geben, Kardamom und Zucker hinzufügen. Zudecken, zum Kochen bringen und 5–8 Minuten zu einem Püree verkochen lassen. In eine Schüssel gießen, Kardamom entfernen. Auskühlen lassen, dann die Sahne einrühren. In eine Eismaschine füllen, 30 Minuten aufschäumen lassen. In einem luftdichten Behälter einfrieren.

(4T) Den Teig vorbereiten

Eine kalte Arbeitsfläche mit Puderzucker bestreuen und den Blätterteig darauf ausrollen (33 x 23 cm). Den ausgerollten Teig mit Puderzucker bestreuen. An der Längsseite beginnend zu einem Zylinder einrollen. Kante mit Wasser einstreichen und vorsichtig andrücken. Zylinder in Frischhaltefolie einschlagen. Nun kann der Teig eingefroren werden.

Erdbeertörtchen mit Rhabarber-Eiscreme

(2T) Die Sauce zubereiten

Sämtliche Zutaten in einer Kasserolle zum Kochen bringen. Bei schwacher Hitze die Beeren weich kochen. Vom Herd nehmen, auskühlen lassen. Glatt verrühren, durch ein feines Sieb streichen. In eine Flasche füllen, kalt stellen.

(1T) Den Teig zubereiten

Ofen auf 200 °C vorheizen. Backblech mit Butter einstreichen. Falls eingefroren, Teig aus dem Gefrierfach nehmen. Eine kalte Arbeitsfläche mit Puderzukker bestreuen.Teig in 2 cm dicke Scheiben schneiden, 10 Minuten auftauen lassen. Mit Puderzucker bestreuen und den Teig sehr dünn ausrollen. Scheiben mit 12,5 cm Durchmesser ausstechen. Wenn der gefrorene Teig an den Rändern bricht, etwas länger auftauen lassen. Scheiben auf das Tablett legen und für 30 Minuten im Kühlschrank aufbewahren. Dann 10 Minuten im Ofen backen. Scheiben wenden und weitere 5 Minuten backen oder bis sie goldbraun glänzen. Auf einem Gitterrost auskühlen lassen. Zwischen Lagen aus Butterbrotpapier in einem luftdichten Behälter aufbewahren

(8h) Eiskugeln formen

Folgen Sie der Beschreibung zum Formen der Ingwer-Eiscreme auf Seite 126.

(8h) Die Auflagen zubereiten

Diplomatencreme und Zuckerspinnennetze zubereiten. Erdbeeren halbieren, in luftdichtem Behälter kalt stellen.

Zum Anrichten

Diplomatencreme in einen Spritzbeutel füllen und auf jeden Teller etwas Creme spritzen, damit das Törtchen nicht rutscht. Eine Teigscheibe darauflegen. Einen großen Klecks Creme darauf plazieren; die halbierten Erdbeeren rundum arrangieren. Sauce auf den Teller träufeln. Eine Kugel Eiscreme auf jedes Törtchen setzen, darauf ein Spinnennetz. Servieren. (Man kann die Törtchen 2 Stunden im vorhinein zusammensetzen und kalt stellen und die Eiskugel erst unmittelbar vor dem Servieren darauf plazieren.)

Sommermenü

Ich pflegte Gemüse gemeinsam mit meinem Freund Bruce im Garten anzubauen. Im Sommer war es ein großes Vergnügen, Spargel, Kräuter und Artischocken für einen frischen Salat zu ernten. Das Seebarschrezept stammt von einem Urlaub in Southwold, wo der Fisch zum Grillen direkt von den ansässigen Fischern kommt. FÜR 10 PERSONEN

Spargel-Artischocken-Salat

350 g gemischte Blattsalate (vorbereitet)

Salsa Verde

2 Tassen Petersilie (verlesen, gewaschen)
½ Tasse Majoran (gewaschen, abgetrocknet)
1 EL kleine Kapern
5 EL Olivenöl
2 Limetten (Saft und Schale)
2 Knoblauchzehen (fein gehackt)
2 Schalotten (fein gehackt)
2 TL grobkörniger Senf
1 EL Feinkristallzucker
Salz und schwarzer Pfeffer (frisch gemahlen)

Spargel und Artischocken

10 Artischocken (mittelgroß, gekocht, Blätter entfernen, so daß die Herzen verbleiben)
3 EL Olivenöl
Salz und schwarzer Pfeffer (frisch gemahlen)
2 Knoblauchzehen (zerdrückt)
5 frische Thymianzweige
30 weiße Spargelstangen (geschält und in 10 cm lange Stücke geschnitten)
30 grüne Spargelstangen (geschält und in 10 cm lange Stücke geschnitten)
1 Tasse Schnittlauch (geschnitten)
WEIN: *Sauvignon, Pouilly Fumé*

(3T) Die Blattsalate vorbereiten
Salatblätter halten am besten in einem luftdichten, mit einem Geschirrtuch ausgelegten Behälter. Blätter waschen und gut abtrocknen. Salat kalt stellen.

(3T) Die Salsa verde zubereiten
Kräuter fein hacken und in eine Schüssel geben. Restliche Zutaten hinzufügen, würzen, gut verrühren. In einem luftdichten Behälter kühl stellen.

Spargel-Artischocken-Salat

(1T) Die Artischocken grillen
Sämtliche Blütenblätter rund um die Herzen mit einem scharfen Messer entfernen. Jedes Herz halbieren, so daß 20 Scheiben entstehen. Eine Grillpfanne erhitzen. Scheiben mit Olivenöl bestreichen, würzen und etwa 45 Sekunden grillen, bis sie leicht gebräunt sind. Wenden und wiederholen.Scheiben in einen luftdichten Behälter legen; mit etwas Olivenöl beträufeln, mit Knoblauch und Thymian bestreuen. Auskühlen lassen und kalt stellen

ARTISCHOCKENZUBEREITUNG
ARTISCHOCKEN SCHMECKEN SO FEIN, DASS SIE FÖRMLICH AUF DER ZUNGE ZERGEHEN. ETWA 30–45 MINUTEN IN KOCHENDEM, MIT SCHALOTTEN, KNOBLAUCH, KRÄUTERN UND PFEFFERKÖRNERN AROMATISIERTEM WASSER KOCHEN. ETWAS ZITRONENSAFT GEGEN VERFÄRBUNG ZUSETZEN, EINE SCHICHT OLIVENÖL DARAUFGIESSEN. DANACH SÄMTLICHE BLÄTTER UND DIE BEHAARTEN TEILE IM INNEREN ENTFERNEN, DAMIT DAS FLEISCHIGE HERZ VERBLEIBT.

Seebarsch mit Fenchel und Süßkartoffelpüree

Seebarsch mit Fenchel und Süßkartoffelpüree

Rotweinsauce
Pflanzenöl
4 Schalotten (gehackt)
1 Glas Rotwein
1,8 l reduzierter Hühnerfond

Süßkartoffelpüree
1,35 kg orange Süßkartoffeln (in große Stücke geschnitten)
1 kg Kartoffeln (mehligkochend, in Stücken)
3 Knoblauchzehen (fein gehackt)
150 ml Olivenöl
Salz und weißer Pfeffer (frisch gemahlen)

10 Seebarschfilets, à 200 g (mit Haut, entgrätet)
20 Jungfenchel (Wurzeln entfernt, Stiele an der Spitze schräg abgeschnitten)
200 g Pfifferlinge (gewaschen, geputzt und in etwas Pflanzenöl sautiert, nach Belieben)
400 g junge Saubohnen (blanchiert und geschält)
schwarzer Pfeffer (frisch gemahlen)

***WEIN:** Trockener Riesling*

(2T) Die Sauce zubereiten

Schalotte in etwas Öl goldbraun anbraten. Rotwein hinzugießen und auf die Hälfte reduzieren. Mit Fond aufgießen und einkochen, bis die Mixtur eine glatte Konsistenz hat (etwa 600 ml für 10 Portionen). Durch ein Sieb streichen.

(6h) Das Süßkartoffelpüree zubereiten

Sämtliche Kartoffeln mit Knoblauch in Salzwasser weich kochen. Abtropfen und durch eine Kartoffelpresse streichen. Mit Olivenöl zu cremiger Konsistenz verrühren. Mit Salz und weißem Pfeffer würzen. Ausgekühlt in einem verschlossenen Behälter kalt stellen.

(6h) Den Seebarsch anbraten

Öl in einer Bratpfanne stark erhitzen. Fisch mit der Hautseite nach unten einlegen und würzen. Braten bis die Ränder goldbraun und die Haut knusprig ist. Wenden, weitere 10 Sekunden sautieren. Mit der Haut nach oben auf ein ausgefettetes Tablett legen. Bedecken, kalt stellen.

(6h) Den Fenchel vorbereiten

Fenchel in kochendem Salzwasser 4–5 Minuten blanchieren, abtropfen und in Eiswasser abschrecken. Abtrocknen, mit Öl bestreichen und würzen. Eine Grillpfanne vorwärmen und den Fenchel grillen. Auskühlen, auf ein ausgefettetes Tablett legen, zudecken, kalt stellen.

Zum Anrichten

Ofen auf 200 °C vorheizen. Sauce wärmen und würzen. Salzwasser zum Kochen bringen. Kartoffelpüree unter ständigem Rühren erwärmen, bis es Blasen schlägt. Würzen und warm halten. Fisch und Fenchel 7–8 Minuten im Ofen mit den Pilzen (wenn verwendet) aufbacken. Den Seebarsch bißfest zubereiten. Saubohnen 1 Minute im Salzwasser kochen, abtropfen. Einen Löffel in heißes Wasser tauchen, ein Oval aus dem Püree ausstechen und in die Mitte jedes Tellers setzen. Darüber 2 Stück Fenchel legen, darauf den Seebarsch. Saubohnen und Pilze auf die Teller streuen, mit Sauce beträufeln und servieren.

(1T) Den Spargel grillen

Salzwasser zum Kochen bringen. Spargel 1 Minute blanchieren, abtropfen und abschrecken. Abtrocknen, mit Olivenöl bestreichen, würzen und grillen, bis leicht gebräunt. Ausgekühlt mit Olivenöl beträufeln, zudecken und kalt stellen.

Zum Anrichten

Eine kleine Handvoll Salatblätter in die Mitte jedes Tellers legen, eine Artischockenscheibe darauflegen; weitere Blätter, 3 Spargelstücke, eine zweite Artischockenscheibe, wiederum Salatblätter und alles mit 3 Spargelstücken abschließen. Mit Schnittlauch bestreuen. Salsa verde auf den Teller träufeln. Wenn gewünscht, mit Parmesan-Chips (siehe Seite 92) servieren. (Der Salat kann 20 Minuten vor dem Servieren fertiggestellt werden.)

MIT WEIN KOCHEN

Wenn Wein ein wichtiger Teil eines Gerichtes ist, wie in der Rotweinsauce (siehe oben), sollte es ein guter sein.

Pistazienbiskuit mit Champagnergelee

Ein Körbchen wiegt 250 g.

Pistazienbiskuit
3 Eier
200 g Feinkristallzucker
450 g Mehl
½ TL Backpulver
320 g Pistazien (geschält)

Champagnergelee
Pflanzenöl
1 Körbchen Walderdbeeren
1 Körbchen Rote Johannisbeeren
1 Körbchen Weiße Johannisbeeren
1 Körbchen Himbeeren
1 Körbchen Heidelbeeren
1 Körbchen Loganbeeren
10 Blatt Gelatine
150 g Feinkristallzucker
150 ml Wasser
1 Flasche (750 ml Champagner)

Beerenkompott
100 g Feinkristallzucker
200 ml Wasser
1 Körbchen Heidelbeeren
1 Körbchen Walderdbeeren
1 Körbchen Rote Johannisbeeren
1 Körbchen Weiße Johannisbeeren
1 Körbchen Himbeeren
1 Körbchen Loganbeeren
CHAMPAGNER: *Champagner (roter)*

(1W) Biskuitteig zubereiten
Eier und Zucker in einem Mixer schaumig rühren. Mit Mehl, Backpulver und Pistazien zu einem glatten Teig verrühren. Auf einem bemehlten Brett zu einer 10 cm dicken Rolle formen. In Frischhaltefolie einschlagen und einfrieren.

(2T) Die Biskuits zubereiten
Ofen auf 190 °C vorheizen. Rolle auftauen und auf ein gefettetes Backblech legen. 30 Minuten goldbraun backen. Herausnehmen und auf einem Gitter auskühlen lassen. In 7 mm dicke Scheiben schneiden, im 45°-Winkel schneiden und weitere 5 Minuten backen. Auskühlen lassen und in einem luftdichten Behälter aufbewahren.

(1T) Das Gelee zubereiten
10 hohe Geleeformen (zu je 150 ml) mit etwas Pflanzenöl einstreichen. Formen umdrehen und auf Küchenkrepp stellen, um überschüssiges Öl zu entfernen. Früchte verlesen, waschen und gut abtrocknen. Gelatine in einer Schüssel mit kaltem Wasser bedecken und einweichen lassen. Wasser und Zucker in einer Kasserolle zum Kochen bringen. Hitze reduzieren und 5 Minuten zu einem klaren Sirup einkochen lassen. Vom Herd nehmen. Gelatine ausdrücken und in dem Sirup auflösen. Champagner hinzugießen, umrühren und durch ein feines Sieb in einen großen Krug seihen. Geleeformen auf ein Tablett stellen, das für den Kühlschrank paßt. Die Böden der Formen mit Gelee bedecken (etwa 7 mm hoch). Im Kühlschrank steif werden lassen. Dann herausnehmen, zur Hälfte mit Früchten füllen und diese zu drei Vierteln mit Gelee bedecken (wenn Sie mehr nehmen, schwimmen die Früchte obenauf). Im Kühlchrank setzen lassen, mit Gelee auffüllen und im Kühlschrank setzen lassen.

(1T) Das Kompott zubereiten
Zucker und Heidelbeeren in eine Stahlpfanne geben, mit dem Wasser zum Kochen bringen. Restliche Früchte einlegen und erneut zum Kochen bringen. Wenn die Mischung kocht, sofort vom Herd nehmen. In einen Behälter füllen, auskühlen, zudecken und kalt stellen.

Zum Anrichten
Geleeformen in warmes Wasser tauchen, zum Lockern des Gelees schütteln. Ein Gelee in die Mitte jedes Tellers stürzen, mit etwas Kompott umgeben. (Dies kann 2 Stunden vorher getan werden). Kurz vor dem Servieren die Biskuits beilegen.

Pistazienbiskuit mit Champagnergelee

Herbstmenü

Im Herbst macht es mir Freude, Suppe in kleinen Kürbissen zu servieren. Das französische Challans-Huhn hat jene zarte Beschaffenheit, die gut zu Frühlingszwiebeln paßt, aber auch Freilandhühner sind geeignet. FÜR 10 PERSONEN

Butternußkürbis-Suppe

Suppenbasis

45 g Butter
2 EL Pflanzenöl
1,5 kg Butternußkürbis (entkernt und würfelig geschnitten)
430 g Möhren (gehackt)
5 Schalotten (gehackt)
4 Knoblauchzehen (gehackt)
1,8 l Gemüsefond
10 kleine Kürbisse
600 ml Sahne

Chilicreme

250 ml Sahne
2 große rote Chilis (entkernt, fein gewürfelt)
2 EL Koriander (gehackt)
Salz und schwarzer Pfeffer (frisch gemahlen)

WEIN: *Chardonnay*

(1T) Die Suppe zubereiten
Butter und Pflanzenöl in einer großen Kasserolle erhitzen. Nußkürbisse, Möhren, Schalotten und Knoblauch hinzufügen, 5 Minuten anschwitzen. Mit Fond aufgießen, zum Kochen bringen, eine Stunde köcheln lassen. Auskühlen, verflüssigen, luftdicht kalt stellen.

(1T) Die Kürbisse vorbereiten
Eine Scheibe von der Unterseite abschneiden, so daß die Kürbisse gerade stehen. Nicht zu viel wegschneiden, sonst entsteht ein Loch. Oberseite abschneiden und sämtliche Samen entfernen. In Folie wickeln und kalt stellen.

(8h) Die Chilicreme zubereiten
Sahne steif schlagen. Gehackte Chilis und Koriander unterziehen, würzen. In einem luftdichten Behälter im Kühlschrank aufbewahren.

Zum Anrichten
Ofen auf 150 °C vorheizen. Wenn gewünscht, Herbstblätter auf die Teller legen. Kürbisse auf einem Backblech im Ofen etwa 20 Minuten vorwärmen. Suppe zum Kochen bringen, Sahne einrühren, eventuell nachwürzen, bei niedriger Hitze weiterkochen. Wenn Sie frisches Brot dazu servieren, im Ofen vorwärmen und in eine Stoffserviette einschlagen. Kürbisse mit einem Geschirrtuch ausreiben, um Feuchtigkeitsreste zu entfernen, in die Mitte der Teller stellen. Mit Suppe auffüllen, Chilicreme daraufsetzen und servieren.

Butternußkürbis-Suppe

HERBSTLAUB
PRÄSENTIEREN SIE DIESE SUPPE WUNDERSCHÖN UND ORIGINELL AUF GEWASCHENEN, GETROCKNETEN BLÄTTERN.

Challans-Hühnchen mit Frühlingsrollen

Pflanzenöl
10 schwarze Challans Hühnchen (geputzt, mit Haut) oder Freilandhühner
620 g Möhren
10 junge Pak-Choi
Erdnußöl
1 EL weiße Sesamkörner
15 g Ingwer (gehackt)
Salz und schwarzer Pfeffer (frisch gemahlen)
1,2 l reduzierter Hühnerfond
150 ml süße Sojasauce

Frühlingsrollen
1 EL Mehl
2 EL Wasser
100 g Glasnudeln
Erdnußöl
3 Knoblauchzehen (gepreßt)
400 g Möhren (fein geschnitten)
300 g Chinakohl (fein geschnitten)
200 g Shitake Pilze (geschnitten)
400 g Zuckererbsen (fein geschnitten)
5 TL Zucker
10 EL helle Sojasauce
Salz und schwarzer Pfeffer (frisch gemahlen)
10 Teigblätter für Frühlingsrollen (je 25 cm²)

SPEZIALGERÄT: **Friteuse**

WEIN: *Spanischer Chardonnay oder Chilenischer Barique Chardonnay*

Challans-Hühnchen mit Frühlingsrollen

(8h) Das Hühnchen anbraten
Etwas Öl in einer Bratpfanne stark erhitzen. Hühnerstücke mit der Hautseite nach unten paarweise einlegen, würzen. Wenden, wenn sie goldbraun sind, die andere Seite anbraten. Auf Metalltablett auskühlen lassen, zudecken, kalt stellen.

(8h) Das Gemüse zubereiten
Salzwasser zum Kochen bringen. Möhren so zuschneiden, daß sie 4 flache Seiten haben und in 3 mm starke Streifen schneiden. Eine Schüssel mit Eiswasser füllen. Je eine Handvoll Streifen etwa 1 Minute blanchieren, dann im Eiswasser abschrecken. Abtrocknen, zudecken. Pak-Choi-Blätter trennen und waschen. Etwas Erdnußöl in einer Bratpfanne erhitzen. Die Hälfte der Sesamkörner, Ingwer und eine Handvoll Pak-Choi weich braten und würzen. In eine große Schüssel geben. Mit den restlichen Sesamkörnern wiederholen. Auskühlen lassen, Möhrenstreifen einmengen und auf einem ausgefetteten Metalltablett in 10 Portionen teilen. Mit Wasser beträufeln, mit Folie umhüllen und kalt stellen.

(8h) Hühnchen und Sauce zubereiten
Hühnerfond (möglichst braunen) in einer Kasserolle zum Kochen bringen, dann auf etwa 600 ml für 10 Portionen reduzieren. Süße Sojasauce zugeben und 5 Minuten köcheln lassen. Auskühlen lassen, bedecken und kalt stellen.

(8h) Füllung für Frühlingsrollen zubereiten
Mehl und Wasser glatt verrühren (als Bindemittel). Salzwasser zum Kochen bringen und Nudeln 1 Minute blanchieren oder bis sie weich sind, abseihen. In 2,5 cm lange Stücke schneiden. Etwas Erdnußöl in einer Bratpfanne oder einem Wok erhitzen. Knoblauch, Möhren, Kohl und Pilze 2 Minuten sautieren. Zuckererbsen, Zucker, Sojasauce und Nudeln hinzufügen. Weitere 2 Minuten braten und würzen. Auskühlen lassen, zudecken, kalt stellen.

(2h) Frühlingsrollen vorbereiten
Ein sauberes Geschirrtuch auf ein Metalltablett legen. Ein Teigblatt in Rautenform auf eine Arbeitsfläche legen. Einen gehäuften Eßlöffel Füllung in die Mitte des ersten Drittels legen. Ecken mit Klebemischung bestreichen. Untere Ecke straff über die Füllung schlagen. Seiten in die Mitte schlagen, dann einrollen. Jede Rolle sollte 12,5 cm lang sein. Rollen auf das Tablett legen, zudecken und im Kühlschrank aufbewahren.

Zum Anrichten
Ofen auf 200 °C vorheizen. Friteuse auf 190 °C erhitzen. Sauce zum Kochen bringen, Hitze reduzieren und köcheln lassen. Frühlingsrollen in der Friteuse goldbraun fritieren. Auf Küchenkrepp abtropfen lassen und warm halten. Hühnchen, Möhren und Pak-Choi 10–12 Minuten im Ofen aufwärmen. Das Huhn ist fertig gegart, wenn es sich fest anfühlt. Aus dem Ofen nehmen und warm halten. Die Enden der Frühlingsrollen abschneiden und schräg halbieren. Auf jedem Teller 2 Frühlingsrollenhälften, Pak-Choi und Möhren arrangieren. Jedes Hühnerstück in 2 Scheiben schneiden und gegen den Pak-Choi lehnen. Etwas Sauce auf den Teller träufeln und servieren.

GEKÜHLTE SPEISEN WÄRMEN
WENN SIE FLEISCH ODER FISCH BRATEN ODER GEMÜSE AUFWÄRMEN WOLLEN, NEHMEN SIE ES 15 MINUTEN VORHER AUS DEM KÜHLSCHRANK. SONST IST DER KOCHVORGANG ZU BEGINN NICHT SO EFFIZIENT.

Ingwer-Eiscreme mit glasierter Ananas

Eiscreme

12 Eigelb
250 g Feinkristallzucker
600 ml Milch
600 ml Sahne
100 g Ingwer (gehackt)
SPEZIALGERÄT: **Eismaschine**

1 große Kokosnuß (für die Kokoslocken)

Glasierte Ananas

2 große Ananas (geschält, ohne Strunk, in 10 Scheiben zu je 3 cm geteilt)
schwarzer Pfeffer (frisch gemahlen)
Pflanzenöl
150 g brauner Zucker (weich)
WEIN: *Riesling*

Ingwer-Eiscreme mit glasierter Ananas

(7T) Die Eiscreme zubereiten
Eier und Zucker mit einem elektrischen Mixer schaumig schlagen. Milch und Sahne in einem Milchtopf zum Kochen bringen. Vom Herd nehmen. Bei langsamer Geschwindigkeit und ständigem Rühren Milch in die Eimischung eingießen. Mixtur wieder in den Topf füllen und erhitzen, bis sie an einem Löffelrücken haftet. Nicht kochen lassen. In eine Schüssel gießen, Ingwer hinzufügen und auskühlen lassen. In eine Eismaschine füllen und aufschäumen lassen. Dann in einen Behälter füllen und einfrieren.

(2T) Die Kokoslocken zubereiten
Ofen auf 160 °C vorheizen. Kokosnuß aufbrechen, Fruchtfleisch herauslösen. (Die Milch ist ein köstliches Getränk.) Fleisch in lange Streifen schneiden und auf einem Backblech im Ofen goldbraun braten. Nach dem Auskühlen sind sie knusprig. Luftdicht lagern.

(8h) Eiskugeln formen
Ein Metallblech mit Antihaftpapier belegen und 30 Minuten in das Gefrierfach stellen. Einen Krug mit heißem Wasser füllen. Eiskugelformer in das Wasser tauchen, dann in die Eiscreme. Eine Kugel ausstechen, auf das Tablett legen und wiederholen. Tablett wieder tiefkühlen.

ANANAS SCHÄLEN
DIE ANANAS AUF EIN BRETT LEGEN, SPITZE UND BODEN MIT EINEM SCHARFEN SÄGEMESSER ABSCHNEIDEN. AUFRECHT STELLEN UND ETWA 6 MM TIEF RUNDHERUM SCHNEIDEN, UM SCHALE UND »AUGEN« ZU ENTFERNEN.

(8h) Die Ananas glasieren
Ananasstücke (»Finger«) auf ein Tablett legen und pfeffern. Etwas Öl in einer Bratpfanne stark erhitzen und einige Ananasfinger einlegen. Goldbraun braten, dann wenden. Mit allen Ananasstücken so verfahren. Auf ein Tablett legen, Saft in der Pfanne belassen. Braunen Zucker hinzufügen und karamelisieren. Wenn der Zucker zu dunkel wird, etwas Wasser zugießen und weiterkochen. Karamelisierten Zucker über die Ananasfinger gießen, auskühlen lassen, bedecken und kalt stellen.

Zum Anrichten
Ofen auf 150 °C vorheizen. Ananasfinger im vorgeheizten Ofen etwa 6 Minuten aufwärmen, dann den Saft in einen Krug gießen. Je 4 Ananasfinger in die Mitte jedes Teller legen, Eiscreme daraufsetzen und die Kokoslocken arrangieren. Etwas Saft auf den Teller träufeln und servieren.

Wintermenü

Die grauen und dunklen Tage des Winters lassen sich aufhellen, wenn Sie mit Lachs einen freundlichen Farbtupfer auf Ihren Tisch bringen. Sein frisches Aroma wirkt zu dieser Jahreszeit besonders pikant, und Mischungen mit Räucherlachs sind immer beliebt. Die exquisite Schokoladentorte (unser gefragtestes Dessert) harmoniert herrlich mit der ungewöhnlichen, aber köstlichen Baumtomate. FÜR 10 PERSONEN

Frisches Lachsfilet in Räucherlachs

1 kg frische Lachsfilets (ohne Haut)
2 Schalotten (fein würfelig geschnitten)
3 EL Olivenöl
1 EL Meersalz
½ TL schwarzer Pfeffer (gemahlen)
10 Limettensscheiben
10 Orangenscheiben
10 rosarote Grapefruitscheiben
500 g geschnittener Räucherlachs (lang)
1 Bund Schnittlauch
½ Tasse Dill (verlesen, gewaschen, gekühlt)

Dressing aus Senfkörnern

2 TL Senfkörner
1 EL Weißweinessig
1 TL Feinkristallzucker
1 EL Olivenöl
Salz und schwarzer Pfeffer (frisch gemahlen)
WEIN: *Rosé Sancerre, Chablis Grand Cru*

(1T) **Den Lachs marinieren**
Lachs in 2,5 cm breite Streifen schneiden, dann jeden Streifen der Breite nach so dünn wie möglich schneiden. In eine Schüssel legen. Schalotten, Olivenöl, Salz und Pfeffer hinzufügen, gut durchmischen. In einem luftdichten Behälter 12 Stunden kühl stellen.

(1T) **Das Dressing zubereiten**
Sämtlich Zutaten vermischen und würzen. In einem Krug kalt stellen.

(8h) **Die Früchte vorbereiten**
Limetten-, Orangen- und Grapefruitscheiben in Stücke schneiden.In einem luftdichten Behälter kalt stellen.

(8h) **Den Räucherlachs vorbereiten**
Räucherlachs in 10 Streifen schneiden (je 25,5 x 5 cm). Zwischen Butterbrotpapier legen und in den Kühlschrank stellen. 20 Halme Schnittlauch in 15 cm lange Stücke schneiden, den Rest zum Garnieren klein hacken. Luftdicht aufbewahren.

GRÄTEN AUS FISCH ENTFERNEN
ARTERIENKLAMMERN SIND GEEIGNETE INSTRUMENTE ZUM ENTFERNEN VON GRÄTEN (ERHÄLTLICH IN MEDIZINISCHEN FACHGESCHÄFTEN ODER APOTHEKEN).

Zum Anrichten
30 Minuten vor dem Servieren die Hälfte der Zitrusfruchtstücke mit Dill und Lachs vermischen. Eine runde, 7 cm breite, 3 cm hohe Form in die Mitte jedes Tellers legen. Die Innenseite der Form mit einem Streifen Räucherlachs auslegen, so daß er den Teller berührt und über die Kanten steht. Mit mariniertem Lachs füllen, die Form entfernen. Lange Schnittlauchhalme vertikal in die Mitte plazieren. Mit Dressing beträufeln, mit den verbleibenden Zitrusfruchtstücken und Schnittlauch bestreuen. Servieren.

Frisches Lachsfilet in Räucherlachs

Ente in Portwein mit Kohlpäckchen

Entenconfit

3 Entenkeulen (700 g)
2 Knoblauchzehen (zerdrückt)
5 Thymianzweige
3 EL Meersalz
6 Pfefferkörner
1 l Gänse- oder Entenfett

Kohlpäckchen

2 Stück Wirsingkohl (mittelgroß)
30 g Butter
2 Zwiebeln (mittelgroß, fein geschnitten)
250 ml heller Hühnerfond
Salz und schwarzer Pfeffer (frisch gemahlen)
Pflanzenöl

Möhren-Rüben-Gratin

30 g Butter
750 ml Sahne
3 Knoblauchzehen (fein gehackt)
1,3 kg Kartoffeln (mehligkochend, sehr fein geschnitten)
900 g weiße Rüben (sehr fein geschnitten)
1 großzügige Prise Muskatnuß (gerieben)
Salz und weißer Pfeffer (gemahlen)

10 Stück rohe Entenbrust (weiblich)

Portweinsauce

4 Schalotten (gehackt)
Olivenöl
1 Glas Portwein
1,8 l reduzierter Hühnerfond (braun)
WEIN: *Nuit St Georges oder Cabernet*

(2½T) Den Entenconfit vorbereiten
Sämtliche Zutaten mit Ausnahme des Fettes in einer Schüssel vermischen, so daß die Keulen damit überzogen sind. 12 Stunden zugedeckt kalt stellen.

(2T) Den Entenconfit zubereiten
Fett in einer großen Pfanne erhitzen. Keulen abwaschen und abtrocknen. In das Fett legen und etwa 2 Stunden bei sehr niedriger Hitze braten. Auf ein Tablett legen, auskühlen lassen, Haut entfernen, Fleisch kleinschneiden. In einem luftdichten Behälter kalt stellen.

(1T) Die Päckchen vorbereiten
Salzwasser zum Kochen bringen. 5 Blätter von jedem Kohl auswählen und 30 Sekunden blanchieren, je 2 gleichzeitig. In Eiswasser abschrecken. Abtrocknen. In einem luftdichten Behälter kalt stellen. Herz eines Kohls entfernen und Blätter kleinschneiden. Butter in einer Kasserolle erhitzen, Zwiebel darin weich braten. Fond und Kohl hinzufügen, 8–10 Minuten kochen. Abseihen und auskühlen lassen. Zum Entenfond geben, würzen und gut vermischen.

(1T) Die Päckchen zubereiten
Kohlblätter auf ein Tuch legen, mit Salz und Pfeffer würzen. 1 Eßlöffel Entenconfit und Kohl darauf legen. Blatt darüberschlagen. Mit Hilfe eines Tuches zu einer festen Kugel formen. Auf ein ausgefettetes Metalltablett legen, mit Wasser besprengen. In Folie wickeln, kühlen.

(1T) Die Sauce zubereiten
Schalotten in Olivenöl goldbraun braten. Port hinzugießen und auf die Hälfte reduzieren. Mit Fond aufgießen und zu sämiger Konsistenz reduzieren (600 ml). Abseihen, auskühlen, kalt stellen.

(8h) Die Ente anbraten
Etwas Öl stark erhitzen. 2 Entenbrüste mit der Hautseite nach unten einlegen und würzen. Wenn sie goldbraun sind, wenden und die andere Seite anbraten. Auf ein befettetes Metalltablett legen. Mit den anderen Brüsten wiederholen. Zudecken und kühl stellen.

(8h) Das Gratin zubereiten
Ofen auf 180 °C vorheizen. Eine feuerfeste Form mit Butter ausstreichen. Sahne in einer Kasserolle erwärmen, Knoblauch hinzufügen. Kartoffeln und Rüben mit Salz bestreuen, 5 Minuten so belassen, dann Wasser und Stärke auspressen. Kartoffeln, Rüben und Muskatnuß in die Sahne geben und 5 Minuten kochen. Umrühren, eventuell nachwürzen, dann in die Form gießen und die Oberfläche glätten. Im Ofen 1 Stunde backen oder bis es weich und goldbraun ist. Auskühlen lassen, in 10 Portionen teilen. An einem kühlen Ort lagern.

Zum Anrichten
Ofen auf 200 °C vorheizen. Sauce zum Kochen bringen, würzen und Hitze reduzieren. Gratin in den Ofen schieben, nach 10 Minuten Kohlpäckchen sowie Ente dazugeben und weitere 10–12 Mi-

Ente in Portwein mit Kohlpäckchen

nuten backen. Gratin, Ente und Kohlpäckchen herausnehmen. Ente locker mit Folie zudecken und 5 Minuten ruhen lassen, dann in 3 Portionen schneiden. Gratin und Kohlpäckchen in die Mitte der Teller legen. Ente daran anlehen, Sauce auf den Teller gießen. Servieren.

Schokoladentorte

Schokoladentorte

Teig

140 g Butter
100 g Puderzucker
1 Ei
250 g Mehl (gesiebt)
30 g Mandeln (gerieben)
Butter (zerlassen)
Mehl zum Ausrollen des Teiges

Tamarillos und Sauce

10 Tamarillos (Baumtomaten)
2 Stück Sternanis
1 Vanilleschote
3 Nelken
750 g Feinkristallzucker
750 ml Rotwein
250 ml Wasser

Schokoladenmischung

310 g Bitterschokolade (etwa 70% Kakaogehalt, in kleine Stücke gebrochen)
675 ml Sahne
13 Eigelb
110 g Feinkristallzucker
Kakaopulver zum Bestreuen
250 g Crème fraîche zum Garnieren
WEIN: *Nuit St. Georges, Cabernet*

(2T) Die Torte zubereiten
Ofen auf 180 °C vorheizen. Butter und Zucker in einem Mixer schaumig rühren. Bei langsamer Geschwindigkeit Ei, dann Mehl und Mandeln hinzufügen. Auf ein bemehltes Brett legen und kneten, bis der Teig glatt ist. In Frischhaltefolie einschlagen und 2 Stunden kalt stellen. Einen Tortenring auf ein Backblech legen und mit Butter ausstreichen. Eine kalte Arbeitsfläche mit Mehl bestreuen und den Teig 7 mm dick ausrollen. Den Tortenring damit auslegen. Der Teig soll 2,5 cm überstehen. Mit Folie belegen, mit Backbohnen füllen und für 1 Stunde kühl stellen. In den Ofen schieben und etwa 30 Minuten goldbraun backen. Backbohnen und Folie entfernen und weitere 30 Minuten backen. Auskühlen lassen. Überstand abschneiden. In einem luftdichten Behälter aufbewahren.

(2T) Die Tamarillos pochieren
Stiele der Tamarillos säubern. Gewürze, Zucker, Wein und Wasser in eine große Kasserolle geben und zum Kochen bringen. Hitze reduzieren, Tamarillos darin 5 Minuten köcheln lassen. In der Flüssigkeit auskühlen lassen, dann 300 ml in einen Topf abseihen. Tamarillos schälen, in einen luftdichten Behälter legen, mit der verbleibenden Sauce übergießen. Kalt stellen. Sauce im Topf auf die Hälfte reduzieren. Auskühlen, in einen Krug füllen und kalt stellen.

(8h) Die Schokoladenmischung zubereiten
Schokolade in eine große Schüssel geben. Sahne in einer Kasserolle zum Kochen bringen. Eigelb und Zucker schaumig rühren. Sahne über die Schokolade gießen und glatt verrühren. Eimischung langsam einrühren und 1 Minute schlagen. In einen Krug gießen.

(8h) Die Torte backen
Ofen auf 120 °C vorheizen. Tortenboden in die Kuchenform legen. Schokoladenmischung hineingießen und 45–50 Minuten backen oder bis die Füllung fest ist. Herausnehmen und auskühlen lassen. Kühl und luftdicht aufbewahren.

(2h) Torte und Tamarillos schneiden
Torte in Stücke schneiden und diese mit kleinem Abstand wieder zusammensetzen. Zudecken und kühl aufbewahren. Baumtomaten abseihen und die Unterseite abschneiden, so daß sie stehen. In den Behälter geben und kalt stellen.

Zum Anrichten
Die Torte mit Kakaopulver bestreuen. Ein Tortenstück auf jeden Teller legen, daneben eine Tamarillo und einen Löffel Crème fraîche. Sauce über die Baumtomate gießen und servieren.

Vorgekochtes Menü

Dieses Menü ist im voraus einfach zuzubereiten. Jeder Gang wird Ihre Gäste beeindrucken. Besonders das heiße Schokoladen-Mousse ist sehr beliebt. Einmal servierte ich es für 400 Gäste in einem Zelt inmitten einer großen Wiese – noch immer heiß! FÜR 10 PERSONEN

Miesmuschelsuppe mit Safran

Miesmuschelsuppe mit Safran

Pflanzenöl
4 Schalotten (fein geschnitten)
3 Knoblauchzehen (fein gehackt)
1 Fenchelknolle (mittelgroß, fein geschnitten)
2 Stück Porree (gewaschen und geschnitten)
4 kg frische Miesmuscheln in der Schale
1 Glas trockener Weißwein
2,4 l Fischfond
2 g Safran (in 1 EL kochendem Wasser gelöst)
300 ml Sahne
Salz und schwarzer Pfeffer (frisch gemahlen)
10 Fleischtomaten (enthäutet, entkernt und in große Würfel geschnitten)
½ Tasse Petersilie (gehackt)
WEIN: *Muskateller oder Chardonnay*

(5h) Die Suppe zubereiten

Muscheln sorgfältig von Wurzeln und Sand reinigen. Muschelbart durch kräftiges Ziehen entfernen. Etwas Öl in einem großen Suppentopf erhitzen, Schalotten, Knoblauch, Fenchel und Porree 2 Minuten darin anbraten. Hitze erhöhen, Muscheln und Weißwein zugeben. Zudecken und nach 1 Minute gut schütteln. 2–3 Minuten weiterkochen. Die Muscheln sind fertig, wenn sich die Schalen geöffnet haben. Muscheln in einen Topf abseihen, Gemüse und Muschelsud aufbewahren. Geschlossene Muscheln entfernen. 60 Muscheln mit der Schale zum Garnieren aufbewahren. Restliche Muscheln aus der Schale nehmen. In eine Schüssel legen, auskühlen, bedecken und kalt stellen. Flüssigkeit mit Gemüse wieder zum Kochen bringen, Fischfond, Safran und Sahne einrühren und 5 Minuten schwach kochen lassen. Vom Herd nehmen, würzen. Auskühlen lassen, luftdicht im Kühlschrank aufbewahren.

Zum Anrichten

Suppentassen im Ofen vorwärmen. Muscheln aus dem Kühlschrank nehmen. Suppe langsam zum Kochen bringen, dann Tomaten und Petersilie hinzufügen. In einen Krug füllen. Muscheln auf die Suppentassen aufteilen, mit Suppe übergießen. Mit Muscheln in den Schalen dekorieren und servieren.

Fasan mit Gemüse und Bratkartoffeln

Fasan mit Gemüse und Bratkartoffeln

Rotweinsauce

Pflanzenöl
3 Schalotten (grob gehackt)
4 Thymianzweige
1 Glas Rotwein
2 EL Quittengelee
1,8 l reduzierter Hühnerfond (braun)

Fasan und Gemüse

Pflanzenöl
Salz und schwarzer Pfeffer (frisch gemahlen)
10 Fasanoberkeulen (Knochen ausgelöst)
6–8 Möhren (in mindestens 40 Stäbchen von 5 cm Länge geschnitten)
4–6 Stück Porree (in mindestens 40 Scheiben von 5 cm Dicke geschnitten)
40 Schalotten (geschält)
3 EL Feinkristallzucker

Bratkartoffeln

1kg Kartoffeln (mehligkochend, in Juliennestreifen)
10 Speckstreifen (in dünnen Streifen)
Salz und schwarzer Pfeffer (frisch gemahlen)
Pflanzenöl
60 g Butter
WEIN: *Gevrey Chambertin*

(2T) Die Sauce zubereiten

Gehackte Schalotten und Thymian in etwas Öl glasig rösten. Wein und Gelee beigeben und auf die Hälfte reduzieren. Mit Fond aufgießen und auf etwa 600 ml einkochen. Vom Herd nehmen und fein abseihen. Auskühlen lassen, in einem luftdichten Behälter kalt stellen.

(8h) Fasan und Gemüse anbraten

Etwas Öl in einer großen Pfanne erhitzen. Fasan auf beiden Seiten würzen und mit der Hautseite nach unten einlegen. Goldbraun braten, dann wenden und wiederholen. Auf ein Tablett legen. Auskühlen lassen, bedecken, kalt stellen. Pfanne reinigen, etwas Öl darin erhitzen. Porree und Möhren würzen und getrennt goldbraun sautieren und auf ein Metalltablett legen. Auskühlen lassen, zudecken, kalt stellen. Pfanne wieder säubern; Schalotten in etwas Öl langsam goldbraun sautieren, würzen, Zucker hinzufügen und karamelisieren. Auf einem Tablett auskühlen lassen, bedecken und kalt stellen.

(4h) Kartoffeln zubereiten

Kartoffeln mit Speck und Gewürzen vermischen. Etwas Öl in einer Pfanne erhitzen. Hälfte der Butter hinzufügen, 5 Handvoll Kartoffeln einlegen. Mit der Rückseite eines Löffels in 12 cm große Scheiben drücken. Beidseitig knusprig goldbraun braten, auf ein Tablett legen. Mit den restlichen Kartoffeln wiederholen. Auskühlen, bedecken, kalt stellen.

Zum Anrichten

Ofen auf 200 °C vorheizen. Sauce zum Kochen bringen, dann köcheln lassen. Fasan, Gemüse und Kartoffelscheiben 10 Minuten im Ofen aufwärmen. Fasan herausnehmen und 5 Minuten mit Folie bedeckt ruhen lassen. Jede Keule in 3 Scheiben schneiden. Sauce in einen Krug füllen. Eine Kartoffelscheibe auf jeden Teller verteilen und den Fasan obenauf legen. Gemüse verteilen, mit Sauce beträufeln und servieren.

Schokoladen-Mousse

Schokoladen-Mousse

In Teetassen aus Porzellan (etwa 6 x 6 cm oder 180 ml) servieren.

70 % KAKAOGEHALT

AUCH WENN EINIGE REZEPTE MIT 50 % KAKAOGEHALT AUSKOMMEN – SIE MÜSSEN DIE DUNKELSTE SCHOKOLADE NEHMEN, DIE SIE BEKOMMEN. SONST ERZIELEN SIE NICHT DIESEN VOLLMUNDIGEN GESCHMACK.

60 g Butter (zerlassen)
70 g Feinkristallzucker
250 g Bitterschokolade (70 % Kakaogehalt)
125 g Butter
8 Eier (getrennt)
180 g Feinkristallzucker
60 g Mehl (gesiebt)
90 g Bitterschokolade (in kleine Stücke gehackt)
Puderzucker zum Bestreuen
250 ml Sahne

WEIN: *Riesling*

(9h) Die Tassen vorbereiten

Innen mit zerlassener Butter bestreichen, mit Zucker überziehen. Kalt stellen.

(8h) Die Mousse zubereiten

Schokolade und Butter in 2,5 cm große Stücke schneiden, in eine Metallschüssel geben. Schokolade zum Schmelzen in ein Wasserbad stellen und vorsichtig erwärmen. Die Schokolade darf nicht zu stark erhitzt werden, sonst verbindet sie sich nur schwer mit den anderen Zutaten. Eiweiß mit einem elektrischen Mixer schaumig schlagen, nach und nach den Zucker einrühren, bis die Konsistenz glatt, glänzend und steif ist. Schokolade vom Herd nehmen und Eigelb einrühren. Gut durchmischen. Eiweiß und Mehl unterziehen. Vorsichtig rühren, bis die Zutaten gut vermischt sind. Gekühlte Tassen aus dem Kühlschrank nehmen. Die extra gehackten Schokoladenstückchen aufteilen, mit einem Löffel die Tassen zu drei Vierteln mit Mousse füllen und ein weiteres Mal zurück in den Kühlschrank stellen.

Die Mousse kochen

Ofen auf 160 °C vorheizen. Wasser zum Kochen bringen. Mousse in eine tiefe Bratpfanne stellen, darin kochendes Wasser bis zur halben Höhe der Tassen einfüllen. Am besten machen Sie dies, während die Pfanne im Ofen steht, dann müssen Sie sie nicht tragen. Mousses etwa 20 Minuten kochen oder bis sie über den Rand der Formen aufgegangen sind.

Zum Anrichten

Tassen vorsichtig aus dem Wasser nehmen – sie sind heiß! Zum Trocknen auf ein sauberes Geschirrtuch stellen. Mit Puderzucker bestreuen und etwas Sahne danebensetzen. Servieren.

EIN LEICHTER HAUCH

SCHLAGEN SIE NICHT ZU KRÄFTIG BEIM UNTERZIEHEN DER ZUTATEN, SONST SCHLAGEN SIE ZU VIEL LUFT AUS DER MOUSSEMASSE.

Mediterranes Menü

Dieses Menü ist eine interessante Variation klassischer mediterraner Gerichte. Der erste Gang wurde von Küchenchef Richard Cubbin in Südfrankreich entwickelt. Nach der beneidenswerten Aufgabe, auf den lokalen Märkten einzukaufen, bereitete er eines Tages diese köstlichen Törtchen zu – das kräftige Aroma von Ziegenkäse, bereichert durch die Süße von Feigen. Alles ist einfach zuzubereiten, und das Risotto belohnt Sie reichlich. Das Tiramisu servieren Sie am besten in kleinen Gläsern. FÜR 10 PERSONEN

Ziegenkäse-Feigen-Törtchen

Törtchenboden

Mehl zum Stäuben
675 g Blätterteig
3 Eigelb
1 EL Milch
1 Prise Salz

Auflage

10 frische Feigen
30 g Feinkristallzucker
225 g Ziegenkäse (im Stück)
10 EL Rote-Zwiebel-Marmelade (Seite 168)
1 Tasse Kerbel (gewaschen und getrocknet)
1 Tasse Petersilie (verlesen, gewaschen und getrocknet)
1 Tasse Schnittlauch (in 4 cm lange Stücke geschnitten, gewaschen und getrocknet)
Rotwein-Vinaigrette (siehe Seite 168)
Salz und schwarzer Pfeffer (frisch gemahlen)

SPEZIALGERÄT: **Lötlampe**

WEIN: *gekühlter Chinon*

(1T) **Den Teig zubereiten**
Eine kühle Arbeitsfläche mit Mehl bestäuben, den Teig 3 mm dick ausrollen. 10 cm große Scheiben ausstechen und auf ein bemehltes Backblech legen. Teig mehrmals mit einer Gabel anstechen und 1 Stunde im Kühlschrank ruhen lassen. Ofen auf 200 °C vorheizen. Eigelb, Milch und Salz in einer kleinen Schüssel mixen. Teig damit bestreichen.

Ziegenkäse-Feigen-Törtchen

10 Minuten backen. Herausnehmen, auskühlen lassen. Zwischen Schichten aus Butterbrotpapier luftdicht und kühl aufbewahren.

(4h) Die Auflage zubereiten

Jede Feige in 12 Spalten schneiden, auf ein Tablett legen und mit Zucker bestreuen. Mit der Lötlampe karamelisieren. Auskühlen lassen, aber nicht im Kühlschrank aufbewahren. Ziegenkäse in 5 Scheiben schneiden, diese vierteln.

(1h) Törtchen fertigstellen

Törtchen auf ein Metalltablett legen, mit der Hälfte der Zwiebelmarmelade bestreichen. Feigen und Ziegenkäse abwechselnd arrangieren, restliche Marmelade daraufsetzen. Kühl lagern.

Zum Anrichten

Ofen auf 150 °C vorheizen. Törtchen 6–8 Minuten aufwärmen. Kräuter mit 1 Eßlöffel Vinaigrette benetzen, würzen. Je ein Törtchen in die Mitte eines Tellers stellen, mit Vinaigrette beträufeln. Kräutersalat daraufsetzen.

Kalbslende mit Spinat und Zitronenrisotto

Senfsauce

3 Schalotten (fein würfelig geschnitten)
2 Knoblauchzehen (fein gehackt)
Pflanzenöl
1 Glas Weißwein
900 ml reduzierter Hühnerfond (braun)
300 ml Sahne
1 EL Pommery-Senf

Kalbslende, Spinat und Austernpilze

Pflanzenöl
10 Portionen Kalbslende (je 200 g)
Salz und schwarzer Pfeffer (frisch gemahlen)
500 g Spinat (dreimal gewaschen, abgetropft, getrocknet, in einem luftdichten, mit einem Geschirrtuch ausgelegten Behälter)
30 g Butter
200 g Austernpilze (geputzt)

Zitronenrisotto

2,4 l Gemüsefond
60 g Butter
4 Schalotten (fein gehackt)
3 Knoblauchzehen (fein gehackt)
5 Thymianzweige (fein gehackt)
560 g Arborio-Reis
1 Glas trockener Weißwein
60 g Butter
100 g Parmesan (gerieben)
4 Zitronen (Saft und Schale)
¼ Tasse Petersilie (gehackt)
Salz und schwarzer Pfeffer (frisch gemahlen)
WEIN: *Chianti Classico Riserva*

Kalbslende mit Spinat und Zitronenrisotto

(1T) Die Sauce zubereiten

Schalotten und Knoblauch in etwas Öl sautieren, Weißwein hinzufügen und zu Sirup reduzieren. Mit Hühnerfond und Sahne aufgießen, auf die Hälfte reduzieren (600 ml für 10 Personen). In einen luftdichten Behälter füllen, auskühlen lassen und kalt stellen.

(6h) Das Kalbfleisch anbraten

Etwas Öl in einer großen Bratpfanne stark erhitzen. Jeweils einige Portionen Kalbfleisch auf einmal einlegen, würzen und auf beiden Seiten goldbraun braten. Auf ein Backblech legen, auskühlen lassen, bedecken und im Kühlschrank aufbewahren.

(6h) Den Spinat zubereiten

Ein Metalltablett mit Butter ausstreichen. Spinat 10 Sekunden in kochendem Wasser blanchieren. Abschrecken, abtropfen, ausdrücken. Würzen, in 10 Portionen teilen, auf das Tablett legen. Mit Alufolie bedecken und kalt stellen.

(6h) Die Pilze sautieren

Butter erhitzen, Pilze darin weich braten. Abtropfen, auf ein Metalltablett legen und auskühlen lassen. Mit Alufolie bedecken und kalt stellen.

(½h) Das Risotto zubereiten

Fond zum Kochen bringen, Hitze reduzieren. In einem großen Suppentopf Butter schmelzen; Schalotten darin 2 Minuten braten. Knoblauch und Thymian hinzufügen, weitere 2 Minuten braten, dann den Reis beigeben. Umrühren, so daß der Reis mit Butter glasiert ist. Mit Wein aufgießen. Wenn er absorbiert ist, eine Schöpfkelle Fond eingießen, ist der Fond aufgenommen, wiederholen, bis der gesamte Fond verbraucht ist. Wenn nötig, Wasser nachgießen. Der Reis sollte nun »al dente« sein, nicht klebrig oder trocken. Vorsichtig umrühren, um die Körner nicht zu brechen. Butter und Käse hinzufügen, sanft rühren, dann Zitronenschale und -saft sowie Petersilie einrühren. Innerhalb von 5 Minuten servieren. (Perfektes cremiges Risotto siehe Seite 150.)

Zum Anrichten
Ofen auf 200 °C vorheizen. Sauce zum Köcheln bringen. Kalbfleisch 10–12 Minuten im Ofen braten, Spinat und Pilze 2 Minuten kürzer. Fleisch vor dem Servieren 5 Minuten ruhen lassen. Senf mit einem Schneebesen in die Sauce rühren, eventuell nachwürzen. Risotto mit einem Löffel in die Mitte jedes Tellers legen, daneben Spinat, Pilze und Fleisch arrangieren. Mit Sauce beträufeln. Servieren.

Ingwer-Tiramisu

Ingwer-Tiramisu

Genueser Teig
10 große Eier (getrennt)
500 g Feinkristallzucker
10 EL kochendes Wasser
350 g Mehl
5 TL Backpulver
1 Prise Salz

Jasmintee-Mischung zum Einweichen
2 EL Jasmintee
300 ml kochendes Wasser
1 EL Feinkristallzucker
120 ml Ingwerwein
1 EL Sirup aus kristallisiertem Ingwer
1 Orange (unbehandelt, Schale fein gerieben)

Mascarponecreme
625 g Mascarpone
6 Eigelb
105 g Feinkristallzucker
60 ml Orangensaft (abgeseiht)
60 ml Ingwerwein
75 g kristallisierter Ingwer (in kleine Würfel geschnitten)
6 Eiweiß
300 ml Sahne
WEIN: *Riesling*

(1T) Den Teig zubereiten
Den Ofen auf 180 °C vorheizen. Zwei Biskuitrollenformen (28 x 35 cm) ausfetten und mit Backpapier auslegen. Eigelb und Zucker in einem elektrischen Mixer schaumig schlagen. Langsam das kochende Wasser hinzugießen und weitere 5 Minuten schlagen. Eiweiß steif schlagen. Mehl, Backpulver und Salz versieben. Mit einem Metalllöffel vorsichtig Eigelb, dann das Eiweiß unterziehen, jeweils die Hälfte gleichzeitig, bis alles gut eingemischt ist. Teig auf die zwei Formen aufteilen. 20 Minuten backen oder bis er goldbraun und elastisch ist. Aus dem Ofen nehmen und auf einem Gitter auskühlen lassen. Nach dem Erkalten den Genueser Teig der Länge nach halbieren. Dann 30 Kreise mit einer Form, die nur wenig kleiner als die Gläser ist, ausstechen. Die Scheiben sollten etwa 7 mm hoch sein.

(1T) Die Jasmintee-Mischung zubereiten
Jasmintee 30 Minuten in kochendem Wasser ziehen lassen. Zucker, Ingwerwein, Ingwersirup und Orangenschale hinzufügen. Beiseite stellen.

(1T) Die Mascarponecreme zubereiten
Mascarpone 30 Minuten vor der Verarbeitung aus dem Kühlschrank nehmen. Eigelb mit 75 g Zucker zu einer dicken, schaumigen Konsistenz schlagen. Mascarpone, Orangensaft, Ingwerwein und die kristallisierten Ingwerstücke hinzufügen. Schlagen, bis die Mischung glatt und cremig ist. Eiweiß mit dem restlichen Zucker steif und glänzend schlagen. Vorsichtig die Sahne schlagen. Zunächst Eiweiß, dann die Sahne mit einem Metalllöffel vorsichtig unter die Mascarponemischung ziehen. Gut einmischen, es dürfen sich keine Klumpen bilden. Beiseite stellen.

(8h) Fertigstellen
1 Scheibe Genueser in jede Form legen, mit der Teemischung bestreichen und 1 Eßlöffel Mascarponemicreme daraufsetzen. Mit sämtlichen Scheiben wiederholen, mit Mascarponecreme abschließen. Oberflächen mit einem Palettmesser glätten. Bedecken und kalt stellen.

Zum Anrichten
Je halb mit Kakao und Zucker bestreuen.

»Schnelles« Menü

Ich mag Menüs, die nicht viel Zeit in der Küche erfordern, so daß man sich auch den Gästen widmen kann. Dieses Menü ist ein hervorragendes Beispiel dafür. Sie können die Kirschen für den Clafoutis auch durch frische oder getrocknete Aprikosen oder Pflaumen ersetzen. FÜR 10 PERSONEN

Krabben-Tian

Dressing
2 EL Weißweinessig
1 TL Feinkristallzucker
4 EL Olivenöl
2 EL Dill (gehackt)
Salz und schwarzer Pfeffer (frisch gemahlen)

Tian
2 Avocados (geschält, entkernt und in kleine Würfel geschnitten)
1 Limette (Saft)
450 g weißes Krabbenfleisch (gekocht, ohne Schale)
10 Fleischtomaten (enthäutet, entkernt und in kleine Würfel geschnitten)
2 Schalotten (fein würfelig geschnitten)
¼ Tasse Schnittlauch (gehackt)
3 EL Olivenöl mit Zitronenaroma
Salz und schwarzer Pfeffer (frisch gemahlen)
WEIN: *Sauvignon Blanc*

(1T) Das Dressing zubereiten
Alle Zutaten mischen, würzen, in einen Krug füllen, zudecken, kalt stellen.

(1h) Das Tian zubereiten
Ein Tablett mit Plastikfolie belegen. 10 Ringformen (7 cm Durchmesser, 3 cm hoch) darauf legen. Avocado mit Limettensaft mischen, würzen, in 10 gleiche Teile teilen. Mit einem Löffel in jede Form setzen und mit dem Löffelrücken glätten. Mit dem Krabbenfleisch wiederholen. Tomaten, Schalotten und Olivenöl verrühren, würzen und wie zuvor schichten. Leicht mit Folie bedecken und im Kühlschrank aufbewahren.

Zum Anrichten
Die Tians mit einem Spachtel in die Mitte der Teller legen. Formen vorsichtig entfernen. Mit Dressing beträufeln und servieren.

EINE TOMATE ENTHÄUTEN
Oberseite kreuzweise einschneiden, dann 10 Sekunden in kochendem Wasser blanchieren. Mit einer Schaumkelle herausheben und sofort in kaltes Wasser legen. Die Haut lässt sich nun leicht ablösen.

Hirschbraten in Wacholdersauce

Hirschbraten in Wacholdersauce

Wacholdersauce
Pflanzenöl
3 Schalotten (fein geschnitten)
1 EL Wacholderbeeren (zerstoßen)
1 Glas trockener Weißwein
1,8 l reduzierter Hühnerfond

Hirschmarinade
1,8 kg Hirschlende
3 Knoblauchzehen (zerdrückt)
3 Schalotten (geschnitten)
5 Thymianzweige
1 Lorbeerblatt
1 Orange (unbehandelt, Schale)
600 ml Rotwein (gute Qualität)
150 ml Olivenöl
schwarzer Pfeffer (frisch gemahlen)

Pikanter Rotkohl
100 g Butter
750 g Rotkohl (fein geschnitten)
2 rote Zwiebeln (fein geschnitten)
3 Knoblauchzehen (fein gehackt)
450 ml Rotwein
2 EL Demerara Zucker
2 TL Piment
2 EL Rotes Johannisbeergelee
1 Apfel (geschält und fein gerieben)
Salz und schwarzer Pfeffer (frisch gemahlen)

Knollensellerie-Püree
500 g Knollensellerie (würfelig geschnitten)
1 kg Kartoffeln (mehligkochend, geschnitten)
150 ml Sahne
60 g Butter
Kräutersalz und schwarzer Pfeffer (gemahlen)

200 g Pfifferlinge (geputzt und in Öl sautiert)
70–80 Stück Saubohnen (blanchiert, geschält)
WINE: *Gigondas oder reifer roter Bordeaux*

(2T) Die Sauce zubereiten
Schalotten und Wacholderbeeren in etwas Öl anbraten. Wein eingießen und auf die Hälfte reduzieren. Hühnerfond hinzugießen, zum Kochen bringen, dann bei niedriger Hitze auf 600 ml reduzieren. Vom Herd nehmen, abseihen, auskühlen lassen. In einem luftichten Behälter kalt stellen.

(2T) Die Hirschlende marinieren
Lende in eine Schüssel legen. Zutaten für die Marinade vermischen und darübergießen. Bedecken und kalt stellen.

Clafoutis (französischer Kirschkuchen)

(1T) **Den Rotkohl zubereiten**
Butter erhitzen. Rotkohl, Zwiebel und Knoblauch einrühren, Hitze reduzieren, zudecken und 10 Minuten kochen. Wein, Zucker, Piment und Johannisbeergelee beigeben. Zudecken, bei niedriger Hitze 1 Stunde kochen. Gelegentlich umrühren. Deckel abnehmen; weiterkochen, bis der Wein fast vollständig verdampft ist. Apfel 10 Minuten mitkochen, würzen. Auskühlen lassen, zudecken, kalt stellen.

(6h) **Die Hirschlende anbraten**
Hirschlende aus der Marinade nehmen, trocken tupfen und würzen. Etwas Öl in einer Bratpfanne stark erhitzen, Hirschlende von allen Seiten anbraten. Auf einem Gitter auskühlen lassen, zudecken und wieder kalt stellen.

(2h) **Das Püree zubereiten**
Sellerie und Kartoffeln in Salzwasser weich kochen. Abtropfen, durch eine Kartoffelpresse drücken. Topf reinigen und Püree wieder hineingeben. Sahne und Butter beigeben. Auf den Herd stellen und mit einem Holzlöffel schlagen. Mit Kräutersalz und Pfeffer würzen. Vom Herd nehmen, zudecken, auskühlen.

Zum Anrichten
Ofen auf 200 °C vorheizen. Fleisch 15 Minuten vor dem Kochen aus dem Kühlschrank nehmen. Im Ofen 12–15 Minuten braten; nach 5 Minuten die Pilze auf einem eigenen Blech einschieben. Die Sauce zum Kochen bringen, dann köcheln. Rotkohl und Selleriepüree zugedeckt erwärmen, gelegentlich umrühren. Fleisch (und Pilze) aus dem Ofen nehmen, 5 Minuten ruhen lassen. In der Zwischenzeit die Saubohnen 1 Minute in kochendem Wasser blanchieren, abtropfen, warm stellen. Sauce in einen Krug füllen, Fleisch schneiden. Auf jeden Teller je einen Löffel Selleriepüree und Rotkohl setzen. Hirschstücke darüber arrangieren. Bohnen und Pilze verteilen, Sauce auf die Teller träufeln und servieren.

Clafoutis

Kirschkompott

60 g Feinkristallzucker
900 g frische Kirschen (entkernt)
3 EL Kirschlikör

Clafoutis-Teig

60 g Butter (zerlassen)
60 g Feinkristallzucker für die Formen
6 große Eier
300 g Feinkristallzucker
170 g Mehl (gesiebt)
300 ml Crème fraîche oder Sahne
300 ml Vollmilch
2 EL Kirschlikör
Puderzucker zum Bestreuen
WEIN: *Muscat Beaume de Venise*

(1T) **Das Kompott zubereiten**
Zucker in 1 Eßlöffel Wasser vorsichtig erhitzen und auflösen. Kirschen und Kirschlikör hinzufügen, bei niedriger Hitze 15 Minuten kochen oder bis die Kirschen weich sind. Vom Herd nehmen. Die Hälfte der Kirschen abseihen, den Rest belassen. Auskühlen lassen, in 2 verschlossenen Behältern kalt stellen.

(8h) **Die Clafoutis zubereiten**
Ofen auf 180 °C vorheizen. Formen mit zerlassener Butter ausstreichen und mit Zucker bestreuen. Eier in einem Mixer schaumig schlagen, Zucker beigeben, weitere 2 Minuten schlagen. Mehl, Crème fraîche oder Sahne, Milch und Kirschlikör hinzufügen und gut einrühren. Die abgetropften, gekochten Kirschen auf die Formen verteilen, den Teig darübergießen und die Formen auf ein Backblech stellen. 15 Minuten backen, herausnehmen und den eventuell übriggebliebenen Teig daraufsetzen. Für 15 Minuten weiterbacken, bis die Clafoutis goldbraun sind und sich fest anfühlen. Auskühlen lassen und im Kühlschrank aufbewahren.

Zum Anrichten
Ofen auf 150 °C vorheizen. Formen auf ein Backblech stellen und 10 Minuten aufwärmen. Herausnehmen, mit Puderzucker bestreuen, mit einem Löffel Kompott auf den Tellern servieren.

Orientalisches Menü

Diese Rezepte haben wir entwickelt, um auch interessante orientalische Aromen und Farben bieten zu können. Wenn Sie so gerne wie ich mit Serviergeschirr experimentieren, servieren Sie doch einmal Kokosnuß-Brulée und Mango-Sorbet in kleinen gläsernen Kerzenhaltern – der Effekt ist erstaunlich. Für 10 Personen

Pikante Ente auf Zitronengras

Entenmarinade

2 TL Chiliflocken
60 g Ingwer (gehackt)
3 Knoblauchzehen (gehackt)
150 ml helle Sojasauce
4 EL süße Sojasauce
5 Entenbrüste
Pflanzenöl

Zitronengras-Dressing

3 Zitronen (Saft)
2 EL Wasser
1 gestrichener EL Palmzucker
1 EL Fischsauce
1 EL milde Chilisauce
2 Halme Zitronengras (fein geschnitten)
2 Knoblauchzehen (fein gehackt)
2 rote Chilis (mild, entkernt und in feine Streifen geschnitten)
4 EL Olivenöl
Salz und schwarzer Pfeffer (frisch gemahlen)

Salat

300 g Möhren (in feine Streifen geschnitten)
300 g rote Radieschen (in feinen Streifen)
300 g Zuckererbsen (in feinen Streifen)
1 Tasse Koriander (verlesen, gewaschen und getrocknet)
Salz und schwarzer Pfeffer (frisch gemahlen)

10 Won-Tans (in feine Streifen geschnitten und knusprig fritiert – vor dem Fritieren mit einem Tuch bedeckt halten, damit sie nicht austrocknen)

WEIN: *Elsässer oder Pinot Noir*

(1T) Die Ente marinieren
Zutaten vermischen. Entenbrüste in einen luftdichten Behälter legen, mit Marinade übergießen, zudecken und im Kühlschrank aufbewahren.

(1T) Das Dressing zubereiten
Zitronensaft, Wasser, Palmzucker, Fisch- und Chilisauce in einer Bratpfanne zum Kochen bringen, dann Hitze reduzieren und 1 Minute köcheln, bis eine leicht sirupartige Konsistenz entsteht. Zitronengras, Knoblauch und Chilis eine weitere Minute mitkochen. Auskühlen lassen, Öl mit Schneebesen einrühren, würzen. In einem Krug kalt stellen.

(6h) Die Ente braten
Ofen auf 190 °C vorheizen. Ente abtropfen, etwas Öl in einer Bratpfanne erhitzen und Ente auf beiden Seiten goldbraun anbraten. Auf einem Backblech im Ofen 8–10 Minuten braten – die Ente sollte rosa sein. Auskühlen lassen, im Kühlschrank aufbewahren.

Zum Anrichten
Ente der Breite nach schneiden. Salat in einer Schüssel mischen, Dressing darübergießen, würzen, gut mixen. Ente in den Salat geben und gleichmäßig verteilen. In der Mitte der Teller arrangieren, Won-Tans darauflegen, mit restlichem Dressing beträufeln. Servieren.

Pikante Ente auf Zitronengras

Gegrillter Thunfisch mit Chili-Nudeln und Porree

Chili-Nudeln

Salz
225 g feine Eiernudeln (frisch)
Pflanzenöl
1 roter Chili (entkernt und fein geschnitten)
1 grüner Chili (entkernt und fein geschnitten)
200 g Shiitake (frisch; geschnitten
100 g Wassernüsse (fein geschnitten)
200 g Chinakohl (in feinen Streifen)
3 EL helle Sojasauce
3 TL Feinkristallzucker

Tomaten-Limetten-Sauce

900 ml reduzierter Hühnerfond (braun)
60 g Ingwer (geschält und gehackt
2 Limettenblätter (in feinen Streifen)
2 Limetten (Saft)
1 EL Palmzucker
5 Frühlingszwiebeln (fein geschnitten)
5 Fleischtomaten (enthäutet, entkernt und in große Würfel geschnitten)
30 Stück junger Porree
Pflanzenöl
schwarzer Pfeffer (frisch gemahlen)
10 Thunfischsteaks (à 175 g, vorzugsweise vom Schwanzende)
WEIN: *Weißer Rhône oder Viognier*

(8h) Die Nudeln zubereiten

Salzwasser in einem großen Suppentopf zum Kochen bringen. Nudeln hineingeben, wieder zum Kochen bringen, 4–5 Minuten weich kochen. Mit kaltem Wasser abschrecken, abtropfen lassen. In einer Schüssel mit Öl beträufeln, bedecken. Etwas Öl in einer Kasserolle erhitzen. Chilis, Pilze, Wassernüsse, Kohl, Sojasauce und Zucker braten, bis der Kohl weich ist. Vom Herd nehmen, auf ein Tablett legen, auskühlen lassen. Mit den Nudeln mischen und würzen. Für 10 Portionen jeweils etwas Salat mit einer Tranchiergabel hochheben, drehen, um ein Nest zu formen. Auf ein leicht ausgeöltes Tablett legen, mit Wasser besprühen, mit Folie bedecken, kühl stellen.

Gegrillter Thunfisch mit Chili-Nudeln und Porree

(6h) Porree blanchieren und grillen

Eine Grillpfanne erhitzen. Salzwasser in einer großen Kasserolle zum Kochen bringen. Porree 2–3 Minuten blanchieren, abschrecken, abtropfen. Mit einem Tuch abtrocknen, mit Öl bestreichen und würzen. Grillen, bis sich Streifen bilden. Auf ein Tablett legen. Jeweils 3 Blätter zu einer Portion verknoten. Bedecken und im Kühlschrank aufbewahren.

(6h) Den Thunfisch anbraten

Eine Grillpfanne erhitzen. Thunfisch mit Öl einstreichen und grillen, bis er ein ansprechendes braunes Gittermuster aufweist. Auf ein Tablett legen, bedekken und kühl stellen.

(6h) Die Sauce zubereiten

Fond zum Kochen bringen, Hitze reduzieren. Ingwer, Limettenblätter und Zucker hinzufügen. Wieder zum Kochen bringen und auf die Hälfte reduzieren. Vom Herd nehmen, auskühlen lassen. In einem luftdichten Behälter im Kühlschrank aufbewahren.

Zum Anrichten

Ofen auf 200 °C vorheizen. Sauce in einer Kasserolle zum Kochen bringen, dann schwach köcheln. Nudeln in den Ofen schieben, aber die Folie nicht entfernen. Nach 4 Minuten Porree und Thunfisch einschieben, weitere 6–8 Minuten braten. Restliche Zutaten in die Sauce geben, eventuell nachwürzen. Thunfisch, Nudeln und Porree aus dem Ofen nehmen. Je ein Nest aus Nudeln, Fisch und Porree auf die Teller setzen. Sauce in einen Krug füllen und mit einem Löffel großzügig auf Nudeln und Thunfisch verteilen. Servieren.

FISCH UND FLEISCH SCHNEIDEN

Einige Rezepte, wie dieses, geben an, welche Teile von Fleisch oder Fisch verwendet werden sollen. Bitten Sie Ihren Fleischer oder Fischhändler, die Ware für Sie auszusuchen, damit Sie auch das bekommen, was Sie benötigen. Rufen Sie an und bestellen Sie im Voraus. Ein guter Händler kann Ihnen auch Alternativen anbieten.

Kokosnuß-Brûlée mit Mango-Sorbet

Kokosnuß-Brûlée mit Mango-Sorbet

Mango-Sorbet

1,35 kg reife Mangos
150 g Feinkristallzucker
150 ml Wasser
3 Limetten (Saft)
30 Scheiben ofengetrocknete Mangos (siehe Seite 169) zum Garnieren

SPEZIALGERÄT: **Eismaschine**

Kokosnuß-Brûlée

1,2 l Sahne
2 Vanilleschoten (aufgebrochen)
90 g getrocknete Kokosraspeln
10 Eigelb
90 g Feinkristallzucker
Makadamianußbruch (siehe Seite 169) zum Garnieren

WEIN: *Coteaux du Layon*

MAKADAMIANUSSBRUCH

ER KANN BIS ZU EINER WOCHE VORHER VORBEREITET WERDEN, ABER ERST AM TAG DER PARTY BEENDEN. BRÛLÉES BALD NACH DEM GARNIEREN VERZEHREN.

(2T) Das Sorbet vorbereiten

Mangos schälen, soviel Fruchtfleisch wie möglich ablösen. In einer Küchenmaschine pürieren und beiseite stellen. Zucker mit Wasser in einer Kasserolle langsam zum Kochen bringen. Etwa 2 Minuten kochen, bis der Zucker aufgelöst ist. Auskühlen lassen, Püree und Limettensaft beigeben und im Kühlschrank aufbewahren.

(1T) Das Sorbet zubereiten

10 Kerzenhalter aus Glas tiefkühlen. Mangomixtur in eine Eismaschine füllen und aufschäumen lassen. Sorbet mit Spritztülle in die Halter füllen, Oberfläche glätten und wieder einfrieren.

(1T) Das Brûlée zubereiten

Ofen auf 150 °C vorheizen. Sahne, Vanilleschoten und getrocknete Kokosnuß in einer beschichteten Kasserolle langsam zum Kochen bringen. Gelegentlich umrühren. Vom Herd nehmen, 30 Minuten ziehen lassen. Eigelb und Zucker mit einem elektrischen Mixer schaumig schlagen. Sahne wieder zum Kochen bringen, Eier unter ständigem Rühren nach und nach hinzufügen. In einen Krug abseihen, Vanille und Kokosnuß entfernen. In die verbleibenden Formen (Kerzenhalter) füllen und in eine tiefe Bratpfanne stellen. Kochendes Wasser in die Pfanne gießen, bis zur halben Höhe der Formen. 20 Minuten im Ofen backen oder bis es sich gesetzt hat – das Brûlée sollte sich eher fest anfühlen. Aus dem Wasserbad nehmen, auskühlen lassen und bis zum Servieren kühl stellen.

MILCH ODER SAHNE KOCHEN

EINE KASSEROLLE MIT STARKEM BODEN EIGNET SICH DAFÜR AM BESTEN, DA DIE HITZE GLEICHMÄSSIG ÜBER DEN BODEN DES TOPFES VERTEILT WIRD.

Zum Anrichten

Sorbets aus dem Tiefkühlschrank nehmen und 10 Minuten stehen lassen oder für 30 Minuten in den Kühlschrank stellen. Vor dem Servieren jedes Sorbet mit drei ofengetrockneten Mangoscheiben garnieren und ein Dreieck Makadamianußbruch aufrecht auf jedes Brûlée stellen. Servieren Sie Ihren Gästen beide Desserts – sie werden auf keines davon verzichten wollen.

Vegetarisches Menü

Richard Cubbin plant unsere vegetarischen Menüs mit viel Fantasie. Hier sind zwei der beliebtesten Gerichte. Portobello Champignons sind sehr aromatisch, doch Sie können sie durch Wiesenchampignons ersetzen. FÜR 10 PERSONEN

Millefeuille aus Portobello Champignons mit Linsen

Puy-Linsensalat

150 g Puy-Linsen (12 Stunden eingeweicht und abgetropft)
600 ml Gemüsefond
Salz und schwarzer Pfeffer (frisch gemahlen)
150 g Möhren (fein würfelig geschnitten)
1 Schalotte (fein würfelig geschnitten)
¼ Tasse Schnittlauch (gehackt)

Senföl

3 EL Senfkörner
¼ TL Gelbwurz
125 ml Traubenkernöl

Petersilienöl

1 Tasse Petersilie (gewaschen, getrocknet und gehackt
125 ml Traubenkernöl

Millefeuille aus Champignons

20 große Portobello Champignons oder große Wiesenchampignons
Salz und schwarzer Pfeffer (frisch gemahlen)
Olivenöl zum Bestreichen
4 große Schalotten (in Ringe geschnitten)
1 Knoblauchzehe (fein gehackt)
¼ Tasse frischer Thymian (gehackt)
300 ml Olivenöl
40 Stück junger Porree (gereinigt)
5 große rote Paprika (gebraten und enthäutet, ohne Kerne)
WEIN: *Bergerac* oder *Languedoc Rosé*

(1T) Den Linsensalat zubereiten
Linsen, Fond und Salz in einer mittelgroßen Kasserolle zum Kochen bringen; Hitze reduzieren, 15–20 Minuten köcheln lassen. Abschrecken, abtropfen. Gleichzeitig Möhren in Salzwasser 2–3 Minuten kochen, abtropfen lassen, in kaltem Wasser abschrecken. Linsen, Möhren, Schalotten und Schnittlauch vermischen und nach Belieben würzen. Mit Folie bedecken und im Kühlschrank aufbewahren.

(1T) Das Senföl zubereiten
Ofen auf 200 °C vorheizen. Senfkörner auf einem Backblech etwa 5 Minuten rösten. Auskühlen lassen. Senfkörner, Gelbwurz und Öl in einem Mixer 2–3 Minuten verrühren, durch ein feines Sieb seihen. In einen verschließbaren Krug füllen und kalt stellen.

(1T) Das Petersilienöl zubereiten
Wasser in einer Kasserolle zum Kochen bringen. Eine große Schüssel mit Eiswasser füllen. Petersilie 3–4 Minuten blanchieren, im Eiswasser abschrecken, auf einem Geschirrtuch oder in einem Sieb trocknen. Petersilie grob hacken und in einem Mixer 2 Minuten mit dem Öl verrühren. Fein abseihen, in einen verschließbaren Krug füllen und kalt stellen.

(8h) Millefeuille zubereiten
Eine Grillpfanne vorwärmen. Champignons entstielen und an der Oberseite leicht einkerben. Mit Salz bestreuen, 5 Minuten ruhen lassen, dann mit Olivenöl bestreichen und auf beiden Seiten grillen, bis sie weich sind, auskühlen. In einen luftdichten Behälter geben, mit Schalotten, Knoblauch, Thymian und Öl bedecken, würzen und kühl stellen. Wasser in einer Kasserolle zum Kochen bringen. Eine große Schüssel mit Eiswasser füllen. Petersilie 3–4 Minuten blanchieren, abschrecken, abtropfen und abtrocknen. Grillpfanne erhitzen, Porree mit etwas Olivenöl bestreichen und auf allen Seiten grillen. Auskühlen lassen, dann zu den Champignons geben.

Zum Anrichten
Einen Pilz in die Mitte jedes Tellers legen. 2 Porreestreifen darauflegen, etwas Schalotten-Knoblauch-Mischung und ein Stück rote Paprika daraufsetzen. Nach jeder Schicht würzen, wiederholen, mit Paprika beenden. Linsenmischung verteilen, mit den Ölen beträufeln und servieren. Kann bis zu 1 Stunde vorher zusammengestellt werden. Erst vor dem Servieren beträufeln.

Gebackene Zwiebeln in Möhren-Kümmel-Sauce

10 runde weiße Zwiebeln (à 300 g)
Pflanzenöl
Salz und schwarzer Pfeffer (frisch gemahlen)
1,4 l Gemüsefond
500 g Weizenschrot
2 EL Olivenöl
500 g Maiskörner (aus der Dose)
200 g Pinienkerne
8 Fleischtomaten (blanchiert, enthäutet, entkernt und in 6-mm-Würfel geschnitten)
¼ Tasse Petersilie (gewaschen, verlesen, getrocknet und gehackt)
¼ Tasse frische Minze (gewaschen, getrocknet und gehackt)
1 Limette (Saft)

Möhren-Kümmel-Sauce

Pflanzenöl
3 Schalotten (geschnitten)
1½ TL Kümmel
650 g Möhren (gehackt)
1 Knoblauchzehe (gehackt)
300 ml Weißwein
1 l Gemüsefond
Salz und schwarzer Pfeffer (frisch gemahlen)
WEIN: *Cru Beaujolais*

DIE PERFEKTE ZWIEBEL
FÜR DIESES REZEPT KANN ICH VIDALIA-ZWIEBELN WÄRMSTENS EMPFEHLEN – SIE SIND SO SÜSS UND KÖSTLICH.

(1T) Die Zwiebeln zubereiten
Ofen auf 180 °C vorheizen. Backbleche mit Backpapier auslegen. Äußere Schalen der Zwiebeln entfernen, dabei Wurzeln und Stiel intakt lassen. Spitze der Zwiebel als Deckel abschneiden. Mit einem Löffel oder Melonenlöffel die Mitte aushöhlen. Innenseiten mit Öl bestreichen und würzen. Auf die Bleche legen und 20–25 Minuten backen. Herausnehmen, auskühlen lassen. Fond in einer großen Kasserolle zum Kochen bringen. Hitze reduzieren, dann den Weizenschrot hinzufügen und 15–20 Minuten kochen oder bis der Fond absorbiert ist. Olivenöl eingießen und rühren. Mais, Pinienkerne, Tomaten, Kräuter und Limettensaft hinzufügen, gut verrühren und würzen. Auskühlen lassen, dann die vorbereiteten Zwiebeln damit füllen und die »Deckel« daraufsetzen. Bedecken und kalt stellen.

(1T) Die Sauce zubereiten
Etwas Pflanzenöl in einer Kasserolle erhitzen. Schalotten, Kümmel, Möhren und Knoblauch hinzufügen; 3–4 Minuten sautieren. Mit Weißwein aufgießen und auf die Hälfte reduzieren. Fond hinzugießen, zum Kochen bringen und 20–25 Minuten köcheln lassen. Würzen, vom Herd nehmen, auskühlen lassen. Glatt verrühren, durch ein feines Sieb in einen Behälter streichen, kühl stellen.

Zum Anrichten
Ofen auf 180 °C vorheizen. Zwiebel lose mit Folie bedecken und für 8–10 Minuten in den Ofen stellen. Sauce wärmen, eventuell nachwürzen. Eine Zwiebel auf jeden Teller setzen, Sauce um die Zwiebel gießen und servieren.

VEGETARISCHE DESSERTS

Wenn Sie ein vegetarisches Menü zubereiten, können Sie das Dessert aus den anderen Menüs auswählen oder aus dem Dessert-Buffet auf Seite 112–115. Meine Empfehlung wäre die Ingwer-Eiscreme mit glasierten Ananas auf Seite 126.

Millefeuille aus Portobello Champignons mit Linsen; Gebackene Zwiebeln in Möhren-Kümmel-Sauce

Oft will man keine große Dinnerparty geben, sondern nur zu einem geselligen Beisammensein am Küchentisch oder auf der Gartenterrasse einladen. Vielleicht möchten Sie auch einen kleinen Imbiß nach einem Theaterbesuch oder Konzert organisieren. Möglicherweise auch ein Treffen Ihrer Vereinskollegen.

»Kleiner Imbiß«

Zweimal im Jahr gebe ich nach einem Theaterbesuch ein kleines Abendessen für Freunde, und jedesmal verlangen sie meinen Fisch-Pie. Ich decke den Tisch, schiebe die Pastete in den Ofen und stelle die Zeituhr ein. Wenn wir zurückkommen, ist noch Zeit für ein Glas Wein, dann ist der Pie fertig. Das Essen ist einfach zu servieren, Freunde helfen mir mit den Getränken, und jeder findet eine Sitzgelegenheit. Halten Sie den Pie warm, meist wird mehr gewünscht.

Gemütlicher Abend

Gastgeber zu sein kann man genießen, wenn man einfache, aber interessante Gerichte auswählt, die vorgekocht werden können. Manche Gerichte können zubereitet werden, während die Gäste sich bei einem Glas Wein unterhalten, etwa ein köstliches Risotto. Nur wenige können dem Besuch einer Küche widerstehen, in der gerade gekocht wird, also werden Sie Gesellschaft und Hilfe haben. Die folgenden Menüs sind unkompliziert und im Handumdrehen zuzubereiten. Am besten kochen Sie stets mit den Zutaten der Saison.

Täuschend echtes chinesisches Essen

Wenn Sie, wie ich, chinesisches Essen mögen, doch es nicht gerne servieren, weil es viel Arbeit in letzter Minute erfordert, während Sie sich lieber mit Ihren Gästen unterhalten würden, warum arrangieren Sie nicht ein einfaches Täuschungsmanöver? Decken Sie den Tisch mit schwarzen Lackuntersetzern und chinesischem Porzellan, binden Sie Eßstäbchen mit Schnittlauch zusammen und bestellen Sie Ihr Menü von Ihrem Lieblingsrestaurant. Wenn es eintrifft, arrangieren Sie es in vorgewärmten Schüsseln und servieren ohne Streß.

Professionelle Tips

- **Wenn Sie wissen, wenn Sie nach Hause kommen, daß Sie etwas essen wollen, stellen Sie vorher die Zeituhr Ihres Ofens ein – das wird Sie retten!**
- **Bevor Sie ausgehen oder Ihre Gäste eintreffen, sollten Sie den Tisch decken oder eine Gelegenheit zur Selbstbedienung einrichten.**
- **Schon am Morgen können Weine eingekühlt und Gläser sowie Kaffeetassen vorbereitet werden.**
- **Am besten halten Sie sich an einfache Gerichte. Die Rezepte in diesem Kapitel zeigen, wie Sie das mit Stil tun können.**

VORRÄTE

Improvisierte Partys werden viel einfacher, wenn Sie eine Auswahl einfacher Gerichte kennen, die aus dem üblichen Inhalt Ihres Kühlschranks oder Vorratsschrankes rasch zubereitet werden können.

Mitternachtsimbiß

Dieser Fisch-Pie ist ein ideales Gericht für einen Mitternachtsimbiß nach einem Theaterbesuch oder dergleichen. Ich habe ihn schon bei verschiedenen Anlässen serviert und empfehle, vor dem Ausgehen den Tisch zu decken und die Zeituhr des Ofens einzustellen. Wenn Sie zurückkehren, ist noch Zeit für ein Glas Wein. FÜR 10 PERSONEN

Sahniger Fisch-Pie

Pie-Füllung

1,5 l Fischfond
200 g Lachsfilet (in 4 cm große Würfel geschnitten)
200 g Mönchsfischfilet (in 4 cm große Würfel geschnitten)
200 g Heilbuttfilet (in 4 cm große Würfel geschnitten)
200 g Garnelen (ohne Schale)
200 g Miesmuscheln (gekocht)
200 g junge Jakobsmuscheln (ohne Schale, Schließmuskel entfernt)
100 g Butter
100 g Mehl
450 ml Sahne
3 Schalotten (fein geschnitten)
2 Stück Porree (mittelgroß, gewaschen und fein geschnitten)
Pflanzenöl zum Kochen
1 Glas Weißwein
2 EL Pernod
Salz und weißer Pfeffer (gemahlen)
¼ Tasse Schnittlauch (gehackt)
¼ Tasse Petersilie (gewaschen, getrocknet und gehackt)

Sahnekartoffeln

1,2 kg Kartoffeln (festkochende, geviertelt)
300 ml Sahne
30 g Butter
3 Eigelb
Salz und weißer Pfeffer (gemahlen)

(1T) Die Füllung zubereiten
Fond in einer großen Kasserolle zum Kochen bringen, dann Hitze reduzieren und köcheln lassen. Jede Fischsorte einzeln etwa 3–4 Minuten pochieren. Fond durch ein feines Sieb in eine saubere Kasserolle streichen. In einem weiteren Topf Butter schmelzen und mit Mehl eine Mehlschwitze bereiten. 2 Minuten ohne Bräunen rösten. Heißen Fond unter ständigem Rühren langsam eingießen, damit sich keine Klümpchen bilden. Bei niedriger Hitze 10 Minuten kochen lassen. Vom Herd nehmen und Sahne einrühren. Mit fettabweisendem Papier bedecken und leicht auskühlen lassen. Schalotten und Porree glasig sautieren, Weißwein und Pernod hinzufügen und zu sirupartiger Konsistenz reduzieren. Würzen und in einen Behälter füllen. Fisch, Meeresfrüchte, Schalotten und Porree in einem ovalen Gefäß (etwa 37 cm lang, 28 cm breit und 6 cm hoch) gleichmäßig verteilen, würzen. Gehackte Kräuter in die Sahnesauce einrühren und würzen. Mit einer Schöpfkelle über die Füllung gießen. Auskühlen lassen, mit Folie bedecken, im Kühlschrank aufbewahren.

(8h) Die Kartoffeln zubereiten
Kartoffeln in Salzwasser weich garen und abtropfen. Durch eine Kartoffelreibe oder ein feines Sieb streichen. Sahne zum Kochen bringen, Butter hinzufügen und würzen. Vom Herd nehmen, über die Kartoffeln gießen und schlagen. Eigelb einrühren und würzen. Auskühlen lassen. Entweder mit einer Spritztülle oder mit einem Löffel über die Füllung verteilen. Bedecken und kalt stellen.

Zum Anrichten
Ofen auf 180 °C vorheizen. Den Pie 1 Stunde aufwärmen. Wenn Sie ihn bräunen wollen, grillen Sie ihn kurz vor dem Servieren für einige Minuten.

Würzige Bratäpfel

280 g Sultaninen
220 ml Weinbrand
1 TL Zimt (gemahlen)
½ TL Piment (gemahlen)
120 g hellbrauner Zucker (weich)
10 Äpfel (vorzugsweise Boskop, mittelgroß)
10 Nelken (ganz)

(2T) Die Sultaninen einweichen
Sultaninen in ein luftdichtes Gefäß füllen, mit Weinbrand übergießen, bis zur Verwendung kühl lagern.

(2h) Die Äpfel vorbereiten
Ofen auf 160 °C vorheizen. Sultaninen in eine Schüssel legen, Zimt, Piment und Zucker hinzufügen. Gut vermischen. Äpfel mit einem Ausstecher vom Kerngehäuse befreien, dabei aber ganz lassen, nicht schälen. Außenseite rund um die Mitte einschneiden. In eine feuerfeste Form legen, die groß genug ist, so daß sich die Äpfel nicht berühren – dadurch können sie gleichmäßig braten. Äpfel zur Hälfte mit der Mixtur füllen, eine Nelke darauflegen, dann mit der restlichen Mixtur auffüllen. Etwa 110 ml Wasser in die Form gießen, bedecken und bis zum Braten im Kühlschrank aufbewahren.

(¾h) Die Äpfel braten
Äpfel etwa 45 Minuten braten, bis sie weich und leicht aufgebläht sind, aber noch immer ihre Form behalten.

Zum Anrichten
Aus dem Ofen nehmen und etwa 5 Minuten auskühlen lassen. Jeden Apfel in eine Schale legen und servieren, indem Sie den Sirup, der sich in der Backform bildet, darübergießen.

Würzige Bratäpfel

Schneller Imbiß

Wenn Freunde unerwartet vorbeikommen, sind Tortillas einfach und schnell zuzubereiten. Sie können dafür auch Reste – Fleisch oder Gemüse – verwenden und daraus ein sehr sättigendes und schmackhaftes Mahl bereiten. 4 Tortillas sollten für 10 Personen ausreichen. FÜR 10 PERSONEN

Quick-Tortillas

Gemüse-Tortillas

3 rote Paprika (geröstet, entkernt, enthäutet und in große Stücke geschnitten)
250 g Mahon-Käse oder reifer Cheddar (gerieben)
¼ Tasse gemischte Kräuter (Petersilie, Schnittlauch und Kerbel; gehackt)
Olivenöl
1 rote Zwiebel (fein geschnitten)
250 g Kartoffeln (fein geschnitten; wählen Sie rotschalige Kartoffeln)
2 Knoblauchzehen (fein gehackt)
300 g Portobello Champignons (geschnitten)
Salz und schwarzer Pfeffer (frisch gemahlen)
200 g Spinat (gewaschen und getrocknet)
12 Eier

Chorizo Tortillas

250 g gekochter Schinken vom Eisbein (grob gehackt)
½ Chili (entkernt und fein gehackt) (nach Belieben)
¼ Tasse gemischte Kräuter (Petersilie, Schnittlauch und Kerbel; gehackt)
Olivenöl
1 spanische Zwiebel (fein geschnitten)
250 g Kartoffeln (fein geschnitten; wie oben)
1 Porree (gewaschen und fein geschnitten)
2 Knoblauchzehen (fein gehackt)
Salz und schwarzer Pfeffer (frisch gemahlen)
250 g Chorizo (dünn geschnitten, geviertelt)
12 Eier

(2h) **Die Gemüse-Tortillas zubereiten**
Grill vorheizen. Paprikas, Käse und Kräuter in 2 Schüsseln aufteilen. Etwas Öl in einer Bratpfanne erhitzen und die Zwiebeln sehr weich braten. Kartoffeln hinzufügen, wenn sie weich sind, Knoblauch beigeben und weitere 2–3 Minuten braten. Würzen und auf die 2 Schalen verteilen. Bratpfanne mit Küchenkrepp reinigen. Etwas Öl erhitzen, Champignons braten und würzen. In die Schüsseln geben. Bratpfanne wieder erhitzen, Spinat braten, bis er weich ist, würzen, abtropfen, in die Schüsseln geben. Eier mit einer Gabel leicht schlagen und würzen. Auf die Schüsseln verteilen. Etwas Olivenöl in einer Bratpfanne erhitzen und die Mixtur eingießen. Auf einer Seite braten, dann auf den Grill legen, bis die Tortilla hellbraun und fest ist. 5 Minuten ruhen lassen. Auf einen Servierteller gleiten lassen und kühl aufbewahren. Kochvorgang wiederholen. Servieren Sie die Gemüse-Tortillas heiß oder lauwarm.

(2h) **Die Chorizo Tortillas zubereiten**
Grill vorheizen. Schinken, Chilis und Kräuter auf 2 Schüsseln aufteilen. Etwas Öl in einer Bratpfanne erhitzen und die Zwiebeln sehr weich braten. Kartoffeln und Porree beigeben und, wenn sie weich sind, Knoblauch hinzufügen und weitere 2–3 Minuten braten. Würzen, auf die 2 Schüsseln aufteilen. Pfanne mit Küchenkrepp reinigen. Chorizo etwa 5 Minuten sautieren und in die Schüsseln geben. Pfanne nochmals mit Küchenkrepp reinigen. Eier mit einer Gabel leicht schlagen, würzen. Auf die beiden Schüsseln verteilen. Gut mischen, eventuell nachwürzen. Etwas Olivenöl in einer Bratpfanne erhitzen und die Mixtur eingießen. Auf einer Seite braten, dann auf den Grill legen, bis die Tortilla hellbraun ist. 5 Minuten ruhen lassen. Auf einen Servierteller gleiten lassen. Wiederholen.

Zum Anrichten
Jede Tortilla in 5 gleiche Portionen schneiden. Ein Holzbrett mit Weinblättern belegen, Schinken, Oliven und restliche Zutaten (siehe unten) darauf arrangieren. Mit frischen Kräutern garnieren. Mayonnaise in eine Sauciere füllen und servieren.

TORTILLA-ZUTATEN
CHILI-MAYONNAISE; GEWÜRZGURKEN; TOAST MIT BUTTER; KRÄUTER; OLIVENÖL; EINGELEGTE GRÜNE UND SCHWARZE OLIVEN; SERRANO-SCHINKEN; SALZMANDELN.

Knackiger Blattsalat

Sherryessig-Dressing

2 TL körniger Senf
1 EL Weißweinessig
1 EL Sherryessig
1 TL Feinkristallzucker
3 EL Olivenöl
2 Schalotten (fein geschnitten)
½ Zitrone (Saft)

450 g Blattsalate (gewaschen, getrocknet) (eine Mischung aus 4 der angebenen Sorten: junger Pak-Choi, junger roter Mangold; junger Spinat; Endivie; grüne Senfblätter; Eichblatt)
½ Tasse Petersilie (verlesen, gewaschen und getrocknet)
½ Tasse Kerbel (gewaschen und getrocknet)
½ Tasse Schnittlauch (gehackt, gewaschen und getrocknet)
eine Auswahl eßbarer Blüten als Dekoration (Stiefmütterchen, Rosenblüten) und Schnittlauch, Brunnenkresse, Rosmarin, Thymian

(1T) **Das Dressing zubereiten**
Sämtliche Zutaten in eine Schüssel geben, gut mischen, würzen. In einem verschließbaren Krug kalt stellen.

(1T) **Salate und Kräuter waschen**
Alle Blätter sorgfältig waschen und abtrocknen. In einem mit einem Tuch ausgelegten Behälter kalt stellen.

Rhabarberstreusel mit Vanillecreme

450 g Mehl (gesiebt)
1 Prise Salz
225 g Butter (in Würfeln geschnitten)
225 g Feinkristallzucker
1,35 kg frischer Rhabarber
250 g Feinkristallzucker
2 Orangen (unbehandelt, mittelgroß; Saft und fein geriebene Schale)

Vanillecreme

600 ml Sahne
30 g Puderzucker
1 Vanilleschote (aufgebrochen, entkernt)

(1T) Den Streusel vorbereiten
Mehl, Salz, Butter und Zucker in einem elektrischen Mixer verrühren, bis die Mixtur feinen Semmelbröseln ähnelt. In einem luftdichten Behälter kalt stellen.

(6h) Den Rhabarber zubereiten
Ofen auf 190 °C vorheizen. Rhabarber waschen, Enden und Spitzen abschneiden. In 5 cm lange Stücke schneiden. Mit Zucker, Orangenschale und -saft vermischen, in eine feuerfeste Form geben. Mit Folie bedecken und 30 Minuten backen, bis der Rhabarber weich ist, aber seine Form behält. Auskühlen lassen, bedecken und im Kühlschrank aufbewahren.

(½h) Den Streusel zubereiten
Ofen auf 170 °C vorheizen. Rhabarber und Streusel auf die Servierteller, die Sie verwenden wollen, aufteilen. Etwa 30 Minuten backen, bis die Flüssigkeit sichtbare Blasen schlägt und der Streusel goldbraun ist. In der Zwischenzeit die Vanillecreme zubereiten.

(½h) Die Vanillecreme zubereiten
Die gekühlte Sahne in eine Schüssel geben, Puderzucker und Vanille hinzufügen. Mit der Hand oder mit einem Mixer schlagen, bis die Mixtur dicker wird. Wenn Sie einen elektrischen Mixer verwenden, lassen Sie ihn nicht unbeaufsichtigt, Sie könnten die Sahne zu Butter schlagen. Die Vanillecreme wird am besten gleich nach der Zubereitung serviert, die nur einige Minuten dauert.

Zum Anrichten
Vanillecreme in eine Servierschale füllen. Mit einem feuchten Tuch die Ränder abwischen. Servieren.

Wildpilz-Risotto

Imbiß »alla Toskana«

Vor einigen Jahren verbrachte ich einen Urlaub in einem Landhaus in der Toskana mit Freunden, die meine Vorliebe für Speisen und Wein teilten. Hier unsere Kreationen aus den Produkten der Region. FÜR 10 PERSONEN

Wildpilz-Risotto

450 g Auswahl an Wildpilzen der Saison (große in Stücke gebrochen)
Olivenöl
Salz und schwarzer Pfeffer (frisch gemahlen)
3,6 l Gemüsefond
60 g Butter
4 Schalotten (fein geschnitten)
3 Knoblauchzehen (fein gewürfelt)
900 g Arborio-Reis
1 Glas trockener Weißwein
60 g Butter
100 g Parmesan (gerieben)
½ Tasse Petersilie (gewaschen, getrocknet und gehackt)
ein paar Tropfen weißes Trüffelöl
Parmesanflocken

(6h) Die Pilze sautieren
Pilze in etwas Olivenöl sautieren, würzen und auskühlen lassen.

(½h) Das Risotto zubereiten und anrichten
Fond zum Kochen bringen, Hitze reduzieren und köcheln. Butter in einer grossen Kasserolle schmelzen, Schalotten darin 2 Minuten sautieren. Knoblauch hinzufügen, weitere 2 Minuten braten. Reis dazugeben, rühren, so daß er gut mit Butter bedeckt ist. Mit Wein aufgießen. Wenn der Wein fast eingekocht ist, eine Schöpfkelle Fond eingießen, wiederholen, wenn dieser eingekocht ist, bis der gesamte Fond verbraucht ist. Wenn mehr Flüssigkeit benötigt wird, etwas kochendes Wasser nachgießen. Der Reis sollte nun »al dente« sein, nicht trocken oder flüssig. Butter und Parmesan einrühren, würzen. Pilze und Petersilie hinzugeben. Vorsichtig umrühren, um die Körner nicht zu brechen. In eine vorgewärmte Schüssel füllen, mit ein paar Tropfen Trüffelöl beträufeln, mit Parmesanflocken bestreuen. Servieren.

PERFEKT CREMIGES RISOTTO
DAS GEHEIMNIS BESTEHT DARIN, BEI MITTLERER HITZE ZU KOCHEN, NICHT SO HEISS, DASS DER FOND ZU SCHNELL VERDAMPFT, NICHT SO SCHWACH, DASS ER NICHT EINKOCHT.

Rosmarin-Erdbeeren mit Biskuit

Rosmarinsirup
250 g Feinkristallzucker
250 ml Wasser
3 Zweige frischer Rosmarin

1 kg Erdbeeren (gewaschen und entstielt)
Zitronenmelisse o. Minzblätter zum Garnieren
40 Stück Pistazien-Biskuit (siehe Seite 123)
1 Flasche Vino Santo, »der Wein der Heiligen«

(2h) Den Sirup zubereiten
Zucker und Wasser in eine Kasserolle mit schwerem Boden geben, 5 Minuten stehen lassen. Rosmarin beigeben und zum Kochen bringen, dann vom Herd nehmen und auskühlen lassen. In eine Flasche füllen und kühl aufbewahren.

Zum Anrichten
Erdbeeren in eine große Servierschüssel geben und mit Sirup beträufeln. Mit Zitronenmelisse oder Minze garnieren. Biskuit in einen Korb legen, den Wein in Gläser füllen – die Gäste können ihre Biskuits in Wein stippen.

Bequemer Imbiß

Fast jeder liebt schmackhafte, kräftige Suppen. Servieren Sie diese direkt aus dem Kochtopf oder in großen Schalen. Sie können im vorhinein zubereitet werden und sind warm, angenehm und köstlich – ich hoffe, Sie genießen sie. Für Vegetarier kann ich eine schmackhafte Variante der Bohnensuppe empfehlen. FÜR 10 PERSONEN

Hühner-Pie-Suppe

3 Eigelb
1 Prise Salz
350 g Blätterteig

Suppe
3 l heller Hühnerfond
675 g Hühnerbrust (ohne Haut und Knochen)
4 frische Maiskolben
Pflanzenöl
1 große Zwiebel (geschält, fein geschnitten)
2 Stück Porree (mittelgroß, geschnitten)
200 g Champignons
400 g Möhren (in 2 cm große Würfel)
200 g Frühkartoffeln (gewaschen und geschnitten)
200 g frische Erbsen
60 g Butter
60 g Mehl; zusätzlich etwas zum Bemehlen
600 ml Sahne
½ Tasse Petersilie, gewaschen und fein gehackt
Salz und weißer Pfeffer (gemahlen)

(1T) **Den Teig zubereiten**
Ofen auf 190 °C vorheizen. Eigelb und Salz schaumig schlagen. Ein Backblech mit Backpapier auslegen. Teig auf einem bemehlten Brett 2 mm dick ausrollen. Runde Formen (3 cm Durchmesser) ausstechen und mit Eigelb bestreichen. Auf das Tablett legen und 30 Minuten kühl stellen. Dann im Ofen goldbraun backen. Auskühlen lassen und in einem luftdichten Behälter an einem kühlen Ort aufbewahren.

(1T) **Die Suppe zubereiten**
Fond in einem großen Suppentopf zum Kochen bringen. Hühnerbrust 6–8 Minuten pochieren, abseihen, dabei den Fond auffangen, auskühlen lassen. In 1,5 cm große Würfel schneiden, bedekken und kalt stellen. Fond wieder zum Kochen bringen, Maiskolben einlegen und weich kochen. Abseihen (Fond wieder auffangen), auskühlen lassen. Dann die Körner abschaben, bedecken, kalt stellen. Fond in eine große, saubere Schüssel gießen. Suppentopf reinigen, dann den Fond zurückgießen (es sollten etwa 2,4 Liter sein). Zwiebel und Porree in etwas Öl weich braten. Pilze hinzufügen, weitere 2 Minuten sautieren, würzen und auskühlen lassen. Salzwasser zum Kochen bringen, Möhren weich kochen, dann abseihen. Mit Kartoffeln und Erbsen wiederholen. Gemüse bedekken und kalt stellen. Fond zum Sieden bringen. In einer großen Kasserolle aus Butter und Mehl eine Mehlschwitze bereiten. Fond langsam hinzugießen, jeweils 150 ml auf einmal und glattrühren. 10 Minuten bei schwacher Hitze kochen. Mit fettabweisendem Papier bedecken, auskühlen, kalt stellen.

Zum Anrichten
Ofen auf 180 °C vorheizen. Teigscheiben aufwärmen. Suppe zum Kochen bringen, Sahne, Huhn und Gemüse hinzufügen und würzen. Vor dem Servieren Petersilie beigeben. Einige Teigscheiben auf der Suppe schwimmen lassen, den Rest der Pie-Scheiben extra servieren.

Italienische Bohnen- und Wurstsuppe

Suppe
100 g Kichererbsen (getrocknet)
100 g Cannellini-Bohnen (getrocknet)
100 g rote Kidney-Bohnen (getrocknet)
100 g Pinto-Bohnen (getrocknet)
½ große Zwiebel
2 Knoblauchzehen (ganz)
2 Lorbeerblätter
4 Pfefferkörner
2 Thymianzweige
Olivenöl
1 große Zwiebel (in großen Würfeln)
3 Knoblauchzehen
6 Stück Stangensellerie (geschnitten)
12 Fleischtomaten (enthäutet, entkernt und würfelig geschnitten)
1 EL Tomatenmark
2 TL Feinkristallzucker
1,5 l Tomatensaft
1,5 l Gemüsefond
½ Eisbein oder 100 g Räucherspeck (in Scheiben geschnitten)
300 g pikante italienische Wurst (geviertelt und geschnitten)
Salz und schwarzer Pfeffer (frisch gemahlen)
½ Tasse Petersilie (gewaschen, getrocknet und gehackt)

1 Handvoll Basilikumblätter zum Garnieren
knuspriges italienisches Brot
Olivenöl für das Brot

VARIANTE FÜR VEGETARIER
FÜR VEGETARIER LASSEN SIE DIE WURST UND DAS EISBEIN WEG, ODER SIE ENTNEHMEN EINE PORTION SUPPE, BEVOR SIE WURST UND EISBEIN HINZUFÜGEN.

(2T) **Die Bohnen einweichen**
Bohnen getrennt über Nacht in Wasser einweichen.

(1T) **Die Suppe zubereiten**
Salzwasser zum Kochen bringen. Zwiebel, Knoblauchzehen, Lorbeer, Pfefferkörner und Thymian hinzugeben. Bohnen getrennt weich kochen, beiseite stellen. Etwas Olivenöl in einer großen Kasserolle erhitzen. Zwiebel, Knoblauch und Sellerie darin 5 Minuten anschwitzen, ohne zu bräunen. Tomatenmark

und Zucker hinzufügen und 2 Minuten kochen. Mit Tomatensaft und Fond aufgießen, Eisbein oder Speckstreifen beigeben. Zum Kochen bringen, dann bei niedriger Hitze 30 Minuten köcheln lassen. In der Zwischenzeit die Wurst sautieren. Bohnen, Tomaten und Wurst in die Suppe geben und würzen. Auskühlen und kalt stellen.

Zum Anrichten

Langsam zum Kochen bringen, Petersilie hinzufügen, umrühren und garnieren. Mit warmem Weißbrot und Olivenöl in einem Schälchen servieren.

Garnelen mit Zitronengrassuppe

50 Riesengarnelen (mittelgroß, mit Kopf)
4,8 l heller Hühnerfond
200 g Reisnudeln
3 Schalotten (fein geschnitten)
45 g Galgantwurzel (geschält und in feine Streifen geschnitten)
3 Knoblauchzehen (fein gehackt)
3 frische rote Chilis (mittelgroß, entkernt und in feine Streifen geschnitten)
4 Halme Zitronengras (in Ringe geschnitten)
1 TL Shrimpspaste
100 g getrocknete Shrimps (gehackt)
5 EL Fischsauce
3 Limettenblätter (fein gehackt)
1 EL Palmzucker oder Feinkristallzucker
2 EL Tamarindenpaste
3 junge Pak-Choi (gereinigt und in Rechtecke geschnitten)
½ Tasse Korianderblätter (getrocknet)

(1T) **Die Suppenbasis zubereiten**

Garnelen schälen, Köpfe und Schalen aufbewahren. Bedecken und kühl stellen. Hühnerfond zum Kochen bringen, Garnelenköpfe und -schalen einlegen und 15 Minuten köcheln. Durch Mousseline in einen Behälter seihen, auskühlen lassen und kalt stellen.

(6h) **Die Nudeln zubereiten**

Wasser zum Kochen bringen, Nudeln darin 1 Minute weich kochen. Abtropfen und abschrecken. In 2,5 cm lange Stükke schneiden, bedecken, kalt stellen.

Die Suppe fertigstellen

Suppe kochen, Schalotten, Galgantwurzel, Knoblauch, Chilis, Zitronengras, Shrimpspaste, getrocknete Shrimps, Fischsauce, Limettenblätter, Zucker und Tamarindenpaste hinzufügen. 5 Minuten köcheln, Garnelen beigeben, 2 Minuten kochen. Vor dem Servieren Nudeln, Pak-Choi und Koriander beifügen.

Pekannußtorte mit Eiscreme

Ergibt 2 Torten (35 x 11 cm) in rechteckigen, flachen Backformen.

Teig

300 g Mehl (gesiebt)
1 Prise Salz
125 g Puderzucker
125 g Butter (in Würfel geschnitten)
2 Eier

Eiscreme

600 ml Sahne
300 g Feinkristallzucker
600 ml Crème fraîche

Tortenfüllung

8 Eier
350 g Feinkristallzucker
600 ml heller Ahornsirup oder goldener Sirup
1 Prise Salz
1 Vanilleschote (der Länge nach aufgebrochen, Kerne herausgelöst)
450 g Pekannüsse (geschält)
Puderzucker zum Bestreuen

SPEZIALGERÄT: **Eismaschine**

(1T) **Den Teig vorbereiten**

Mehl, Salz, Puderzucker und Butter in einem elektrischen Mixer zur Konsistenz von Semmelbröseln verrühren. Bei langsamer Mixgeschwindigkeit Eier einrühren, bis sie gerade eingemischt sind. Masse auf einer bemehlten Arbeitsfläche halbieren, in Folie einschlagen, 8 Stunden kühl stellen. Der Teig ist weich genug, um direkt aus dem Kühlschrank ausgerollt zu werden. Er kann bis zu 1 Monat tiefgefroren werden. Im Kühlschrank über Nacht auftauen.

(1T) **Die Eiscreme zubereiten**

Sahne in einer Kasserolle mit beschichtetem Boden vorsichtig erwärmen, dann Zucker einrühren und auflösen. Sahne in eine Schüssel gießen und Crème fraîche einschlagen. Auskühlen lassen, dann in der Eismaschine aufschäumen. Bis zur Verwendung einfrieren.

(8h) **Eiskugeln formen**

Serviergeschirr tiefkühlen. Krug mit heißem Wasser füllen. Kugelformer zuerst in Wasser tauchen, anschließend in die Eiscreme und eine Kugel formen. In die Servierschale legen und mit der gesamten Eiscreme wiederholen. Einfrieren.

(6h) **Den Kuchen zubereiten**

Ofen auf 160 °C vorheizen. Den Teig ausrollen, 2 Backformen mit Backpapier auslegen, Teig auflegen, so daß er eine Form für die Füllung bildet, mit Backbohnen füllen. 30 Minuten im Kühlschrank ruhen lassen. Vor dem Backen sorgfältig überprüfen, ob der Teig keine Löcher hat, sonst würde die Füllung aus der gebildeten Teigform in die Backform rinnen, was das Herausnehmen des Kuchens erschweren würde. Wenn kleine Löcher vorhanden sind, diese mit Teigresten verkleben. Die Tortenböden 30 Minuten backen, dann die Backbohnen und das Papier entfernen und anschließend weitere 10 Minuten goldbraun backen. Kuchenformen aus dem Ofen nehmen und auskühlen lassen. Ofentemperatur auf 180 °C erhöhen. Eier kurz schlagen, dann Zucker, Sirup, Salz und Vanille hinzufügen und die Pekannüsse einrühren. Füllung auf beide Tortenböden aufteilen und 30 Minuten backen oder bis sie feste Konsistenz aufweisen. Auskühlen lassen, dann in luftdichten Behältern an einem kühlen Ort aufbewahren.

Zum Anrichten

Beide Torten auf ein großes Holzbrett setzen, mit Puderzucker bestreuen. Schale mit Eiscreme danebenstellen oder separat anbieten.

Von oben: *Hühner-Pie-Suppe; Garnelen mit Zitronengrassuppe; Italienische Bohnen- und Wurstsuppe*

Die Veranstaltung einer Party im Freien sollte keine große Mühe bedeuten. Im Sommer kann ein Garten oder eine Terrasse in einen Speisesaal verwandelt werden. Farbige Tischtücher und Servietten beleben das Arrangement, und frisches Obst und Gemüse bilden eine bezaubernde Tischdekoration.

Essen im Freien

Die Gäste können auf Kissen und Decken auf dem Rasen Platz nehmen. Die Auswahl der Speisen für Mittag- oder Abendessen unter freiem Himmel ist vielfältig – Nudelgerichte, Sandwiches, Käse und Früchte. Die folgenden Rezepte sind für all jene gedacht, die gerne mit Freunden im schattigen Garten sitzen und sie mit köstlichen, einfach zuzubereitenden Speisen verwöhnen wollen.

Haltbarkeit der Speisen

Entscheiden Sie sich für Gerichte, die eine Autofahrt und Hitze überstehen. Wenn nötig, muß der Picknickkorb auf engstem Raum verstaut werden. Als ich früher Picknicks bei Kricketwettkämpfen ausstattete, bot ich eine große Auswahl an Speisen, die sehr aufwendig zu transportieren und unterzubringen waren. Heutzutage konzentriere ich mich auf Röllchen (siehe Seite 90–91), die problemlos transportiert und im Gedränge ohne Anstrengung verspeist werden können.

Kühle Getränke

Zum Kühlen von Getränken können Sie Eis in Kühltaschen packen, doch sie sind schwer und unhandlich. Bereiten Sie Fruchtsäfte zu, und transportieren Sie sie in Thermosflaschen. Es gibt auch Isolierhüllen, die zunächst tiefgekühlt und bei Bedarf über die Flaschen gezogen werden. Schlagen Sie diese zusätzlich in Papier ein. Auch Kühlbehälter in Eimerform haben wenig Gewicht. Sie werden erst mit Eis gefüllt, wenn Sie an Ihrem Ziel angekommen sind.

Gelungene Barbecues

Bereiten Sie einfache Gerichte zu. Die Holzkohle muß mindestens eine dreiviertel Stunde vor dem Grillen entzündet werden. Verzichten Sie dabei auf entflammbare Flüssigkeiten, da sie den Geschmack der Speisen beeinträchtigen können. Die Höhe des Grillrosts sollte verstellbar sein. Plazieren Sie Buffet und Bar in der Nähe des Grills, damit sich Ihre Gäste problemlos selbst bedienen können.

Professionelle Tips

- **Vergessen Sie nicht das Wichtigste: Flaschenöffner; Korkenzieher; Insektenspray; Sonnenschutz und Hüte.**
- **Sie müssen alles tragen können – Tücher, Decken und Steppdecken sind leicht transportierbar.**
- **Beschränken Sie sich auf leichtes Geschirr, Besteck und Gläser: Diverse Behältnisse aus Plastik sind sehr geeignet.**
- **Packen Sie auch Papierservietten und Müllbeutel ein.**
- **Ein Picknick im Sonnenschein kann bei Dunkelheit enden, halten Sie Fackeln bereit.**

KÜHLE NÄCHTE

Bereiten Sie Eintöpfe und kräftige Suppen zu, die Sie in Thermosflaschen mit einem grossen Ausguss aufbewahren. Sie wärmen und beleben.

Imbiß im Garten

Was könnte entspannender sein, als sich an einem lieblichen Sommertag im Schatten eines Baumes mediterranen Genüssen hinzugeben? Wir haben diesem klassischen Thunfischsalat eine frische, moderne Note verliehen. Frische Sardellen machen ihn noch schmackhafter. Er zählt, gemeinsam mit dem köstlichen Dessert, zu den beliebtesten Gerichten auf Gartenpartys. Wie die meisten Speisen in diesem Buch können auch diese Rezepte mit wenig Aufwand und im voraus zubereitet werden. FÜR 10 PERSONEN

Salat Niçoise mit gegrilltem Thunfisch

Dressing

2 TL Dijon-Senf
1 EL Weißweinessig
1 EL Balsamessig
1 TL Feinkristallzucker
3 EL Olivenöl
2 Schalotten (fein geschnitten)
Salz und schwarzer Pfeffer (frisch gemahlen)

Salat

500 g frischer Thunfisch (vorzugsweise 10 Portionen vom Schwanzende)
Olivenöl
Salz
schwarzer Pfeffer (frisch gemahlen)
30 kleine Tomaten
2 Knoblauchzehen (fein geschnitten)
etwas Feinkristallzucker
2 TL Thymian (fein gehackt)
750 g Kartoffeln (festkochende, gekocht, der Länge nach geschnitten und gegrillt)
250 g zarte Brechbohnen (geköpft, nicht entstielt; blanchiert und abgeschreckt)
1 Salatgurke (geschält, entkernt, geschnitten)
200 g schwarze Oliven (groß)
36 Wachteleier (hartgekocht)
100 g Kapern
5 Artischockenherzen (geröstet und halbiert)
½ Tasse Petersilie (verlesen, gewaschen und gehackt)
½ Tasse Schnittlauch
100 g Sardellenfilets aus der Dose oder 100 g frische Sardellen (in etwas Pflanzenöl sautiert)

Beilage

knuspriges Landbrot
Butter
Olivenöl

(1T) Das Dressing zubereiten
Sämtliche Zutaten vermischen, würzen und in einen Krug füllen. Krug verschließen und im Kühlschrank oder an einem kühlen Ort aufbewahren.

(4h) Den Thunfisch zubereiten
Eine Grillpfanne erhitzen, den Thunfisch mit Olivenöl bestreichen und mit Salz und Pfeffer würzen. Auf jeder Seite nicht länger als 30 Sekunden grillen. Auf ein Tablett legen, mit Folie bedecken, kühl stellen.

(4h) Die Tomaten zubereiten
Ofen auf 160 °C vorheizen. Tomaten auf ein Backblech legen, mit 1 Eßlöffel Olivenöl und Knoblauch bestreichen, mit Zucker und Thymian bestreuen, dann würzen. 5 Minuten im Ofen backen. In einem luftdichten Behälter im Kühlschrank aufbewahren.

Zum Anrichten

Kartoffeln, Bohnen, Gurke, Oliven, Eier, Kapern, Artischocken, Petersilie und Schnittlauch in eine Schüssel legen, mit ¾ des Dressings übergießen, gut durchmischen und würzen. In eine Servierschüssel geben, Thunfisch, Tomaten und Sardellen darauf arrangieren, verbleibendes Dressing darüber gießen. Dazu Brot, Butter und Olivenöl reichen.

Sauternes-Kuchen mit pochierten Pfirsichen

In einer 25 cm großen, runden Springform zubereiten.

Sauternes-Kuchen

15 g Butter zum Ausfetten
6 Eigelb
180 g Feinkristallzucker
1 Orange (unbehandelt, geriebene Schale)
2 Zitronen (unbehandelt, geriebene Schale)
120 ml Olivenöl
150 ml Sauternes (französicher Weißwein)
8 Eiweiß
½ TL Sauce tartare
170 g Mehl
¼ TL Salz
Puderzucker zum Bestreuen

Pochierte Pfirsiche

10 große Pfirsiche (reif)
600 ml Wasser
450 g Feinkristallzucker
1 Flasche moussierender Wein (süß)
2 Vanilleschoten (aufgebrochen)
1 Orange (unbehandelt, geriebene Schale)
1 Zitrone (unbehandelt, geriebene Schale)
600 ml Crème fraîche

(3T) Den Kuchen zubereiten
Ofen auf 180 °C vorheizen. Eine Springform mit Butter ausfetten und mit Pergamentpapier auslegen. Eigelb und die Hälfte des Zucker in einem elektrischen Mixer schaumig schlagen. Orangen- und Zitronenschalen untermischen. Olivenöl nach und nach hinzufügen, dann unter

Salat Niçoise mit gegrilltem Thunfisch

ständigem Rühren den Sauternes eingießen. Eiweiß mit Sauce tartare in einer Schale schlagen, bis sich leichte Blasen bilden. Den verbleibenden Feinkristallzucker einrühren und schlagen, bis die Masse steif ist. Mehl und Salz versieben, vorsichtig unter die Eigelbmischung heben. Eiweißmasse hinzufügen und sorgfältig verrühren, so daß keine Mehlklumpen verbleiben. Masse in die Springform gießen und auf mittlerer Einschubhöhe im Ofen backen. Nach 20 Minuten die Hitze auf 150 °C reduzieren und weitere 20 Minuten backen. Kuchen drehen, wenn er auf einer Seite mehr bräunt. Aus dem Ofen nehmen und in der Form auf einem Kuchengitter auskühlen lassen. Aus der Form nehmen, in einen luftdichten Behälter geben und an einem kühlen Ort aufbewahren.

(2T) Die Pfirsiche zubereiten

Wasser in einer Kasserolle zum Kochen bringen; eine große Schüssel mit Eiswasser füllen. Jeweils 2 Pfirsiche für 20 Minuten in das kochende Wasser tauchen. Mit einer Schaumkelle herausnehmen und sofort in das Eiswasser legen. Haut abziehen, Pfirsiche beiseite legen. Wasser und Zucker in eine große Kasserolle legen, die alle Pfirsiche faßt. Langsam zum Kochen bringen; moussierenden Wein, Vanilleschoten, Orangen- und Zitronenschale hinzufügen. Wieder zum Kochen bringen, dann Hitze reduzieren und sehr schwach köcheln lassen. Pfirsiche in den Sirup legen und 15 Minuten schonend pochieren. Vom Herd nehmen und Pfirsiche im Sirup auskühlen lassen. Wenn sie erkaltet sind, herausnehmen. Pfirsiche mit einem kleinen Messer bis zur Mitte einschneiden und den Kern entfernen. In ein flaches Gefäß legen, mit etwas Sirup übergießen. Mit Folie bedecken und im Kühlschrank aufbewahren. Einige Stunden vor dem Servieren herausnehmen.

PFIRSICHE SCHÄLEN

Wenn sich die Haut nach wie vor nicht gut abziehen lässt, nachdem die Pfirsiche vom kochenden Wasser in das Eiswasser gelegt wurden, tauchen Sie sie nochmals kurz in das kochende Wasser.

Zum Anrichten

Kuchen auf einen Kuchenteller legen. Mit Puderzucker bestreuen. Pfirsiche in eine Glasvase oder Glasschüssel geben, mit Sirup übergießen. Crème fraîche auf 2 Schalen aufteilen. Servieren.

Barbecue

Grillfeste erinnern mich an sommerliche Gartenfreuden mit Freunden. Als Abwechslung zum traditionellen Fleisch habe ich ein Meeresfrüchte-Barbecue zusammengestellt. Ideal wäre es, wenn Sie am Morgen beim Fischfang dabeigewesen wären, doch wenn ein Bootsausflug nur in Ihrer Fantasie möglich ist, werden Sie mit diesen Köstlichkeiten eine Strandatmosphäre im Garten zaubern. Sollten Sie einige der Rezepte ersetzen wollen, so verwenden Sie das Hacksteak und die Rippchen, die auch gegrillt gut schmekken (siehe Bufettparty). FÜR 10 PERSONEN

Gemüse mit Salsa verde

Wählen Sie drei bis vier Sorten aus:
10 rote Paprikaschoten (geviertel, entkernt)
30 Stangen Spargel (blanchiert, abgeschreckt)
30 junge Fenchelknollen (blanchiert)
4 große Zucchini (in 1,5 cm dicke Scheiben geschnitten)
2 mittelgroße Aubgerinen (geschnitten und mit Salz bestreut)
5 rote Zwiebeln (geviertelt, blanchiert)
Olivenöl
Salz und schwarzer Pfeffer (frisch gemahlen)
frische Kräuter zum Garnieren
die doppelte Menge Salsa verde (siehe Seite 121)

Das Gemüse grillen

Das ausgewählte Gemüse auf ein Tablett legen, mit Öl bestreichen, würzen und 10–15 Minuten auf beiden Seiten grillen, bis es weich ist. Auf einem Teller arrangieren, mit frischen Kräutern garnieren.

Zum Anrichten

Gemüse mit etwas Salsa verde beträufeln, den Rest der Sauce in einer Schale anbieten.

Hummer mit Tamarinden-Dressing

Tamarinden-Dressing

150 ml Olivenöl
2 EL Tamarinden-Fruchtfleisch
2 TL Palmzucker
1 Limette (Schale und Saft)
30 g Ingwer (gehackt)
3 Knoblauchzehen (geschnitten)
2 Schalotten (fein geschnitten)
¼ Tasse Koriander (gewaschen, abgetrocknet und gehackt)
3 Limettenblätter (fein zerpflückt)
Salz und schwarzer Pfeffer (frisch gemahlen)

5 Hummer zu je 675 g (gekocht, halbiert, Schwanzfleisch herausgelöst, geschnitten und wieder in die Schale gelegt)
Seetang zum Garnieren

(1T) Das Dressing zubereiten

Olivenöl, Tamarinden-Fruchtfleisch, Zukker, Limettenschale und -saft sowie Ingwer in einem Mixer 30 Sekunden lang rühren, bis die Flüssigkeit eine glatte Konsistenz aufweist. In einen verschließbaren Krug füllen. Die restlichen Zutaten hinzufügen, mit Salz und Pfeffer würzen und kühl stellen.

Den Hummer grillen

Hummerhälften auf ein Tablett legen und mit etwas Dressing beträufeln. Mit der Schale nach unten etwa 5–10 Minuten grillen, bis das Fleisch heiß und die Schale braun ist. Auf einen mit Seetang belegten Servierteller legen.

GRILLTIPS

ÜBERPRÜFEN SIE VOR DEM AUFLEGEN DES GRILLGUTES, OB DIE HOLZKOHLEN HEISS SIND. LEGEN SIE DIE RICHTIGEN WERKZEUGE ZURECHT, UND STELLEN SIE FÜR DEN NOTFALL EINEN KRUG MIT WASSER ZUM ERSTICKEN VON FLAMMEN NEBEN DEN GRILL.

Schwertfisch mit Zwiebel-Mango-Sauce

Zwiebel-Mango-Sauce

120 g Augenbohnen (12 Stunden in Wasser eingeweicht)
6 reife Mangos
5 Tomaten (enthäutet, entkernt, geschnitten)
1 Tasse Koriander (gewaschen, abgetrocknet und gehackt)
½ Tasse Petersilie (gewaschen, gehackt)
4 Knoblauchzehen (fein gehackt)
4 rote Chilis (mittelgroß; entkernt und würfelig geschnitten)
4 rote Zwiebeln (fein würfelig geschnitten)
6 Limetten (Schale und Saft)
300 ml Olivenöl
Salz und schwarzer Pfeffer (frisch gemahlen)

Aromatisiertes Öl

300 ml Olivenöl
1 Zweig Dill
2 Sternanis
½ Knoblauchknolle
2 Schalotten (geschnitten)
Zitronenschale

10 Schwertfischsteaks, je 180 g
Salz und schwarzer Pfeffer (frisch gemahlen)
Dillblüten und Zweige
Limettenhälften

(1T) Die Sauce zubereiten

Bohnen abtropfen. Wasser oder Gemüsefond in einer Kasserolle zum Kochen

Hummer mit Tamarinden-Dressing

Schwertfisch mit Zwiebel-Mango-Sauce

bringen, Hitze reduzieren, Bohnen einlegen und weich kochen. Abtropfen und auskühlen lassen. Mangos (über einem Spülbecken!) schälen und Fruchtfleisch vom Kern ablösen. Die Hälfte der Mangos in einem Mixer oder mit der Hand sehr glatt pürieren. Die verbleibenden Mangos fein würfeln, dann mit dem Püree, den Bohnen und den restlichen Zutaten in eine Schüssel geben, würzen. Bedecken, kalt stellen.

(1T) Das Öl aromatisieren
Sämtliche Zutaten in einer Kasserolle bei schwacher Hitze 10 Minuten köcheln lassen. Vom Herd nehmen, auskühlen lassen. In einen verschließbaren Krug füllen und an einem kühlen Ort aufbewahren.

Schwertfisch zubereiten und anrichten
Fisch auf ein Tablett legen, mit aromatisiertem Öl bestreichen und würzen. Auf beiden Seiten grillen, bis er gar ist, dann auf Servierteller legen. Mit Dillblüten und -zweigen sowie Limettenhälften garnieren. Sauce in Schalen füllen, sofort servieren.

KNOBLAUCHGERUCH
Sie werden bemerkt haben, dass ich das pikante Aroma von Knoblauch liebe, und viele dieser Rezepte enthalten welchen. Doch sein Geruch haftet an den Händen. Dagegen hilft ein sicherer Trick: Halten Sie einen Löffel aus Edelstahl unter laufendes, warmes Wasser, und reiben Sie die Hände an dem Löffel im Wasser.

Süßkartoffeln mit Frühlingszwiebeln

Frühlingszwiebel-Dressing

150 ml Sushi-Essig
1 EL Feinkristallzucker
450 ml ungesüßte Kokosmilch
1 Bund Frühlingszwiebeln (gewaschen, ohne Wurzeln, fein gehackt)
½ Tasse Schnittlauch (gehackt)
3 EL geröstete Sesamkörner
2 EL milde Chilisauce (nach Belieben)
Salz und schwarzer Pfeffer (frisch gemahlen)

10 orangefarbene Süßkartoffeln (klein)

(1T) Das Dressing zubereiten
Essig und Zucker in einer Küchenmaschine 10 Sekunden verrühren.

Kokosmilch langsam hinzufügen, bis die Mischung emulgiert. In eine Schüssel gießen. Restliche Zutaten hinzufügen, würzen. Zudecken und im Kühlschrank aufbewahren.

(1T) Die Kartoffeln vorbereiten
Kartoffeln gründlich reinigen, abtrocknen. Mit einer Gabel anstechen, in Folie wickeln und kühl stellen.

Die Kartoffeln grillen
Kartoffeln auf den Grill legen. Nach 50 Minuten die Folie entfernen. Kartoffeln so lange weitergrillen, bis die Schale knusprig ist.

Zum Anrichten
Kartoffeln halbieren, in eine Servierschüssel legen und mit etwas Dressing beträufeln. Das verbleibende Dressing in einem Krug beistellen.

Maiskolben mit Pfefferbutter

Pfefferbutter

250 g Butter (weich)
2 TL schwarze Pfefferkörner (zerdrückt)
Meersalz

10 Maiskolben mit Blättern
getrocknete Maisblätter zum Garnieren

(1T) Die Butter zubereiten
Butter mit einem elektrischen Mixer schaumig rühren. Pfeffer und Salz hinzufügen und verrühren, bis der Pfeffer gleichmäßig verteilt ist. In einen Spritzbeutel mit 2,5-cm-Tülle füllen und auf Frischhaltefolie aufspritzen. Zu einem Zylinder rollen und einfrieren.

Den Mais vorbereiten und grillen
Butter aus dem Tiefkühlschrank nehmen, in Scheiben schneiden und in eine Schüssel mit Eiswasser legen. Maiskolben 10 Minuten in kaltem Wasser einweichen; abtrocknen. Von allen Seiten grillen, bis sie weich sind. In einen mit Blättern ausgelegten Korb legen, mit Butter servieren.

Marinierte Garnelen mit Chili-Mayonnaise

Garnelenmarinade

40 Holzspieße (in Wasser eingeweicht)
40 frische Riesengarnelen (mittelgroß)
5 EL Olivenöl
5 Schalotten (gehackt)
8 Knoblauchzehen (gehackt)
¼ Tasse frischer Thymian (gehackt)
1 EL Paprikapulver
3 Limetten (Saft und Schale)
1 EL Zucker
Salz und schwarzer Pfeffer (frisch gemahlen)
Meersalz

Mayonnaise

3 EL Weißweinessig
2 Limetten (Saft)
3 Knoblauchzehen (fein gehackt)
2 Chipotle Chilis (geräucherte Chilis; eingeweicht und entkernt)
3 Schalotten (fein gehackt)
1 EL Feinkristallzucker
6 frische Eigelb
1,2 l Pflanzenöl
150 ml kochendes Wasser
Salz und schwarzer Pfeffer (frisch gemahlen)

Garnierung

Rosmarin- oder Salbeizweige (frisch)
rote Chilis (frisch)

(6h) Die Garnelen marinieren
Garnelen aufspießen. Sämtliche Zutaten für die Marinade glatt verrühren und würzen. Garnelen mit Marinade einstreichen, bedecken und kalt stellen.

(6h) Die Mayonnaise zubereiten
Essig, Limettensaft, Knoblauch, Chilis, Schalotten und Zucker in einer Kasserolle erhitzen und auf die Hälfte reduzieren. Auskühlen lassen. Mischung mit Eigelb 30 Sekunden in einer Küchenmaschine verrühren. Öl langsam und stetig eingießen. Wenn es emulgiert ist, das kochende Wasser hinzufügen und weitere 10 Sekunden rühren. In einem luftdichten Behälter kalt stellen

Die Garnelen grillen und anrichten
Garnelen grillen, bis die Schalen braun sind. Mit Meersalz würzen und auf eine Servierplatte legen, die mit frischen Chilis und Kräutern belegt ist. Die Mayonnaise in eine Schale füllen.

Maiskolben mit Pfefferbutter

Picknick

Das ist mein Picknick-Vorschlag für jede Gelegenheit. Alle Gerichte sind einfach zuzubereiten und äußerst schmackhaft – ich mag die Kombination von pikantem Schafkäse mit süßen roten Zwiebeln. Die kalten Speisen können in eigene Behälter gepackt und in letzter Minute mit Salatblättern garniert werden. Das Tintenfischrezept eignet sich auch als Hauptgang für den Mittagstisch. FÜR 10 PERSONEN

Tintenfisch-Pasta mit Garnelensalat

Dressing

3 EL Weißweinessig
1 EL Feinkristallzucker
5 EL Olivenöl (erste Pressung)

Salat

30 frische Riesengarnelen (geschält)
Olivenöl
Salz und schwarzer Pfeffer (frisch gemahlen)
500 g Tagliatelle (mit Tintenfischtinte gefärbt)
30 Stangen Spargel (geschält, blanchiert)
1 Bund Frühlingszwiebeln (gewaschen, ohne Wurzeln, fein geschnitten)
10 Tomaten (enthäutet, entkernt und würfelig geschnitten)
2 rote Chilis (entkernt und fein geschnitten)
½ Tasse Schnittlauch (gehackt)

(1h) **Das Dressing zubereiten**
Essig und Zucker in einem Mixer 20 Sekunden verrühren. Öl langsam und stetig eingießen, bis es gut vermischt ist. In einen verschließbaren Krug füllen und an einem kühlen Ort aufbewahren.

(1T) **Den Salat vorbereiten**
Grill oder Grillpfanne vorheizen. Garnelen mit Olivenöl einstreichen, würzen, auf allen Seiten gleichmäßig grillen. Vom Grill nehmen, zugedeckt auskühlen lassen. Im Kühlschrank aufbewahren. Die Pasta in Salzwasser »al dente« kochen, abtropfen und abschrecken. Pasta nach dem Auskühlen mit einer Schere in 10 cm lange Stücke schneiden. Bedecken, kalt stellen.

Tintenfisch-Pasta mit Garnelensalat

Den Salat fertigstellen
Garnelen, Pasta und Spargel in eine Schüssel legen und mit Dressing übergießen. Frühlingszwiebeln, Tomaten, Chilis und Schnittlauch beigeben, gut benetzen. Würzen. In Behälter füllen.

Salat mit Schafkäse, Oliven und Kapern

3 rote Zwiebeln (klein; jede Zwiebel in 8 Stücke geschnitten)
150 ml reifer Balsamessig
3 EL Olivenöl (erste Pressung)
2 TL Demerara-Zucker
5 Thymianzweige (fein gehackt)
Salz und schwarzer Pfeffer (frisch gemahlen)
500 g Schafkäse von hoher Qualität (würfelig geschnitten)
300 g Brechbohnen (extra zart; blanchiert)
250 g schwarze Oliven (groß; mariniert)
100 g Kapern
20 gelbe Tomaten (gewaschen, abgetrocknet und halbiert)
2 Tassen Petersilie (gewaschen und getrocknet)

(1T) **Die roten Zwiebeln braten**
Ofen auf 190 °C vorheizen. Zwiebeln in eine Bratpfanne legen, mit Essig und Öl übergießen. Zucker und Thymian hinzufügen, würzen und 15–20 Minuten braten, bis sie weich und glasig sind. Zwiebel-Essig-Mischung (dies ist das Salat-Dressing) in einen luftdichten Behälter füllen und nach dem Erkalten im Kühlschrank aufbewahren.

Den Salat fertigstellen
Zwiebel-Dressing in eine Schüssel geben, restliche Zutaten beigeben, würzen, vermischen und in Behälter füllen.

Mariniertes Hühnchen mit Juwelenreis

Marinade für das Hühnchen

30 g Sauerampferblüten (getrocknet)
3 Knoblauchzehen (gehackt)
2 Jalapeño-Chilis (entkernt und fein gehackt)
¼ Tasse Koriander (gewaschen, gehackt)
1 Limette (in Scheiben geschnitten)
5 Hühnerbrüste (aus Freilandhaltung, ohne Haut)
Salz und schwarzer Pfeffer (frisch gemahlen)
Pflanzenöl zum Braten

Juwelenreis

1,4 l Gemüsefond
Olivenöl
1 Zwiebel (fein würfelig geschnitten)
3 Knoblauchzehen (fein gehackt)
½ TL Safran
5 grüne Kardamomkapseln (zerdrückt)
2 Zimtstangen
675 g Basmati-Reis
Pflanzenöl
2 Orangen (unbehandelt, Schale gerieben, Fruchtfleisch sehr fein geschnitten)
115 g Möhren (fein gerieben)
2 EL Feinkristallzucker
60 g Berberitzen (oder getrocknete Preiselbeeren; gewaschen, entstielt und 12 Stunden eingeweicht)
150 g goldfarbene Sultaninen (groß)
150 g Pistazien (ohne Schalen, enthäutet und geröstet)
150 g Cashewnüsse (ungesalzen, geröstet)
2 Tassen Koriandeblätter (gewaschen)
Salz und schwarzer Pfeffer (frisch gemahlen)

SAUERAMPFER VERWENDEN

ICH ERINNERE MICH AN EIN SEHR ERFRISCHENDES SAUERAMPFERGETRÄNK AUS ANTIGUA. IN DEUTSCHLAND FINDET MAN GETROCKNETEN SAUERAMPFER IN ASIATISCHEN DELIKATESSENLÄDEN ODER AUF DEM BAUERNMARKT.

(2T) Das Hühnchen marinieren

600 ml Wasser in einer großen Kasserolle zum Kochen bringen, Sauerampfer beigeben und auf die Hälfte reduzieren. Durch ein feines Sieb in einen Behälter seihen und auskühlen lassen. Nach dem Erkalten Knoblauch, Chili, Koriander, Limettenscheiben und Hühnerbrüste hinzufügen, so daß das Huhn mit Marinade bedeckt ist. Bedecken und 12 Stunden marinieren.

(1T) Das Hühnchen braten

Ofen auf 190 °C vorheizen. Huhn aus der Marinade nehmen, trockentupfen, würzen und auf ein Tablett legen. Etwas Öl in einer Bratpfanne erhitzen und das Fleisch auf beiden Seiten kurz anbraten. In den Ofen geben und 10–12 Minuten braten. Herausnehmen, auskühlen lassen, bedecken und kalt stellen.

(1T) Den Juwelenreis zubereiten

Ofen auf 180 °C vorheizen. Fond zum Kochen bringen, Hitze reduzieren. Etwas Olivenöl in einer großen, hitzebeständiger Pfanne erhitzen; Knoblauch, Zwiebel, Safran, Kardamom und Zimtstangen hinzufügen. Etwa 2 Minuten sautieren. Reis beigeben, gut umrühren. Er darf keine Farbe annehmen. Mit dem heißen Fond aufgießen, rühren, zum Kochen bringen. Dann Backpapier darauflegen und mit einem Deckel verschließen. 20–25 Minuten im Ofen kochen bis der Reis weich und der Fond absorbiert ist. Auskühlen lassen und im Kühlschrank aufbewahren. Etwas Pflanzenöl in einer Bratpfanne erhitzen. Orangenschalen und Möhren darin bei schwacher Hitze etwa 5 Minuten sautieren. Zucker hinzufügen und weitere 5 Minuten kochen. Auskühlen lassen und in einem luftdichten Behälter kalt stellen.

Hühnchen und Reis fertigstellen

Berberitzen abtropfen. Reis in eine große Schüssel geben, die restlichen Zutaten hinzufügen, würzen und gut durchmischen. In Behälter füllen. Hühnerbrüste aufschneiden und auf den Reis legen. Zudecken.

Pikantes Gemüse

100 g Kichererbsen (eingeweicht)
2 TL Palmenöl
250 g Jungzwiebel (geschält)
3 Knoblauchzehen (geschnitten)
2 EL Garam-Masala-Paste
5 Tomaten (enthäutet, entkernt und würfelig geschnitten)
300 ml Gemüsefond
Salz, schwarzer Pfeffer (frisch gemahlen)
1 Aubergine (mittelgroß, gewürfelt)
10 kleine Maiskolben (halbiert, blanchiert)
300 g Süßkartoffeln (blanchiert und würfelig geschnitten)
300 g Champignons (ohne Stiele, geputzt)
115 g junger Spinat (gewaschen, getrocknet)

Dressing

300 ml Biojoghurt
½ Tasse Minzblätter (gewaschen, getrocknet und fein zerpflückt)
¼ Salatgurke (geschält, entkernt und feinwürfelig geschnitten)
Salz, schwarzer Pfeffer (frisch gemahlen)

(1T) Das pikante Gemüse zubereiten

Kichererbsen in Salzwasser weich kochen, abtropfen. Öl in einer großen Bratpfanne erhitzen, Zwiebeln darin etwa 5 Minuten sautieren. Knoblauch, Garam-Masala-Paste und Tomaten hinzufügen und weitere 5 Minuten braten. Fond eingießen, auf die Hälfte reduzieren, würzen und auskühlen. Bratpfanne spülen und abtrocknen, dann etwas Öl erhitzen. Das verbleibende Gemüse bis auf den Spinat darin etwa 5 Minuten anbraten. Vom Herd nehmen, Spinat einrühren, würzen und auskühlen lassen. Nach dem Erkalten Gemüse und Kichererbsen in die Sauce einrühren, würzen. In Behälter füllen, zudecken, kalt stellen.

(1T) **Das Dressing zubereiten**
Sämtliche Zutaten in einer Schüssel gut vermischen, würzen und in einen Behälter füllen. Kalt stellen.

Zum Anrichten
Bieten Sie das Gemüse und das Dressing getrennt an.

DAS GANZE JAHR ÜBER
Wenn das Wetter nicht ganz so idyllisch ist und daher eher warmes Essen gefragt ist, ersetzen Sie doch einen der Salate durch die Italienische Bohnensuppe (siehe Seite 151)!

Zitronenplätzchen

200 g Butter
120 g Puderzucker
1 Eigelb
2 Zitronen (unbehandelt, Schale gerieben)
2 TL Zitronensaft
250 g Mehl
Feinkristallzucker

(2T) **Die Plätzchen zubereiten**
Butter und Zucker in einem elektrischen Mixer weich und schaumig schlagen. Eigelb hinzufügen und glatt verrühren; dann Zitronenschale, Zitronensaft und Mehl hinzufügen. Rühren, bis alle Zutaten gut vermengt sind. Eine Arbeitsfläche mit Folie belegen, den Teig darauflegen und mit einer weiteren Lage Folie bedecken. Teig zu einer Dicke von 7 mm ausrollen. 1 Stunde im Kühlschrank ruhen lassen. Ofen auf 180 °C vorheizen. Ein Backblech mit Backpapier auslegen. Eine kühle Arbeitsfläche mit etwas Mehl bestreuen. Teig aus dem Kühlschrank nehmen, auf die Arbeitsfläche legen und mit einer Ausstechform etwa 20 Herzformen ausstechen. Die Formen auf das Backblech legen. Etwa 10 Minuten backen, bis sie goldfarben sind. Herzen auf ein Kuchengitterr legen und mit Feinkristallzucker bestreuen. Nach dem Auskühlen vorsichtig in luftdichte Behälter schichten.

Von oben nach unten: *Salat mit Schafkäse, Oliven und Kapern; Mariniertes Hühnchen mit Juwelenreis*

Walnuß-Pekannuß-Schokoladen-Küchlein

85 g Mehl
1 TL Backpulver
½ TL Salz
115 g Pekannüsse (ohne Schale, grob gerieben)
115 g Walnüsse (ohne Schale, grob gerieben)
285 g Bitterschokolade (in kleine Stücke gehackt)
200 g Butter (weich)
3 Eier
285 g brauner Zucker
Kakaopulver zum Bestreuen (nach Belieben)

(1T) **Die Küchlein zubereiten**
Ofen auf 160 °C vorheizen. Ein tiefes Backblech (etwa 26 x 26 x 4 cm) mit Backpapier auslegen. Mehl, Bakpulver, Salz, Nüsse und die Hälfte der Schokolade in einer Schüssel gut verrühren. Eine Kasserolle zur Hälfte mit Wasser füllen; eine Rührschüssel, die darauf paßt, aufsetzen und sanft erwärmen. Butter und restliche Schokolade hineingeben und über der Hitze schmelzen. In der Zwischenzeit Eier und Zukker in einem elektrischen Mixer schaumig schlagen. Die geschmolzene Schokolade-Butter-Mischung einrühren; mixen, bis die Masse eine glatte Konsistenz aufweist. Verbleibende Zutaten hinzufügen und mit einem Spatel aus Plastik oder Gummi verrühren. Auf das vorbereitete Backblech gießen, Oberfläche glätten und etwa 30–40 Minuten im Ofen backen. 5 Minuten auskühlen lassen, dann auf ein Kuchengitter legen. Nach dem Auskühlen Backpapier abziehen und den Kuchen in Quadrate schneiden. (es sollten etwa 20 Stück werden). Mit Kakaopulver bestreuen. In luftdichte Behälter zwischen Schichten von Pergamentpapier legen.

ÜBRIGGEBLIEBENES EIWEISS
Wenn Sie kein Eiweiss verschwenden wollen, das bei Rezepten übrig bleibt, die nur Eigelb erfordern (etwa die Zitronenplätzchen auf dieser Seite), können Sie es bis zu einem Monat einfrieren und anderweitig verwenden.

Käseplatte

Das Angebot an Käse kann heutzutage verwirren. Es reicht von Käse aus Kuhmilch, Ziegenmilch und Schafmilch sowie harten, halbfesten und weichen Käse, bis hin zu sehr sahnigen Frischkäsesorten. Zusätzlich sind manche Sorten nur zu bestimmten Jahreszeiten erhältlich, wie etwa Terrys Lieblingskäse, der Vacherin. Ich empfehle, Käse in einem Fachgeschäft zu kaufen, der auch eine große Auswahl an Plätzchen und Broten anbieten kann, und ebenso Körbchen, Untersetzer und Papier zum Anrichten. Dort wird man Sie über Reife und Eignung kompetent beraten.

Aufbewahrung

Wickeln Sie Käse stets mit einem Stück Mousseline bedeckt in fettabweisendes Papier ein, bevor Sie ihn in einen Plastikbeutel geben oder in Folie wickeln. Der beste Ort zur Aufbewahrung ist das oberste Fach im Kühlschrank (so daß andere Speisen nicht von geruchsintensivem Käse beeinträchtigt werden), ein kühler Vorratsschrank oder ein Kellerraum.

Große Auswahl

Bei Buffetpartys bieten wir im Allgemeinen bis zu sechs verschiedene Käsesorten an, je nach Anzahl der Gäste. Meine Empfehlung für eine Käseauswahl wäre ein roher Milchbrie, ein Ziegenkäse, ein Doppelrahmkäse, ein Blauschimmelkäse, ein milder Hartkäse und ein in Blätter eingewickelter Käse.

Bei Abendessen bieten wir drei Käsesorten an. Vermeiden Sie harten Käse, der schwer zu schneiden ist, sowie Käse mit nicht eßbaren Rinden oder starkem Geruch. Nicht jedermann ist ein Käseliebhaber.

Käsekorb

Eine Augenweide

Vor vielen Jahren pflanzte ich einen Weinstock in meinem Garten. Daher haben wir im Sommer wunderschöne frische Weinblätter, mit denen wir Käsekörbe auslegen. Im September trägt der Weinstock sehr süße, kleine Trauben, die ich ebenfalls zum Garnieren verwende. Ab Mitte Oktober nehmen wir farbenprächtige Herbstblätter. Wenn für Sie kein Weinstock zugänglich ist, können Sie statt dessen andere ungiftige Blätter nehmen, etwa die von Feige, Ahorn, Platane, Zitrone, Limette oder Orange. Auch mit Matten aus Stroh oder Bambus kann man Käsekörbe dekorativ auslegen. Arrangieren Sie den Käse appetitlich in einem Korb, auf einem Brett oder auf kleinen Tellern, und garnieren Sie mit halbierten Feigen, Weintrauben, kleinen Äpfeln, ofengetrockneten Birnenscheiben (siehe Seite 169), Quitten, Hafermehlplätzchen, Feigen-Walnuß-Brot oder Sesamwaffeln. Wenn Sie den Käse auf Tellern servieren, richten Sie jeden Teller mit einer halben Feige, einer kleinen Weintraube, einer ofengetrockneten Birnen- oder Apfelscheibe, einem Zweig Petersilie oder Liebstöckel, einigen Plätzchen und einer Scheibe Brot an.

Experimentieren Sie mit Ziegenkäse, den Sie mit Kräutern und Gewürzen in Olivenöl einlegen. Richten Sie ihn in Krügen an und legen sehr lange Gurkenzangen bei. Sie können dem Käse auch Aromen verleihen, indem Sie ihn in Kräutern, Nüssen oder zerstoßenen Pfefferkörnern wenden. Es macht Spaß, ein eigenes Käsesortiment zu kreieren.

Sesamwaffeln

Sie sind einfach zuzubereiten. Es lohnt sich, stets eine Packung Frühlingsrollenteig tiefgekühlt vorrätig zu haben, damit Sie unerwartete Gäste damit bewirten können. Sie passen auch gut zu Hühnerleber-Parfait. ERGIBT 40 STÜCK

20 Teigblätter für Frühlingsrollen (je 125 qmm)
1 Eiweiß
1 EL Sesamkörner

(1T) Die Waffeln zubereiten
Ofen auf 180 °C vorheizen. Die Teigblätter in je zwei Dreiecke schneiden. Mit Eiweiß bestreichen und mit Sesamkörnern bestreuen. Auf einem Backblech im Ofen etwa 10 Minuten goldbraun backen. Herausnehmen und auskühlen lassen. In einem luftdichten Behälter aufbewahren.

Hafermehlplätzchen

Unsere Chefköchin, Maureen Chalander, kreierte diese wunderbaren Plätzchen. Einfach herzustellen und aufzubewahren. ERGIBT 25 STÜCK

210 g Hafermehl
100 g Vollkornmehl
100 g Mehl
15 g Zucker
½ TL Salz
½ TL Backpulver
210 g Butter (in kleine Würfel geschnitten)
4 Eiweiß

(2T) Die Plätzchen vorbereiten
Die trockenen Zutaten in einem Mixer verrühren, dann die Butter hinzufügen und weiterrühren, bis die Konsistenz Brotkrumen ähnelt. Eiweiß beigeben und mixen, bis sich ein glatter Teig formt. Zu einer Kugel formen, in Folie einschlagen und etwa 2 Stunden im Kühlschrank ruhen lassen oder zur späteren Verwendung einfrieren.

(2T) Die Plätzchen backen
Ofen auf 180 °C vorheizen. Zwei Backbleche mit Backpapier auslegen. Teig aus dem Kühlschrank nehmen, auf eine bemehlte Arbeitsfläche legen. Teig so dünn wie möglich ausrollen, dann mit einer gerillten Ausstechform Kreise ausstechen (7,5 bis 10 cm Durchmesser). Auf den Blechen 10–15 Minuten im Ofen goldbraun backen. Herausnehmen, auf einem Kuchengitter auskühlen lassen. Zwischen Schichten aus fettabweisendem Papier in einem luftdichten Behälter aufbewahren.

Hafermehlplätzchen mit Käse

Feigenbrot mit Walnüssen

Vor Jahren begann Terry, mit Broten als Beilage zu Käse zu experimentieren. Dies ist sein Lieblingsbrot. Wir backen es in einer 38 cm langen, zylindrischen Kuchenform.
ERGIBT 1 LAIB

30 g Butter (zerlassen)
280 g Vollkornmehl (gesiebt)
280 g Weizenmehl (gesiebt)
30 g Salz
30 g Butter
30 g frische Hefe
1 TL schwarzer Zuckersirup
1 EL flüssiger Honig
450 ml Milch
60 g Walnüsse (gerieben)
230 g Feigen (getrocknet)

(1T) Das Brot zubereiten
Eine Form mit Butter ausfetten. Mehl, Salz und Butter in einem Mixer mit Knetaufsatz verrühren. Hefe, Zuckersirup und Honig in eine Keramikschüssel geben. Milch lauwarm erhitzen, dann in die Hefemischung einrühren, bis sich die Hefe auflöst. Zum Mehl hinzufügen und 5 Minuten schlagen oder bis sich ein glatter Teig bildet. Masse auf eine bemehlte Arbeitsfläche legen und 4–5 Minuten kneten, bis der Teig fest, elastisch und nicht mehr klebrig ist. In eine vorgewärmte Schüssel legen, mit Folie oder mit einer Plastiktüte und einem feuchten Tuch bedecken. Dabei dem Teig Platz zum Aufgehen lassen. An einem warmen Ort zu doppelter Größe aufgehen lassen.
Den Teig auf einer bemehlten Fläche verkneten, dann ein Rechteck formen (35 x 20 cm). Nüsse daraufstreuen; Feigen entlang einer Längsseite plazieren. Teig wie eine Biskuitrolle über die Feigen rollen und in die Form legen. Bedecken und erneut an einem warmen Ort zu doppelter Größe aufgehen lassen (30–45 Minuten). Ofen auf 220 °C vorheizen. Brot 40 Minuten backen, bis Teig goldbraun ist und beim Klopfen auf die Unterseite hohl klingt (Garprobe). Form aus dem Ofen nehmen, Brot aus erkalteter Form geben, auskühlen lassen. Luftdicht lagern.

Grundrezepte

Gemüsefond
ERGIBT 1,4 LITER

4 Zwiebeln (geviertelt)
2 Stück Porree (nur weißer Teil, geschnitten)
5 Möhren (mittelgroß; geschält und gehackt)
½ Knoblauchzwiebel
10 Selleriestangen (gewaschen und gehackt)
5 Thymianzweige
2 Lorbeerblätter
1 Fenchelknolle (gewaschen und gehackt)
3 Pfefferkörner
1 Sternanis
2,8 l Wasser
Salz und schwarzer Pfeffer (frisch gemahlen)

(1T) Den Fond zubereiten
Sämtliche Zutaten in einen Suppentopf geben, zum Köcheln bringen und etwa 1 Stunde kochen. Vom Herd nehmen; durch ein feines Sieb in eine saubere Kasserolle seihen. Weiterkochen und reduzieren, bis ein gutes Aroma erzielt ist. Würzen, auskühlen lassen. Im Kühlschrank oder Tiefkühlfach aufbewahren.

Brauner Hühnerfond
ERGIBT 1,8 LITER

3 kg Hühnerknochen (ohne Fett)
1 Zwiebel
3 Möhren (mittelgroß; in großen Stücken)
4 Selleriestangen (gewaschen, geschnitten)
1 Stück Porree (gewaschen, geschnitten)
10 Thymianzweige
4 Knoblauchzehen (zerdrückt)
7,2 l Wasser
2 EL Tomatenmark

(1T) Den Fond zubereiten
Ofen auf 190 °C vorheizen. Knochen in eine Bratpfanne legen und im Ofen etwa 45 Minuten braten, bis sie tief goldbraun sind. Währenddessen die Zwiebel ohne Öl in einer Bratpfanne 10 Minuten rösten. Zusammen mit den Knochen und den restlichen Zutaten in einen großen Suppentopf geben. Zum Kochen bringen und etwa 5 Stunden kochen; dabei den Schaum von der Oberfläche abschöpfen. Durch ein feines Sieb in eine saubere Kasserolle streichen. Weiterkochen, auf das erforderliche Volumen reduzieren (Geschmacksprobe nehmen!). Auskühlen lassen, bedecken; im Kühlschrank aufbewahren oder einfrieren.

HELLER HÜHNERFOND
ER WIRD AUF DIE GLEICHE WEISE ZUBEREITET WIE DER BRAUNE HÜHNERFOND. RÖSTEN SIE JEDOCH DIE KNOCHEN NICHT UND LASSEN SIE DAS TOMATENMARK WEG.

Fischfond
ERGIBT 2 LITER

3 kg Fischgräten (am besten Seezunge; in 3 Teile gehackt)
Pflanzenöl
1 Stück Porree (nur weißer Teil, geschnitten)
1 Zwiebel (fein geschnitten)
½ Fenchelknolle (geschnitten)
2 Knoblauchzehen
5 Thymianzweige
5 Pfefferkörner
½ Tasse Petersilie
1 Lorbeerblatt
1 Glas trockener Weißwein
4,5 l Wasser

(1T) Den Fond zubereiten
Kopf und Blut von den Gräten entfernen, dann 20 Minuten in kaltes Wasser legen. Etwas Öl in einem Suppentopf erhitzen, Porree, Zwiebel, Fenchel und Knoblauch anbraten, bis sie weich sind. Gräten, Thymian, Pfefferkörner, Petersilienstiele, Lorbeerblatt und Weißwein hinzufügen; zudecken und 5 Minuten kochen lassen. Wasser eingießen, zum Kochen bringen, Hitze reduzieren und etwa 20 Minuten köcheln lassen. Gelegentlich Schaum abschöpfen. Vom Herd nehmen und durch ein feines Sieb in eine saubere Kasserolle abseihen. Weiterkochen, bis ein zufriedenstellender Geschmack erreicht ist. Auskühlen lassen, zudecken, im Kühlschrank aufbewahren oder einfrieren.

Pesto
ERGIBT 350 MILLILITER

3 Tassen Basilikumblätter
1 Knoblauchzehe (gehackt)
Salz und schwarzer Pfeffer (frisch gemahlen)
300 ml Olivenöl
15 g Pinienkerne (geröstet)
120 g Parmesan (gerieben)

(1T) Das Pesto zubereiten
Basilikum, Knoblauch, Salz, Pfeffer und die Hälfte des Öls in eine Küchenmaschine geben. Mixen, bis das Basilikum grob zerhackt ist. Pinienkerne, Parmesan und restliches Öl hinzufügen, 10 Sekunden mixen. Mit einer Schicht Öl bedeckt hält Pesto mehrere Tage.

Rote-Zwiebel-Marmelade
ERGIBT 5 ESSLÖFFEL

Pflanzenöl
2 rote Zwiebeln (fein geschnitten)
2 EL brauner Zucker
250 ml Rotwein
1 EL Rotweinessig

(1T) Die Marmelade zubereiten
Etwas Öl in einer Bratpfanne bei schwacher Hitze erwärmen; rote Zwiebeln darin langsam sehr weich braten. Zucker, Wein und Essig hinzufügen und etwa 30 Minuten oder zu einer marmeladeartigen Konsistenz kochen. In einem luftdichten Behälter kalt stellen.

Cassis-Rotwein-Dressing
ERGIBT 10 PORTIONEN

2 Schalotten (fein gehackt)
150 ml Rotwein (auf die Hälfte reduziert)
1 EL Sherryessig
1 EL Cassis (Schwarzer Johannisbeerlikör)
3 EL Olivenöl
Salz und schwarzer Pfeffer (frisch gemahlen)

(1T) Das Dressing zubereiten
Zutaten in einer Schüssel vermischen, in einen Krug mit Deckel füllen. Kühlen.

Kristallisierte Blüten

Ergibt so viele Sie wollen

1 Handvoll schöner Blüten oder Blütenblätter (gewaschen und getrocknet)
1 Eiweiß
250 g Feinkristallzucker (in einem Sieb)

(1T) **Die Blüten kristallisieren**
Wenn Sie Blüten nehmen (besser als Blütenblätter), Stiele ganz kurz schneiden und grüne Teile entfernen. Ein Backblech mit Pergamentpapier auslegen. Eiweiß in einer Schüssel 20 Sekunden schlagen. Mit einer Pinzette eine Blüte vorsichtig aufnehmen, sanft mit Eiweiß bestreichen und mit Zucker bestreuen. Drehen und wiederholen. Pinzette schütteln, um überschüssigen Zukker zu entfernen. Blüte auf das Papier legen und an einem warmen, trockenen Ort 8–10 Stunden trocknen lassen. In einem luftdichten Behälter aufbewahren.

GUT GENUG ZUM ESSEN

Mit essbaren Blüten wie Rosen, Stiefmütterchen und Veilchen können Sie Torten, Mousses, Baiser und Kuchen dekorieren. Die Technik erfordert Geduld, ist jedoch die Mühe wert.

Ofengetrocknete Obstscheiben

Ergibt 900 Gramm

Früchteauswahl: Orangen, Limetten, Zitronen, Äpfel, Birnen, Erdbeeren, Mangos, Rhabarber
300 ml Zuckersirup (siehe Seite 74)

(1T) **Ofengetrocknetes Obst zubereiten**
Obst auswählen; Zitrusfrüchte, Birnen und Äpfel nicht schälen. Der Länge nach mit einem Eierschneider sehr dünn schneiden. Die Scheiben müssen vollständig und gleichmäßig dick sein. Rhabarber und Mango schälen und mit einem Messer schneiden. Ofen auf 110 °C vorheizen. Ein Backblech mit Backpapier belegen. Obstscheiben in Sirup tauchen, Überschuß abschütteln; Obst auf das Backpapier legen; Vorgang wiederholen. 2–3 Stunden im Ofen trocknen, bis die Früchte knusprig und trocken sind. Herausnehmen, auskühlen; zwischen Pergamentpapier in einen luftdichten Behälter schichten. Kühl und trocken lagern.

OFENGETROCKNETES OBST

Ofengetrocknete Obstscheiben eignen sich ausgezeichnet als Garnierung von Desserts oder als Beilage zu Käse.

Zuckerspinnennetze

Ergibt 10 Stück (inkl. Bruch)

250 g Würfelzucker
1 EL flüssige Glukosesirup
150 ml Wasser

(8h) **Zuckerspinnennetze zubereiten**
Ein Tablett mit fettabweisendem Papier belegen; eine Schüssel mit eiskaltem Wasser füllen. Würfelzucker, Glukosesirup und Wasser in einer Kasserolle mit beschichtetem Boden erhitzen, Zucker auflösen. Unter ständigem Rühren zum Kochen bringen, bis sich heller Karamel bildet (oder bis auf 165 °C erhitzen). Hand mit einem Geschirrtuch schützen. Boden der Kasserolle 20 Sekunden in das eiskalte Wasser tauchen, 2 Minuten abkühlen lassen. Einen Löffel in den Karamel tauchen und damit ein Spinnennetz auf das Papier zeichnen (etwa 10 cm groß). 5 Minuten fest werden lassen. Netze zwischen Antihaftpapier in einem luftdichten Behälter aufbewahren.

Diplomatencreme

Ergibt 10 Portionen

300 ml Milch
600 ml Sahne
6 Eigelb
125 g Feinkristallzucker
75 g Mehl
3 EL Grand Marnier

(8h) **Die Diplomatencreme zubereiten**
Ein Tablett mit Folie belegen. Milch mit der Hälfte der Sahne zum Kochen bringen. Eigelb und Zucker in einem Mixer schaumig schlagen. Mehl einmixen. Die Hälfte der Milch-Sahne-Mischung bei niedriger Mixgeschwindigkeit einrühren. Den Rest der Mischung hinzufügen und gut verrühren. Masse in eine Kasserolle füllen und bei mittlerer Hitze schlagen, bis sie kocht. Vom Herd nehmen und auf das Tablett gießen. Mit Folie bedecken, damit sich keine Haut bildet. Auskühlen lassen. Masse wieder in eine Schüssel füllen und durchrühren. Verbleibende Sahne schlagen und abwechselnd mit dem Grand Marnier vorsichtig unter die Masse ziehen. In einem luftdichten Behälter im Kühlschrank aufbewahren.

Makadamianußbruch

Ergibt 10 Portionen (inkl. Bruch)

Pflanzenöl zum Ausfetten des Tabletts
200 g Feinkristallzucker
75 ml Wasser
¼ TL Essig
100 g Makadamianüsse (ungesalzen)

(5T) **Die Masse vorbereiten**
Ein flaches Metalltablett leicht mit Öl bestreichen. Die Ecken gut ausfetten, da sich der heiße Zucker ausbreitet. Zucker, Wasser und Essig in eine saubere, fettfreie Kasserolle (möglichst aus Kupfer) geben. (Spülen Sie die Kasserolle zuerst mit kaltem Wasser, um Zuckerkristalle zu entfernen, da die Karamelmischung sonst kristallisieren würde und Sie von vorne beginnen müßten.) Zucker 5 Minuten auflösen lassen. Zum Kochen bringen und weiterkochen, bis die Masse tief bernsteinfarben ist oder eine Temperatur von 160 °C erreicht. Herd abdrehen, Topf 2 Minuten stehen lassen. Makadamianüsse hinzufügen, dann auf das vorbereitete Tablett gießen. Vollständig auskühlen lassen, bevor Sie die Masse abnehmen. In einem luftdichten Behälter kühl stellen. Es macht nichts, wenn die Masse in Stücke zerbricht.

(5h) **Die Teilchen fertigen**
Ofen auf 150 °C vorheizen. Ein Backblech mit Backpapier belegen. Die Masse mit dem Klingeneinsatz einer Küchenmaschine zu feinem Staub zermahlen. Gleichmäßig und dünn auf das Papier streuen, so daß keine Zwischenräume entstehen. Etwa 5 Minuten im Ofen erwärmen, bis die Masse geschmolzen ist – sie sollte keine Farbe mehr annehmen. Herausnehmen und 2 Minuten auskühlen lassen. Mit einem Messer Dreiecke ausschneiden. Zwischen Pergamentpapier schichten, in einem luftdichten Behälter aufbewahren.

Küchenausstattung

Als professioneller Caterer und Heimkoch habe ich diese Wunschliste an Küchenutensilien zusammengestellt, die ich für wichtig und praktisch halte. Manche davon besitzen Sie vielleicht, andere können können sie problemlos ausleihen. Mit der richtigen Ausrüstung wird Kochen sehr viel einfacher. Stellen Sie zum Geburtstag und zu Weihnachten Ihre Wünsche frei.

Verzweifeln Sie nicht, wenn Sie speziell empfohlene Geräte nicht besitzen. Man kann immer improvisieren. Wenn Sie zum Beispiel kein elektrisches Messer für Käse und Butter haben, tauchen Sie ein scharfes Messer vor dem Schneiden in sehr heißes Wasser. Eiscreme kann auch ohne Eismaschine hergestellt werden. Sie können die Mixtur statt dessen auch direkt in den Tiefkühlschrank stellen und sie, bis sie gefroren ist, jede Stunde herausnehmen und mit einer Gabel durchschlagen, damit sämtliche Zutaten gleichmäßig verteilt sind und sich keine Kristalle bilden.

Küchenutensilien

Wenn Sie die Wahl haben, so empfehle ich, rostfreien Stahl zu kaufen (außer wo anders angegeben).

Plastikbehälter, luftdicht (Fassungsvermögen 0,25–14 Liter)
Apfelausstecher
Schneebesen (klein, mittelgroß und groß)
500 g Backbohnen aus Keramik (oder als guter Ersatz getrocknete Hülsenfrüchte oder Bohnen)
Lötlampe
Flaschenausgießer und -verschlüsse
Reibe in Kastenform
Käsemesser
Mörser und Stößel (aus Keramik)
Hackbretter aus Holz (in verschiedenen Größen)
Klauenhammer
Fischmesser
Mehl- und Zuckerstreuer
Trichter (aus Metall und Plastik)
Glaskrüge mit Deckel (Auswahl)
Eiskugelformer
Schöpfkellen (groß und mittelgroß)
Eierschneider
Kräuterwiege
Rührschüssel (in abgestuften Größen)
Backpapier
Ausstechformen (Set aus runden, gerillten, eckigen und Herzformen)
Abdeckglocken aus Plastik
Nudelholz aus Holz, ohne Griffe (46 cm lang)
Spatel aus Gummi
Kühlschrankthermometer
Salatschleuder
Sauciere
Schere
Siliziumpapier
Schaumkellen
Schöpflöffel zum Abschäumen
Löffel
Zuckerthermometer
Zeituhr
Dosenöffner
Zange
Gemüseschäler
Holzlöffel
Zitrusreibe

Messer

Kaufen Sie rostfreie Stahlmesser verschiedener Größen. Aufbewahrung in einem hölzernen Messerblock oder in einer Segeltuchtasche. Die wichtigsten:

Schälmesser (10 cm)
Gemüsemesser (10 cm)
Tranchiermesser (25 cm)
Küchenmesser (25 cm)
Hackmesser (20 cm)
Allzweckmesser (15 cm)
Sägemesser (12,5 cm)
Brotmesser (23 cm)
Tranchiergabel (18 cm)
Wetzstahl (20 cm)

PALETTMESSER

ICH HABE AUCH STETS EIN PALETTMESSER BEREIT, UM OBERFLÄCHEN VON DESSERTS WIE DEM INGWER-TIRAMISU (SIEHE SEITE 135) ZU GLÄTTEN.

Töpfe und Pfannen

Ich empfehle, daß Sie Ihre Sammlung von Edelstahlkochgeschirr mit Töpfen mit schweren Böden und Stahlsieben (eines davon konisch geformt) beginnen. Sie benötigen verschiedene Grössen. Erstehen Sie auch Bratpfannen, beschichtete Milchtöpfe, Grillpfannen und eine Omelettpfanne.

Tabletts und Kuchenformen

Backbleche, beschichtet (37 x 28 cm)
Springformen in verschiedenen Größen, mit abnehmbarem Boden
Muffin-Formen (37 x 27 cm)
Kuchengitter zum Auskühlen (46 x 32 cm)
Röstpfannen, tief, beschichtet (37 x 26 x 8 cm)

Spritzbeutel und Backpinsel

Zuckergußaufsätze, glatt und gerippt, eine Auswahl aus Plastik
Sprühflaschen für Öl und zerlassene Butter
Richtlineal aus Edelstahl
36 cm Spritzbeutel aus Plastik mit Aufsätzen
Backpinsel, 1,25 cm und 2,5 cm breit

Waage und Maße

Meßbecher
Waage, elektronisch oder manuell (Gewichte bis zu 10 kg)
Meßlöffel aus Edelstahl
runde Gewichte
Maßkrug aus Plastik (2,2 Liter)
Maßkrug aus Plastik (1 Liter)

Elektrische Geräte

Standmixer (mit 1 Liter Fassungsvermögen)
Friteuse
elektrisches Messer
elektrischer Entsafter
elektrische Kaffeemühle
Mixer (mit 6,4 Liter Fassungsvermögen)
Küchenmaschine (mit 1,4 Liter Fassungsvermögen)
Eismaschine

Danksagung

Ich möchte folgenden Personen meinen Dank aussprechen:

Meinem Geschäftspartner, Terry Shaw, der für mich in 18 Jahren die größte Unterstützung war, für seine Freundschaft, sein Urteil und seinen unschätzbaren Rat. Steve Bailey, unserem Geschäftsführer, der zusammen mit Richard Cubbin und Dave Lee mich und meine verrückten Ideen ertragen gelernt hat. Sie führen die Küche mit großer Professionalität und Hingabe, nichts bedeutet ihnen jemals zuviel Aufwand. Dave Withers war verantwortlich für das Testen der Rezepte mit Ausnahme der Desserts. Er hat unermüdlich sechs Monate daran gearbeitet, mit Einfallsreichtum und viel Sinn für Details und Handhabung. Wir hatten eine wunderbare Zeit.

Paul North und Liz Taylor für das Testen der jahreszeitlichen Desserts und des Dessert-Buffets. Jane Grafton für das brillante Interpretieren und Testen meiner Ideen zu Süßspeisen. John Hopkins und Will Yap, die all die Stücke und Teilchen, die ich wollte, zusammentrugen. Luis für seine harte und loyale Arbeit. Phillipa Candy für das geduldige Führen der Geschäfte und der Bücher. Nicola Edwards hat von Anfang an mit mir an diesem Projekt gearbeitet. Sie ist die wunderbarste Assistentin, nichts ist ihr zu mühsam und ihre Effizienz ist sagenhaft. Ihr Humor und ihre Ideen waren eine große Unterstützung. Das gesamte Team war während all der Monate, die wir benötigten, um diese Rezepte zu entwickeln, äußerst ermutigend. Loyalität und Enthusiasmus kennen keine Grenzen.

Sir Elton John und David Furnish für die Gelegenheit und das Vertrauen, denkwürdige Partys zu entwerfen und für die großzügige Erlaubnis, ihre Geschirr- und Tücherschränke auszurauben und ihre Häuser zu benützen. George Quinlan dafür, daß wir seine Tage unterbrechen durften und daß er so freundlich und hilfsbereit war. Bob Stacy für seine Hilfe und seinen Sinn für Humor. Bryan and Nanette Forbes für ihre Unterstützung und Ermutigung und dafür, daß wir ihren lieblichen Teich und ihre Gärten benutzen durften.

Kyle Cathie, mein Herausgeber, der all dies erst möglich machte. Sophie Bessemer, die in den letzten 18 Monaten durch alle Untiefen hindurch meine Hand gehalten hat – Danke für Deine Geduld. Samantha Gray, meiner Redakteurin für ermutigende Worte und Mark Latter von Vivid für sein innovatives Design und seine unveränderlich gute Laune. Wei Tang, dessen Styling so inspirierend ist – wir haben eine großartige Zeit miteinander verbracht, und Du hast mir gezeigt, was durch eine Kameralinse gut wirkt. Jeremy Hopley für die wunderschönsten Fotos und dafür, daß die Tage im Studio für alle sehr angenehm waren. Ich habe dadurch viel gelernt.

Charlie Woodward Fisher, einem guten Freund und Unterstützer, und seinem Team bei Fisher dafür, daß Sie echte Profis waren. Ken Turner, Detta Phillips, Michael Mathews, Simon Lycett und Rob Van Heldon – allesamt kreative Blumendekorateure, von denen ich viel an Wissen und die Erinnerung an wunderbare Partys erworben habe.

John Reid, der in den letzten 15 Jahren die größte Unterstützung war, und der stets Ermutigung, Anleitung und Rat bereithält. Lady Elizabeth Anson von Party Planners – wir verbrachten Jahre mit wunderbaren Partys und genossen jeden Moment, besonders bei den Picknicks! Joseph, Franklin and Maurice Ettedgui dafür, daß sie mich L'Express und Joe's entwerfen ließen. Allen unseren Kunden, die in all der Zeit ihr Vertrauen in uns setzten, ihre Träume verwirklichen zu können. Unserem langjährigsten Kunden, John Bayman, dafür, daß er immer einen Scherz übrig hatte und ein Freund war, während die Kinder aufwuchsen – wir planten die Partys für die Taufen und die 18. Geburtstage.

Gabriel und Lynne, Olivia und Lauren Alvarez, die immer für mich da sind; Gabriel für seine Einführung in die mexikanische Küche; Rod und EM Grimes Graeme für ihre Freundschaft, Unterstützung und das Testen von Rezepten. Rod brachte mir über das Grillen alles bei, was ich weiß. Roddy Grimes Graeme half mir, die Geheimnisse von E-mail und Internet zu verstehen. Frank und Carolyn Mercurio, die mein Leben so bereichert haben. Joan White für das Korrekturlesen und gute Freundschaft seit fast 30 Jahren. Alison und Stephen Camacho für das Rumpunsch-Rezept und ihre Ermutigung. Bill Minors, der mir das Fischen beibrachte. Irene Hopton Scott für das Lesen der ersten Entwürfe. Christine, weil sie stets fröhlich und hilfsbereit ist und mein Haus in Ordnung hält. John Hird für Ermutigung und Geduld. Sarah und Brian St Pierre für ihren Rat und ihre Hilfe. Meinen Freunden, die ich nicht treffen konnte, für ihr Verständnis. Sheila Keating, deren Artikel dieses Projekt initiierte.

Tiles aus Newport für das Borgen von Fliesen für unseren orientalischen Abend. Lucy und Phillip von The Icebox für die Eisbar. Guinivere, Mark, Heather und Kevin Weaver für das Verleihen wunderbarer Gegenstände aus Eurer Aladdin's Cave in der King's Road. Graham Jones, Terry Jones, Sophie und Jerry von Jones Hire, für das Zuhören und dafür, daß sie uns in ihrem Kaufhaus herumstöbern und Dinge ausleihen ließen. William und Annie Mellon von Top Table, die zuhören können und uns mit wunderschönem Porzellan, Gläsern, Besteck und Tischtüchern versorgten – Danke, daß ihr uns ernstgenommen habt. Trade and Care für das Borgen herrlicher Lackarbeiten. Ebenso allen bei Wedgewood für ihr Porzellan, für die Fotos und VV Rouleaux für die tollen Bänder. Julian Posner von Banana Split für die Erlaubnis, ihr prächtiges Festzelt zu fotografieren. Julian Chamberlen für die Weinempfehlungen. Pedro Oliveira für das Testen der Cocktails und Steve White für das Falten der Servietten.

Register